四庫存目

納甲匯刊

[二]

校正全本卜筮正宗

［清］王洪緒◎撰　鄭同◎校

華齡出版社

责任编辑：薛　治　李英卓

责任印制：李未圻

图书在版编目（CIP）数据

四库存目纳甲汇刊. 2 /（清）王洪绪撰.

—北京：华龄出版社，2016.6

ISBN 978-7-5169-0729-0

Ⅰ. ①四…　Ⅱ. ①王…　Ⅲ. ①《四库全书》

—图书目录Ⅳ. ①Z833

中国版本图书馆 CIP 数据核字（2016）第 124121 号

书　　　名：四库存目纳甲汇刊（二）：校正全本卜筮正宗

作　　　者：（清）王洪绪撰　郑同校

出版发行：华龄出版社

地　　　址：北京市东城区安定门外大街甲 57 号　　邮　　编：100011

电　　　话：(010) 58122246　　　　　　　传　　真：(010) 84049572

网　　　址：http://www.hualingpress.com

印　　　刷：九洲财鑫印刷有限公司

版　　　次：2016 年 6 月第 1 版　2021 年 11 月第 3 次印刷

开　　　本：720×1020　1/16　　　　　印　　张：17.5

字　　　数：198 千字　　　　　　　　　印　　数：8001～11000

定　　　价：48.00 元

叙

自古占卜之说，莫神于《左氏春秋》。紫阳朱子谓："三代如太卜太筮，职有专官，故其业精而其应神；后世既废其官，而占验之书亦不传，故鲜有神而明之者。"然近代如《黄金策》诸篇，始有以穷夫阴阳之阃奥、造化之机缄，但其间诠解未谛，宗之占验者未能无讹，以至有传书而古人之精意不必与之尽传，苟有好学深思神明其故者，不难自为其书，以与之发微阐幽也。

林屋王山人垂帘于吴郡治之东偏，与余居密迩，有疑则往叩焉，奇验不爽，如烛照数计，远近咸颂之为神，而山人辞其名不受，曰："吾有所受之也。新安杨广含先生吾师之。所授《占验》一册，为坊刻群书所未及。"比年以来，增益芟薙，编成卷帙，付之梨枣。余序之曰："夫圣贤之理不言数，而大易实为卜筮之书。所谓'吉凶悔吝可以前知'者，以数测而实以理断也。今山人之书具在，其精搜妙验固为数之独神，而苟非贯彻于阴阳变化五行生克之理，亦何以为数学哉。故是为言数之书，而实为言理之书也。由是以极深研几，虽古卜筮之神而明之者，亦何以加焉。"

康熙己丑岁冬十月吴郡张景崧书于蓉江草堂

卜筮正宗凡例

一、卜筮一道，导愚解惑，教人趋吉避凶。六爻既立，变化斯呈，莫不有至当不易之理。世人胸无成见，不能推究精微，只以惑世诬民，深可哀也。是书一宗正理，不敢妄执臆说，贻误后学，因名之曰"正宗"。

一、自鬼谷以钱代蓍，而易之道一变。其所重者，用神原神、忌神仇神、飞神伏神、进神退神、反吟伏吟及旬空月破等类，皆为卦内之纲领，不容草草忽过。余故定为《一十八论》，升堂入室，无出范围，读者幸细参之。

一、古书论飞伏神，有"乾坤来往换"之语，《易林补遗》更有"爻爻有伏有飞"之说，讹以承讹，习而不察。余于是书逐卦分别为飞伏定例，庶几学者一目了然，疑团自释矣。

一、卜筮之书如《天玄赋》、《易林补遗》、《易隐》、《易冒》、《增删卜易》诸刻，虽各有搜精标异，然其间非执偏见，即自相矛盾，读者不无遗憾。惟《黄金策》为刘诚意所著，洵足阐先天之秘旨，作后学之津梁，而《千金赋总论》一篇尤包蕴宏深。惜姚际隆之注纰缪甚多，反失庐山面目。余于此颇费苦心，细加订正，知我罪我，亦听之而已。

一、余幼研易理历有年，所后遇新安杨广含先生，因得以悉其所学。是书十三、十四卷，有《十八问》，皆吾师所授及余所占验。学者熟此，始知《启蒙节要》之法与《十八论》及《辟诸书之谬》，一理融贯，天地间秘密深藏，尽泄于是矣。

一、余垂帘市肆，酬应纷如，拟异日返故山，结庐林屋，尽谢人事，聿著成书，藏之石室，不欲向外人道也。奈从游日至，因相与讲论之余，手定是编，蠡测管窥之讥或所不免。四方高明君子，倘不弃而教之，余则幸甚。

目　录

校正全本卜筮正宗卷之一

卜筮格言

夫卜之为道，通于神明，所以断吉凶、决忧疑，辨阴阳于爻象，察变化之玄机，此其义为至精，而其事为至大。圣经曰："至诚之道，可以前知。"① 故问卜者不诚不格，占卦者妄断不灵。此二语实定论也。每见世之人遇事辄卜，而诚之一字昧焉罔觉。或饮酒茹荤，或邪淫不洁，迨至临时祷告，遂欲感格神明，不亦惑乎？更有富贵之人，视卜为轻，或托亲朋，或委奴仆，不亲致其悃忱，故卜而不应，占验无灵。遂委罪于卜筮之家，而不自知诚有未至，此问卜者之过也。

至于卜筮者流，心存好利，借卜为囮。即如疾病一节，为问卜莫大之事，乃有丧心之辈，勾通僧尼道观，讲定年规节礼，三七二八常例，妄断求利。看卜者之贫富，为判断之多寡，妄断某寺某观礼忏几部，某庵某庙诵经几日。卜者心慌意乱，无不依从。在富者费用犹易，其贫者至于典衣揭债，弃产卖物，一时有手足无措之苦，以冀其病之痊可。究竟礼忏未完，而病者已死；诵经甫毕，而病者告殂，则何益哉？此串通僧道之害也。更有初学医生，脉理未谙，嘱令引荐，令卜医者指明住处姓名祷告，因而荐举。不知卜者所得不过年规节礼之微，而病者顿遭庸医杀人之害，此串通医生之祸也。二者郡城恶套，处处皆然。予垂帘街前，遂有若辈来相蛊惑，予誓绝之，一一照卦细断，无不响应。此非课学之精，实无妄断之失也。今幸学稍有得，偶辑《卜筮正宗》一书，请教高明；而犹恐问卜者有不诚不格之误，占验者有误断不灵之害也，故首识之。

---

① 点校者注：语出《中庸》第二十四章：至诚之道可以前知。国家将兴，必有祯祥。国家将亡，必有妖孽。见乎蓍龟，动乎四体。祸福将至，善必先知之，不善必先知之，故至诚如神。

启蒙节要

六十甲子纳音歌

甲子乙丑海中金，丙寅丁卯炉中火，戊辰己巳大林木，庚午辛未路傍土，
壬申癸酉剑锋金，甲戌乙亥山头火，丙子丁丑涧下水，戊寅己卯城头土，
庚辰辛巳白蜡金，壬午癸未杨柳木，甲申乙酉井泉水，丙戌丁亥屋上土，
戊子己丑霹雳火，庚寅辛卯松柏木，壬辰癸巳长流水，甲午乙未沙中金，
丙申丁酉山下火，戊戌己亥平地木，庚子辛丑壁上土，壬寅癸卯金箔金，
甲辰乙巳覆灯火，丙午丁未天河水，戊申己酉大驿土，庚戌辛亥钗钏金，
壬子癸丑桑拓木，甲寅乙卯大溪水，丙辰丁巳沙中土，戊午己未天上火，
庚申辛酉石榴木，壬戌癸亥大海水。

十天干所属

甲乙东方木，丙丁南方火，戊己中央土，庚辛西方金，壬癸北方水。

十二地支所属

子水鼠，丑土牛，寅木虎，卯木兔，辰土龙，巳火蛇，午火马，未土
羊，申金猴，酉金鸡，戌土狗，亥水猪。

五行相生相克

金生水，水生木，木生火，火生土，土生金。
金克木，木克土，土克水，水克火，火克金。

六亲相生相克

生我者为父母，我生者为子孙，克我者为官鬼，我克者为妻财，比和者为兄弟。

天干地支八卦方位图

天干相合

甲与己合，乙与庚合，丙与辛合，丁与壬合，戊与癸合。

地支相合相冲

子与丑合，寅与亥合，卯与戌合，辰与酉合，巳与申合，午与未合。
子午相冲，丑未相冲，寅申相冲，卯酉相冲，辰戌相冲，巳亥相冲。

五行次序

水一，火二，木三，金四，土五。

八卦次序

乾一，兑二，离三，震四，巽五，坎六，艮七，坤八。

八卦象例

乾三连，坤六断，震仰盂，艮覆碗，离中虚，坎中满，兑上缺，巽下断。

八宫所属

乾属金，坎属水，艮属土，震、巽属木，离属火，坤属土，兑属金。

以钱代蓍法

以钱三文熏于炉上，致敬而祝曰："天何言哉，叩之即应。神之灵矣，感而遂通。今有某姓，有事关心。不知休咎，罔释厥疑。惟神惟灵，若可若否，望垂昭报。"

祝毕掷钱：一背为单，画"一"。二背为拆，画"— —。"三背为重，画"○"。三字为交，画"×"。

自下装上，三掷内卦成。再祝曰："某宫三象，吉凶未判，再求外象三爻，以成一卦，以决忧疑。"祝毕，复如前法再掷，合成一卦，而断吉凶。至敬至诚，无不感应。

诀曰：两背由来拆，双眉本是单。浑眉交定位，总背是重安。单单单曰乾，拆拆拆曰坤。单拆单曰离，拆单拆曰坎。余卦仿此。

三背为重，三字为交，重、交之爻谓之发动。重作单属阳，交作拆属阴。凡动爻有变，重变拆，交变单。余爻仿此。

六十四卦名

乾宫八卦：乾为天、天风姤、天山遁、天地否、风地观、山地剥、火地晋、火天大有。乾宫八卦皆属金。

坎宫八卦：坎为水、水泽节、水雷屯、水火既济、泽火革、雷火丰、地火明夷、地水师。坎宫八卦皆属水。

艮宫八卦：艮为山、山火贲、山天大畜、山泽损、火泽睽、天泽履、风泽中孚、风山渐。艮宫八卦皆属土。

震宫八卦：震为雷、雷地豫、雷水解、雷风恒、地风升、水风井、泽风大过、泽雷随。震宫八卦皆属木。

巽宫八卦：巽为风、风天小畜、风火家人、风雷益、天雷无妄、火雷噬嗑、山雷颐、山风蛊。巽宫八卦皆属木。

离宫八卦：离为火、火山旅、火风鼎、火水未济、山水蒙、风水涣、天水讼、天火同人。离宫八卦皆属火。

坤宫八卦：坤为地、地雷复、地泽临、地天泰、雷天大壮、泽天夬、水天需、水地比。坤宫八卦皆属土。

兑宫八卦：兑为泽、泽水困、泽地萃、泽山咸、水山蹇、地山谦、雷山小过、雷泽归妹。兑宫八卦皆属金。

纳甲装卦歌 从下装起

乾金甲子外壬午，子寅辰，午申戌。坎水戊寅外戊申，寅辰午，申戌子。艮土丙辰外丙戌，辰午申，戌子寅。震木庚子外庚午，子寅辰，午申戌。巽木辛丑外辛未，丑亥酉，未巳卯。离火己卯外己酉，卯丑亥，酉未巳。坤土乙未外癸丑，未巳卯，丑亥酉。兑金丁巳外丁亥，巳卯丑，亥酉未。

安世应诀

八卦之首世六当，已下初爻轮上飏。游魂八宫四爻立，归魂八卦三爻详。

六兽歌

甲乙起青龙，丙丁起朱雀，戊日起勾陈，己日起螣蛇，庚辛起白虎，壬癸起玄武。从下装起。

六兽起例

今以甲乙丙丁日附载为式，余仿此。

	甲乙日例	丙丁日例
六爻	玄武	青龙
五爻	玄武	白虎
四爻	白虎	螣蛇
三爻	螣蛇	勾陈
二爻	勾陈	朱雀
初爻	朱雀	青龙

安月卦身诀

阴世则从午月起，阳世还从子月生。欲得识其卦中意，从初数至世方真。

卦身之爻，为所占事之主。若无卦身，则事无头绪。倘卦身有伤，其事难成矣。

三合会局歌

申子辰合成水局，巳酉丑合成金局，寅午戌合成火局，亥卯未合成木局。

长生掌诀

长生，沐浴，冠带，临官，帝旺，衰，病，死，墓，绝，胎，养。

假如火长生在寅，从寅上起顺行，卯上沐浴，辰上冠带，依次顺行。木长生在亥，从亥上起，余可类推。

禄马羊刃歌

甲禄在寅，卯为羊刃。乙禄在卯，辰为羊刃。丙戊禄在巳，午为羊刃。丁己禄居午，未为羊刃。庚禄居申，酉为羊刃。辛禄在酉，戌为羊刃。壬禄在亥，子为羊刃。癸禄在子，丑为羊刃。

申子辰马居寅，巳酉丑马在亥。寅午戌马居申，亥卯位马在巳。

右禄马羊刃从日辰上起。凡卜家宅终身者，从本人本命上起亦是。

贵人歌诀

如甲戊日卜卦，见丑未爻即是日贵人。又如甲戊生人，见之为命贵人。

甲戊兼牛羊，乙己鼠猴乡，丙丁猪鸡位，壬癸兔蛇藏，庚辛逢马虎，此是贵人方。

三刑六害歌

寅刑巳，巳刑申，丑戌相刑未并臻。子刑卯，卯刑子，辰午酉亥自相刑。
六害子未不堪亲，丑害午兮寅巳真。卯害辰兮申害亥，酉戌相穿转见深。

八宫诸物

乾为马，坤为牛，震为龙，巽为鸡，坎为豕，离为雉，艮为狗，兑为羊。

八宫诸身

乾为首，坤为腹，震为足，巽为股，坎为耳，离为目，艮为手，兑为口。

定间爻歌

世应当中两间爻，忌神发动莫相交。元辰与用当中动，生世扶身事事高。

年上起月法

甲己之年丙作首，乙庚之岁戊为头。丙辛之位从庚上，丁壬壬位顺行流。
戊癸之年何方法，甲寅之上好追求。

日上起时法

甲己还加甲，乙庚丙作初，丙辛从戊起，丁壬庚子居，戊癸何方发，
壬子是顺行。

定寅时法

正九五更二点彻，二八五更四点歇。三七平光是寅时，四六日出寅无别。

五月日高三丈地，十月十二四更二。仲冬才到四更初，便是寅时君须记。

通玄赋

易爻不妄成，神爻岂乱发。体象或既成，无者形忧色。
始须论用神，次必看原神。三合会用吉，禄马最为良。
爻动始为定，次者论空亡。六冲主冲并，刑克俱主伤。
世应俱发动，必然有改张。龙动家有喜，虎动主有丧。
勾陈朱雀动，田土与文章。财动忧尊长，父动损儿郎。
子动男人滞，兄动女人殃。出行宜世动，归魂不出疆。
用动值三合，行人立回庄。占宅财龙旺，豪富冠一乡。
父母爻兴旺，为官至侯王。福神若持世，官讼定无妨。
勾陈克玄武，捕贼不须忙。父病嫌财杀，财兴母不长。
无鬼病难疗，鬼旺主发狂。请看考鬼历，祷谢得安康。
占婚兼克用，占产看阴阳。若要问风水，三四世吉昌。
长生墓绝诀，卦卦要审详。万千言不尽，略举其大纲。
分别各有类，无物不包藏。

碎金赋

子动生财，不宜父摆。兄动克财，子动能解。财动生鬼，切忌兄摇。
子动克鬼，财动能消。父动生兄，忌财相克。鬼动克兄，父动能泄。
鬼动生父，忌子交重。财动克父，鬼动能中。兄动生子，忌鬼摇扬。
父动克子，兄动无妨。子兴克鬼，父动无妨。若然兄动，鬼必遭伤。
财兴克父，兄动无忧。若然子动，父命难留。父兴克子，财动无事。
若是鬼兴，其子必死。鬼兴克兄，子动可救。财若交重，兄弟不久。
兄兴克财，鬼兴无碍。若是父兴，财遭克害。

本文皆言生克制化之理，以明凶中藏吉，吉内藏凶耳。如金动本生水也，得火动则制金，而金不能生水矣。如火动可克金也，得水动则制火，而火不能伤金矣。如金逢火动则受克也，得土动则火贪生于土，忘克于金，名为贪生忘克，金反吉也。如火动克金，而土爻安静，更逢木动助火克，金必凶也。读者宜按五行生克制化推之，吉凶了然矣。

诸爻持世诀

世爻旺相最为强，作事亨通大吉昌。谋望诸般皆遂意，用神生合妙难量。
旬空月破逢非吉，克害刑冲遇不良。
父母持世主身劳，求嗣妾众也难招。官动财安宜赴试，财摇谋利莫心焦。
占身财动无贤妇，又恐区区寿不高。
子孙持世事无忧，求名切忌坐当头。避乱许安失可得，官讼从今了便休。
有生无克诸般吉，有克无生反见愁。
鬼爻持世事难安，占身不病也遭官。财物时时忧失脱，功名最喜世当权。
入墓愁疑无散日，逢冲转祸变成欢。
财爻持世益财荣，兄若交重不可逢。更遇子孙明暗动，利身克父丧文风。
求官问讼宜财托，动变兄官万事凶。
兄弟持世莫求财，官兴须虑祸将来。朱雀并临防口舌，如摇必定损妻财。
父母相生身有寿，化官化鬼有奇灾。

世应生克空亡动静诀

世应相生则吉，世应相克则凶。世应比和事却中，作事谋为可用。
应动他人反变，应空他意难同。世空世动我心慵，只恐自家懒动。

卦身喜忌诀

身临福德不见官，所忧必竟变成欢。目前凶事终须吉，紧急还来渐渐宽。
身临原用与青龙，定期喜事入门中。若逢驿马身爻动，出路求谋事事通。
身爻切忌入空亡，作事难成且守常。刑伤破绝皆为忌，劝君安分守家邦。

飞伏生克吉凶歌

伏克飞神为出暴，飞来克伏反伤身。伏去生飞名泄炁，飞来生伏得长生。
爻逢伏克飞无事，用见飞伤伏不宁。飞伏不和为无助，伏藏出现审来因。

断易勿泥神煞歌

易卦阴阳在变通，五行生克妙无穷。时人须辨阴阳理，神煞休将定吉凶。

六爻安静诀

卦遇六爻安静，当看用与日辰。日辰克用及相刑，作事宜当谨慎。
更在世应推究，忌神切莫加临。世应临用及原神，作事断然昌盛。

六爻乱动诀

六爻乱动事难明，须向宫中看用神。用若休囚遭克害，须知此事费精神。

忌神歌

看卦先须看忌神，忌神宜静不宜兴。忌神急要逢伤克，若遇生扶用受刑。

原神歌

原神发动志扬扬，用伏藏兮也不妨。须要生扶兼旺相，最嫌化克及逢伤。

用神不上卦诀

正卦如无变又无，就将首卦六亲攻。动爻生用终须吉，若遇交重克用凶。

用神空亡诀

发动逢冲不谓空，静空遇克却为空。忌神最喜逢空吉，用与原神不可空。
春土夏金秋树木，三冬逢火是真空。旬空又值真空象，再遇爻伤到底空。

用神发动诀

用爻发动在宫中，纵值休囚亦不凶。更得生扶兼旺相，管教作事永亨通。

日辰诀

问卦先须看日辰，日辰克用不堪亲。日辰与用相生合，作事何愁不称心。

六亲发动诀

父动当头克子孙，病人无药主昏沉。姻亲子息应难得，买卖劳心利不存。
观望行人书信动，论官下状理先分。士人科举登金榜，失物逃亡要诉论。

子孙发动伤官鬼，占病求医身便痊。行人买卖身康泰，婚姻喜美是前缘。
产妇当生子易养，词讼私和不到官。谒贵求名休进用，劝君守分听乎天。

官鬼从来克兄弟，婚姻未就生疑滞。病困门庭祸祟来，耕种蚕桑皆不利。
出外逃亡定见灾，词讼官非有囚系。买卖财轻赌博输，失脱难寻多暗昧。

财爻发动克文书，应举求名总是虚。将本经营为大吉，亲姻如意乐无虞。
行人在外身将动，产妇求产身脱除。失物静安家未出，病人伤胃更伤脾。

兄弟交重克了财，病人难愈未离灾。应举夺标为忌客，官非阴贼耗钱财。
若带吉神为有助，出路行人便未来。货物经商消折本，买婢求妻事不谐。

六亲变化歌

父母化父母，进神文书许，化子不伤丁，化鬼官迁举，化财宅长忧，兄弟为泄气。

子孙化退神，人财不称情，化父田蚕败，化财加倍荣，化鬼忧生产，兄弟谓相生。

官化进神禄，求官应疾速，化财占病凶，化父文书遂，化子必伤官，化兄家不睦。

妻财化进神，钱财入宅来，化官忧戚戚，化子笑哈哈，化父宜家长，化兄当破财。

兄弟化退神，凡占无所忌，化父妾奴惊，化财财未遂，化官弟有灾，化子却如意。

六兽歌断

发动青龙附用通，进财进禄福无穷。临仇遇忌都无益，酒色成灾在此中。
朱雀交重文印旺，煞神相并漫劳功。是非口舌皆因此，动出生身却利公。
勾陈发动忧田土，累岁迍遭为忌逢。生用有情方是吉，若然安静不迷蒙。
螣蛇鬼克忧萦绊，怪梦阴魔暗里攻。持木落空休道吉，逢冲之日莫逃凶。
白虎交重丧恶事，官司病患必成凶。持金动克妨人口，遇火生身便不同。
玄武动摇多暗昧，若临官鬼贼交攻。有情生世邪无犯，仇忌临之奸盗凶。

日月建传符

日建加青龙，财禄喜重重。朱雀宜施用，勾陈事未通。螣蛇多怪异，白虎破财凶。玄武阴私扰，应在日时中。月建如临此，断法亦相同。

八卦相配

乾为老父属阳，坤为老母属阴，震为长男属阳，巽为长女属阴。
坎为中男属阳，离为中女属阴，艮为少男属阳，兑为少女属阴。

六甲旬空起例

甲子旬中戌亥空，甲寅旬中子丑空，甲辰旬中寅卯空，甲午旬中辰巳空，甲申旬中午未空，甲戌旬中申酉空。

例如甲子日至癸酉，十日为一旬，旬内无戌亥，故曰戌亥空。又如甲寅日至癸亥，旬内无子丑，故曰子丑空。余旬如例。

月破定例

立春正月节建寅破申，惊蛰二月节建卯破酉。

清明三月节建辰破戌，立夏四月节建巳破亥。

芒种五月节建午破子，小暑六月节建未破丑。

立秋七月节建申破寅，白露八月节建酉破卯。

寒露九月节建戌破辰，立冬十月节建亥破巳。

大雪十一月节建子破午，小寒十二月节建丑破未。

凡月建所冲之爻名为月破。

校正全本卜筮正宗卷之二

卦爻呈象并飞伏神身定例

乾为天属金

父母	世	▬▬▬	壬戌土
兄弟		▬▬▬	壬申金
官鬼		▬▬▬	壬午火
父母	应	▬▬▬	甲辰土
妻财		▬▬▬	甲寅木
子孙		▬▬▬	甲子水

乾者，健也。乾宫之首卦，名曰八纯卦。财官父兄子俱全，为本宫下七卦之伏神也。本卦无卦身。

天风姤属金

父母		▬▬▬	壬戌土	
兄弟		▬▬▬	壬申金	
官鬼	应	▬▬▬	壬午火	
兄弟		▬▬▬	辛酉金	卦身
子孙		▬▬▬	辛亥水	
父母	世	▬ ▬	辛丑土	伏寅木妻财

姤者，遇也。卦中独缺妻财，以乾卦第二爻寅木伏于本卦第二爻亥水之下。木长生在亥，亥水是飞神，寅木是伏神，水生木，谓之"飞来生伏得长生"。

天山遁属金

父母		▬▬▬	壬戌土	
兄弟	应	▬▬▬	壬申金	
官鬼		▬▬▬	壬午火	
兄弟		▬▬▬	丙申金	
官鬼	世	▬ ▬	丙午火	伏寅木妻财
父母		▬ ▬	丙辰土	伏子水子孙

遁者，退也。卦中缺妻财、子孙，以乾卦第二爻寅木伏于本卦第二爻午火之下，午火是飞神，寅木是伏神，木生火；谓之"伏去生飞"，名为"泄气"。以乾卦初爻子水子孙伏于本卦初爻辰土之下，水墓在辰；谓之"伏神入墓于飞爻"也。**本卦无卦身。**

天地否属金

父母	应	▅▅▅▅▅	壬戌土
兄弟		▅▅▅▅▅	壬申金 卦身
官鬼		▅▅▅▅▅	壬午火
妻财	世	▅▅ ▅▅	乙卯木
官鬼		▅▅ ▅▅	乙巳火 伏子水子孙
父母		▅▅ ▅▅	乙未土

否者，塞也。卦中缺子孙，以乾卦初爻子水子孙爻伏于本卦初爻未土之下，未土是飞神，子水是伏神，土克水，谓之"飞来克伏反伤身"。

风地观属金

妻财		▅▅ ▅▅	辛卯木
官鬼		▅▅▅▅▅	辛巳火 伏申金兄弟
父母	世	▅▅ ▅▅	辛未土
妻财		▅▅ ▅▅	乙卯木
官鬼	应	▅▅ ▅▅	乙巳火 伏子水子孙
父母		▅▅ ▅▅	乙未土

观者，观也。卦中缺兄弟、子孙，以乾卦第五爻申金兄弟爻伏于本卦第五爻巳火之下；巳火是飞神，申金是伏神，金长生在巳，谓之"伏下长生，遇引即出"。以乾卦初爻子水子孙伏于本卦初爻未土之下；未土是飞神，子水是伏神，土克水，谓之"飞来克伏反伤身"。**本卦无卦身。**

山地剥属金

妻财		▅▅▅▅▅	丙寅木
子孙	世	▅▅ ▅▅	丙子水 伏申金兄弟
父母		▅▅ ▅▅	丙戌土 卦身
妻财		▅▅ ▅▅	乙卯木
官鬼	应	▅▅ ▅▅	乙巳火
父母		▅▅ ▅▅	乙未土

剥者，落也。卦中缺兄弟，以乾卦第五爻申金伏于本卦第五爻子水之下，子水是飞神，申金是伏神，金生水，谓之"伏去生飞"，名为泄气。

火地晋 属金

官鬼	▬▬ ▬▬	己巳火
父母	▬▬▬▬▬	己未土
兄弟 世	▬▬▬▬▬	己酉金
妻财	▬▬ ▬▬	乙卯木 卦身
官鬼	▬▬ ▬▬	乙巳火
父母 应	▬▬ ▬▬	乙未土 伏子水子孙

晋者，进也。乃乾宫之第七卦，名曰游魂。卦中缺子孙，以乾卦初爻子水子孙伏于本卦初爻未土之下，未土是飞神，子水是伏神，土克水，谓之"飞来克伏反伤身"。

火天大有 属金

官鬼 应	▬▬▬▬▬	巳火
父母	▬▬ ▬▬	未土
兄弟	▬▬▬▬▬	酉金
父母 世	▬▬▬▬▬	辰土
妻财	▬▬▬▬▬	寅木 卦身
子孙	▬▬▬▬▬	子水

大有者，宽也。乃乾宫之末卦，名曰归魂。卦中财官父兄子俱全，不须寻伏神。

坎为水 属水

兄弟 世	▬▬ ▬▬	戊子水
官鬼	▬▬▬▬▬	戊戌土
父母	▬▬ ▬▬	戊申金
妻财 应	▬▬ ▬▬	戊午火
官鬼	▬▬▬▬▬	戊辰土
子孙	▬▬ ▬▬	戊寅木

坎者，隐也。乃坎宫之首卦，名曰八纯。卦中财官父兄子俱全，为本宫下七卦之伏神也。本卦无卦身。

水泽节 属水

兄弟	▬▬ ▬▬	戊子水 卦身
官鬼	▬▬▬▬▬	戊戌土
父母 应	▬▬ ▬▬	戊申金
官鬼	▬▬ ▬▬	丁丑土
子孙	▬▬▬▬▬	丁卯木
妻财 世	▬▬▬▬▬	丁巳火

节者，止也。卦中财官父兄子俱全，不须寻伏神。

水雷屯 _{属水}

兄弟	▬▬ ▬▬	戊子水	
官鬼 应	▬▬▬▬▬	戊戌土	
父母	▬▬ ▬▬	戊申金	
官鬼	▬▬ ▬▬	庚辰土	伏午火妻财
子孙 世	▬▬▬▬▬	庚寅木	
兄弟	▬▬▬▬▬	庚子水	

屯者，难也。卦中缺妻财，以坎卦第三爻午火伏于本卦第三爻辰土之下，辰土是飞神，午火是伏神，火生土。谓之"伏去生飞"，名曰"泄气"。_{本卦无卦身。}

水火既济 _{属水}

兄弟 应	▬▬ ▬▬	戊子水	
官鬼	▬▬▬▬▬	戊戌土	
父母	▬▬ ▬▬	戊申金	
兄弟 世	▬▬▬▬▬	己亥水	伏午火妻财
官鬼	▬▬ ▬▬	己丑土	
子孙	▬▬▬▬▬	己卯木	伏寅木卦身

既济者，合也。卦中缺妻财，以坎卦第三爻午火伏于本卦第三爻亥水之下，亥水是飞神，午火是伏神，火绝在亥。谓之"伏神绝于飞爻"也。

泽火革 _{属水}

官鬼	▬▬ ▬▬	丁未土	
父母	▬▬▬▬▬	丁酉金	
兄弟 世	▬▬▬▬▬	丁亥水	
兄弟	▬▬▬▬▬	己亥水	伏午火妻财
官鬼	▬▬ ▬▬	己丑土	
子孙 应	▬▬▬▬▬	己卯木	卦身

革者，改也。卦中缺妻财，以坎卦第三爻午火伏于本卦第三爻亥水之下，亥水是飞神，午火是伏神，火绝在亥。谓之"伏神绝于飞爻"也。

雷火丰 _{属水}

官鬼	▬▬ ▬▬	庚戌土	卦身
父母 世	▬▬ ▬▬	庚申金	
妻财	▬▬▬▬▬	庚午火	
兄弟	▬▬▬▬▬	己亥水	
官鬼 应	▬▬ ▬▬	己丑土	
子孙	▬▬▬▬▬	己卯木	

丰者，大也。卦中财官父兄子俱全，不须寻伏神。

地火明夷属水

父母	▬▬　▬▬	癸酉金
兄弟	▬▬　▬▬	癸亥水
官鬼 世	▬▬　▬▬	癸丑土
兄弟	▬▬▬▬▬	己亥水　伏午火妻财
官鬼	▬▬　▬▬	己丑土
子孙 应	▬▬▬▬▬	己卯木

明夷者，伤也。乃坎宫之第七卦，名曰游魂。卦中缺妻财，以坎卦第三爻午火伏于本卦第三爻亥水之下，亥水是飞神，午火是伏神，火绝在亥。谓之"伏神绝于飞爻"也。

地水师属水

父母 应	▬▬　▬▬	癸酉金
兄弟	▬▬　▬▬	癸亥水
官鬼	▬▬　▬▬	癸丑土　伏申金卦身
妻财 世	▬▬▬▬▬	戊午火
官鬼	▬▬　▬▬	戊辰土
子孙	▬▬　▬▬	戊寅木

师者，众也。乃坎宫之末卦，名曰归魂。卦中财官父兄子俱全，不须寻伏神。

艮为山属土

官鬼 世	▬▬▬▬▬	寅木
妻财	▬▬　▬▬	子水
兄弟	▬▬　▬▬	戌土
子孙 应	▬▬▬▬▬	申金
父母	▬▬　▬▬	午火
兄弟	▬▬　▬▬	辰土

艮者，止也。乃艮宫之首卦，名曰八纯。卦中财官父兄子俱全，为本宫下七卦之伏神也。本卦无卦身。

山火贲属土

官鬼	▬▬▬▬▬	寅木
妻财	▬▬　▬▬	子水　伏卦身
兄弟 应	▬▬　▬▬	戌土
妻财	▬▬▬▬▬	亥水　伏申金子孙
兄弟	▬▬　▬▬	丑土　伏午火父母
官鬼 世	▬▬▬▬▬	卯木

贲者，饰也。卦中缺父母、子孙。以艮卦第二爻午火父母伏于本卦第二爻丑土之下，丑土是飞神，午火是伏神，火生土。谓之"伏去生飞"，名为"泄气"。以艮卦第三爻申金子孙伏于本卦第三爻亥水之下，亥水是飞神，申金是伏神，金生水谓之"伏去生飞"，名为"泄气"。

山泽大畜 属土

官鬼	▅▅▅▅▅	丙寅木
妻财 应	▅▅ ▅▅	丙子水
兄弟	▅▅ ▅▅	丙戌土
兄弟	▅▅▅▅▅	甲辰土 伏申金子孙
官鬼 世	▅▅▅▅▅	甲寅木 伏午火父母
妻财	▅▅▅▅▅	甲子水

大畜者，聚也。卦中缺父母、子孙。以艮卦第二爻午火父母伏于本卦第二爻寅木之下，寅木是飞神，午火是伏神，木生火，火长生于寅。谓之"飞来生伏得长生"。以艮卦第三爻申金子孙伏于本卦第三爻辰土之下，辰土是飞神，申金是伏神，土生金。谓之"飞来生伏得长生"。本卦无卦身。

山泽损 属土

官鬼 应	▅▅ ▅▅	丙寅木
妻财	▅▅ ▅▅	丙子水
兄弟	▅▅▅▅▅	丙戌土
兄弟 世	▅▅▅▅▅	丁丑土伏卦身申金子孙
官鬼	▅▅▅▅▅	丁卯木
父母	▅▅ ▅▅	丁巳火

损者，益也。卦中缺子孙，以艮卦第三爻申金子孙伏于本卦第三爻丑土之下，丑土是飞神，申金是伏神，金墓在丑。谓之"伏神入墓于飞爻"也。

火泽睽 属土

父母	▅▅▅▅▅	己巳火
兄弟	▅▅ ▅▅	己未土 伏子水妻财
子孙 世	▅▅▅▅▅	己酉金
兄弟	▅▅ ▅▅	丁丑土
官鬼	▅▅▅▅▅	丁卯木
父母 应	▅▅ ▅▅	丁巳火 卦身

睽者，背也。卦中缺妻财，以艮卦第五爻子水妻财伏于本卦第五爻未

土之下，未土是飞神，子水是伏神，土克水。谓之"飞来克伏反伤身"。

天泽履 属土

兄弟		壬戌土	
子孙	世	壬申金	伏子水妻财
父母		壬午火	
兄弟		丁丑土	
官鬼	应	丁卯木	
父母		丁巳火	伏辰土卦身

　　履者，礼也。卦中缺妻财，以艮卦第五爻子水妻财伏于本卦第五爻申金之下，申金是飞神，子水是伏神，金生水。水长生于申。谓之"飞来生伏得长生"。

风泽中孚 属土

官鬼		辛卯木	
父母		辛巳火	伏子水妻财
兄弟	世	辛未土	
兄弟		丁丑土	
官鬼		丁卯木	伏申金子孙
父母	应	丁巳火	

　　中孚者，信也。乃艮宫第七卦，名曰游魂。卦中缺妻财、子孙，以艮卦第五爻子水妻财伏于本卦第五爻巳火之下，巳火是飞神，子水是伏神，水绝在巳。谓之"伏神绝于飞爻"也。以艮卦第三爻申金子孙伏于本卦第三爻丑土之下，丑土是飞神，申金是伏神，金墓在丑。谓之"伏神入墓于飞爻"也。本卦无卦身。

风山渐 属土

官鬼	应	辛卯木	
父母		辛巳火	伏子水妻财
兄弟		辛未土	
子孙		丙申金	
父母	世	丙午火	
兄弟		丙辰土	

　　渐者，进也。乃艮宫之末卦，名曰归魂。卦中缺妻财，以艮卦第五爻子水妻财伏于本卦第五爻巳火之下，巳火是飞神，子水是伏神，水绝在巳。谓之"伏神绝于飞爻"也。

震为雷 _{属木}

妻财	世	▉▉ ▉▉	庚戌土
官鬼		▉▉ ▉▉	庚申金
子孙		▉▉▉▉▉	庚午火
妻财	应	▉▉ ▉▉	庚辰土
兄弟		▉▉ ▉▉	庚寅木
父母		▉▉▉▉▉	庚子水

震者，动也。乃震宫之首卦，名曰八纯。卦中财官父兄子俱全，为本宫下七卦之伏神也。本卦无卦身。

雷地豫 _{属木}

妻财		▉▉ ▉▉	庚戌土
官鬼		▉▉ ▉▉	庚申金
子孙	应	▉▉▉▉▉	庚午火 卦身
兄弟		▉▉ ▉▉	乙卯木
子孙		▉▉ ▉▉	乙巳火
妻财	世	▉▉ ▉▉	乙未土 伏子水父母

豫者，悦也。卦中缺父母。以震卦初爻子水父母伏于本卦初爻未土之下，未土是飞神，子水是伏神，土克水。谓之"飞来克伏反伤身"。

雷水解 _{属木}

妻财		▉▉ ▉▉	庚戌土
官鬼	应	▉▉ ▉▉	庚申金
子孙		▉▉▉▉▉	庚午火
子孙		▉▉ ▉▉	戊午火
妻财	世	▉▉▉▉▉	戊辰土
兄弟		▉▉ ▉▉	戊寅木 伏子水父母

解者，散也。卦中缺父母。以震卦初爻子水父母伏于本卦初爻寅木之下，寅木是飞神，子水是伏神，水生木。谓之"伏去生飞"，名曰"泄气"。本卦无卦身。

雷风恒 _{属木}

妻财	应	▉▉ ▉▉	庚戌土
官鬼		▉▉ ▉▉	庚申金
子孙		▉▉▉▉▉	庚午火
官鬼	世	▉▉▉▉▉	辛酉金
父母		▉▉▉▉▉	辛亥水伏卦身寅木兄弟
妻财		▉▉ ▉▉	辛丑土

恒者，久也。卦中缺兄弟。以震卦第二爻寅木兄弟伏于本卦第二爻父母亥水之下，亥水是飞神，寅木是伏神，水生木，木长生在亥。谓之"飞来生伏得长生"。

地风升_{属木}

官鬼	▬▬	癸酉金	卦身
父母	▬▬	癸亥水	
妻财 世	▬▬	癸丑土	伏午火子孙
官鬼	▬▬	辛酉金	卦身
父母	▬▬	辛亥水	伏寅木兄弟
妻财 应	▬▬	辛丑土	

升者，进也。卦中缺兄弟、子孙。以震卦第二爻寅木兄弟伏于本卦第二爻父母亥水之下，亥水是飞神，寅木是伏神，水生木，木长生在亥。谓之"飞来生伏得长生"。以震卦第四爻午火子孙伏于本卦第四爻妻财丑土之下，丑土是飞神，午火是伏神，火生土。谓之"伏去生飞"，名曰"泄气"。

水风井_{属木}

父母	▬▬	戊子水	
妻财 世	▬▬	戊戌土	
官鬼	▬▬	戊申金	伏午火子孙
官鬼	▬▬	辛酉金	伏辰土卦身
父母 应	▬▬	辛亥水	伏寅木兄弟
妻财	▬▬	辛丑土	

井者，静也。卦中缺兄弟、子孙。以震卦第二爻寅木兄弟伏于本卦第二爻父母亥水之下，亥水是飞神，寅木是伏神，水生木，木长生在亥。谓之"飞来生伏得长生"。以震卦第四爻午火子孙伏于本卦第四爻官鬼申金之下，申金是飞神，午火是伏神，火克金。谓之"伏克飞神为出暴"。

泽风大过_{属木}

妻财	▬▬	丁未土	
官鬼	▬▬	丁酉金	
父母 世	▬▬	丁亥水	伏午火子孙
官鬼	▬▬	辛酉金	
父母	▬▬	辛亥水	伏寅木兄弟
妻财 应	▬▬	辛丑土	

大过者，祸也。乃震宫第七卦，名曰游魂。卦中缺兄弟、子孙。以震卦第二爻寅木兄弟伏于本卦第二爻父母亥水之下，亥水是飞神，寅木是伏神，水生木，木长生在亥。谓之"飞来生伏得长生"。以震卦第四爻午火子孙伏于本卦第四爻父母亥水之下，亥水是飞神，午火是伏神，火绝在亥。谓之伏神绝于飞爻也。本卦无卦身。

泽雷随 属木

妻财	应	▆▆ ▆▆	丁未土
官鬼		▆▆▆▆	丁酉金 伏申金卦身
父母		▆▆ ▆▆	丁亥水 伏午火子孙
妻财	世	▆▆ ▆▆	庚辰土
兄弟		▆▆ ▆▆	庚寅木
父母		▆▆▆▆	庚子水

随者，顺也。乃震宫之末卦，名曰归魂。卦中缺子孙。以震卦第四爻午火子孙伏于本卦第四爻父母亥水之下，亥水是飞神，午火是伏神，火绝在亥。谓之伏神绝于飞爻也。

巽为风 属木

兄弟	世	▆▆▆▆	辛卯木
子孙		▆▆▆▆	辛巳火 卦身
妻财		▆▆ ▆▆	辛未土
官鬼	应	▆▆▆▆	辛酉金
父母		▆▆▆▆	辛亥水
妻财		▆▆ ▆▆	辛丑土

巽者，顺也。乃巽宫之首卦，名曰八纯。卦中财官父兄子俱全，为本宫下七卦之伏神也。

风天小畜 属木

兄弟		▆▆▆▆	辛卯木
子孙		▆▆▆▆	辛巳火
妻财	应	▆▆ ▆▆	辛未土
妻财		▆▆▆▆	甲辰土 伏酉金官鬼
兄弟		▆▆▆▆	甲寅木
父母	世	▆▆▆▆	甲子水

小畜者，塞也。卦中缺官鬼。以巽卦第三爻官鬼酉金伏于本卦第三爻妻财辰土之下，辰土是飞神，酉金是伏神，土生金。谓之"飞来生伏得长生"。

风火家人 属木

兄弟		▬▬▬▬▬	辛卯木
子孙	应	▬▬▬▬▬	辛巳火
妻财		▬▬ ▬▬	辛未土
父母		▬▬ ▬▬	己亥水 卦身
妻财	世	▬▬▬▬▬	己丑土 伏酉金官鬼
兄弟		▬▬▬▬▬	己卯木

家人者，同也。卦中缺官鬼。以巽卦第三爻官鬼酉金伏于本卦第三爻父母亥水之下，亥水是飞神，酉金是伏神，金生水。谓之"伏去生飞"，名曰"泄气"。

风雷益 属木

兄弟	应	▬▬▬▬▬	辛卯木
子孙		▬▬▬▬▬	辛巳火
妻财		▬▬ ▬▬	辛未土
妻财	世	▬▬ ▬▬	庚辰土
兄弟		▬▬ ▬▬	庚寅木 伏酉金官鬼
父母		▬▬▬▬▬	庚子水

益者，损也。卦中缺官鬼。以巽卦第三爻官鬼酉金伏于本卦第三爻妻财辰土之下，辰土是飞神，酉金是伏神，土生金。谓之"飞来生伏得长生"。本卦无卦身。

天雷无妄 属木

妻财		▬▬▬▬▬	壬戌土
官鬼		▬▬▬▬▬	壬申金
子孙	世	▬▬▬▬▬	壬午火
妻财		▬▬ ▬▬	庚辰土
兄弟		▬▬ ▬▬	庚寅木
父母	应	▬▬▬▬▬	庚子水

无妄者，天灾也。卦中财官父兄子俱全，不须寻伏神。本卦无卦身。

火雷噬嗑 属木

子孙		▬▬▬▬▬	己巳火
妻财	世	▬▬ ▬▬	己未土
官鬼		▬▬▬▬▬	己酉金
妻财		▬▬ ▬▬	庚辰土
兄弟	应	▬▬ ▬▬	庚寅木
父母		▬▬▬▬▬	庚子水

噬嗑者，啮也。卦中财官父兄子俱全，不须寻伏神。本卦无卦身。

山雷颐 属木

兄弟	▬▬▬	壬寅木
父母	▬ ▬	壬子水伏巳火子孙
妻财 世	▬ ▬	壬戌土
妻财	▬ ▬	庚辰土伏卦身酉金官鬼
兄弟	▬ ▬	庚寅木
父母 应	▬▬▬	庚子水

颐者，养也。乃巽宫第七卦，名曰游魂。卦中缺子孙、官鬼。以巽卦第三爻官鬼酉金伏于本卦第三爻妻财辰土之下，辰土是飞神，酉金是伏神，土生金。谓之"飞来生伏得长生"。以巽卦第五爻子孙巳火伏于本卦第五爻父母子水之下，子水是飞神，巳火是伏神，水克火。谓之"飞来克伏反伤身"。

山风蛊 属木

兄弟 应	▬▬▬	丙寅木	卦身
父母	▬ ▬	丙水土	伏巳火子孙
妻财	▬ ▬	丙戌土	
官鬼 世	▬▬▬	辛酉金	
父母	▬▬▬	辛亥水	
妻财	▬ ▬	辛丑土	

蛊者，事也。乃巽宫之末卦，名曰归魂。卦中缺子孙。以巽卦第五爻子孙巳火伏于本卦第五爻父母子水之下，子水是飞神，巳火是伏神，水克火。谓之"飞来克伏反伤身"。

离为火 属火

兄弟 世	▬▬▬	己巳火	卦身
子孙	▬ ▬	己未土	
妻财	▬▬▬	己酉金	
官鬼 应	▬▬▬	己亥水	
子孙	▬ ▬	己丑土	
父母	▬▬▬	己卯木	

离者，丽也。乃离宫之首卦，名曰八纯。卦中财官父兄子俱全，为本宫下七卦之伏神也。

火山旅 属火

兄弟	▬▬▬▬	己巳火
子孙	▬▬▬▬	己未土
妻财 应	▬▬▬▬	己酉金
妻财	▬▬▬▬	丙申金　伏亥水官鬼
兄弟	▬▬▬▬	丙午火　卦身
子孙 世	▬▬▬▬	丙辰土　伏卯木父母

旅者，客也。卦中缺父母、官鬼。以离卦初爻父母卯木伏于本卦初爻子孙辰土之下，辰土是飞神，卯木是伏神，木克土。谓之"伏克飞神为出暴"。以离卦第三爻官鬼亥水伏于本卦第三爻妻财申金之下，申金是飞神，亥水是伏神，金生水，水长生在申。谓之"飞来生伏得长生"。

火风鼎 属火

兄弟	▬▬▬▬	己巳火
子孙 应	▬▬▬▬	己未土
妻财	▬▬▬▬	己酉金
妻财	▬▬▬▬	辛酉金
官鬼 世	▬▬▬▬	辛亥水
子孙	▬▬▬▬	辛丑土伏卦身卯木父母

鼎者，定也。卦中缺父母。以离卦初爻父母卯木伏于本卦初爻子孙丑土之下，丑土是飞神，卯木是伏神，木克土。谓之"伏克飞神为出暴"。

火水未济 属火

兄弟 应	▬▬▬▬	己巳火
子孙	▬▬▬▬	己未土
妻财	▬▬▬▬	己酉金
兄弟 世	▬▬▬▬	戊午火　伏亥水官鬼
子孙	▬▬▬▬	戊辰土
父母	▬▬▬▬	戊寅木

未济者，失也。卦中缺官鬼。以离卦第三爻官鬼亥水伏于本卦第三爻兄弟午火之下，午火是飞神，亥水是伏神，水克火。谓之"伏克飞神为出暴"。本卦无卦身。

山水蒙_{属火}

父母		丙寅木
官鬼		丙子水
子孙 世		丙戌土
兄弟		戊午火伏卦身西金妻财
子孙		戊辰土
父母 应		戊寅木

蒙者，昧也。卦中缺妻财。以离卦第四爻妻财西金伏于本卦第四爻子孙戌土之下，戌土是飞神，西金是伏神，土生金。谓之"飞来生伏得长生"。

风水涣_{属火}

父母		辛卯木	
兄弟 世		辛巳火	
子孙		辛未土	
兄弟		戊午火	伏西金妻财
子孙 应		戊辰土	伏亥水官鬼
父母		戊寅木	卦身

涣者，散也。卦中缺妻财、官鬼。以离卦第三爻官鬼亥水伏于本卦第三爻兄弟午火之下，午火是飞神，亥水是伏神，水克火。谓之"伏克飞神为出暴"。以离卦第四爻妻财西金伏于本卦第四爻子孙未土之下，未土是飞神，西金是伏神，土生金。谓之"飞来生伏得长生"。

天水讼_{属火}

子孙		壬戌土	
妻财		壬申金	
兄弟 世		壬午火	
兄弟		戊午火	伏亥水官鬼
子孙		戊辰土	
父母 应		戊寅木	伏卯木卦身

讼者，论也。乃离宫第七卦，名曰游魂。卦中缺官鬼。以离卦第三爻官鬼亥水伏于本卦第三爻兄弟午火之下，午火是飞神，亥水是伏神，水克火。谓之"伏克飞神为出暴"。

天火同人_{属火}

子孙	应	▬▬▬▬	壬戌土
妻财		▬▬▬▬	壬申金
兄弟		▬▬▬▬	壬午火
官鬼	世	▬▬ ▬▬	己亥水
子孙		▬▬ ▬▬	己辰土
父母		▬▬▬▬	己卯木

同人者，亲也。乃离宫之末卦，名曰归魂。卦中财官父兄子俱全，不须寻伏神。_{本卦无卦身。}

坤为地_{属土}

子孙	世	▬▬ ▬▬	癸酉金
妻财		▬▬ ▬▬	癸亥水　卦身
兄弟		▬▬ ▬▬	癸丑土
官鬼	应	▬▬ ▬▬	癸卯木
父母		▬▬ ▬▬	癸巳火
兄弟		▬▬ ▬▬	癸未土

坤者，顺也。乃坤宫之首卦，名曰八纯。卦中财官父兄子俱全，为本宫下七卦之伏神也。

地雷复_{属土}

子孙		▬▬ ▬▬	癸酉金
妻财		▬▬ ▬▬	癸亥水
兄弟	应	▬▬ ▬▬	癸丑土
兄弟		▬▬ ▬▬	庚辰土
官鬼		▬▬ ▬▬	庚寅木　伏巳火父母
妻财	世	▬▬▬▬	庚子水　卦身

复者，返也。卦中缺父母。以坤卦第二爻父母巳火伏于本卦第二爻官鬼寅木之下，寅木是飞神，巳火是伏神，木生火，火长生在寅。谓之"飞来生伏得长生"。

地泽临_{属土}

子孙		▬▬ ▬▬	癸酉金
妻财	应	▬▬ ▬▬	癸亥水
兄弟		▬▬ ▬▬	癸丑土　卦身
兄弟		▬▬ ▬▬	丁丑土　卦身
官鬼	世	▬▬▬▬	丁卯木
父母		▬▬▬▬	丁巳火

临者，大也。卦中财官父兄子俱全，不须寻伏神。

地天泰_{属土}

子孙	应		癸酉金
妻财			癸亥水
兄弟			癸丑土
兄弟	世		甲辰土
官鬼			甲寅木伏卦身巳火父母
妻财			甲子水

泰者，通也。卦中缺父母。以坤卦第二爻父母巳火伏于本卦第二爻官鬼寅木之下，寅木是飞神，巳火是伏神，木生火，火长生在寅。谓之"飞来生伏得长生"。

雷天大壮_{属土}

兄弟			庚戌土
子孙			庚申金
父母	世		庚午火
兄弟			甲辰土 伏卯木长生
官鬼			甲寅木
妻财	应		甲子水

大壮者，志也。卦中财官父兄子俱全，不须寻伏神。

泽天夬_{属土}

兄弟			丁未土
子孙	世		丁酉金
妻财			丁亥水
兄弟			甲辰土 卦身
官鬼	应		甲寅木 伏巳火父母
妻财			甲子水

夬者，决也。卦中缺父母。以坤卦第二爻父母巳火伏于本卦第二爻官鬼寅木之下，寅木是飞神，巳火是伏神，木生火，火长生在寅。谓之"飞来生伏得长生"。

水天需_{属土}

妻财	▬▬ ▬▬	戊子水	伏酉金卦身
兄弟	▬▬▬▬▬	戊戌土	
子孙 世	▬▬ ▬▬	戊申金	
甲兄弟	▬▬▬▬▬	甲辰土	
甲官鬼	▬▬▬▬▬	甲寅木	伏巳火父母
甲妻财 应	▬▬▬▬▬	甲子水	

需者，须也。乃坤宫之第七卦，名曰游魂。卦中缺父母。以坤卦第二爻父母巳火伏于本卦第二爻官鬼寅木之下，寅木是飞神，巳火是伏神，木生火，火长生在寅。谓之"飞来生伏得长生"。

水地比_{属土}

妻财 应	▬▬ ▬▬	戊子水	
兄弟	▬▬▬▬▬	戊戌土	
子孙	▬▬ ▬▬	戊申金	卦身
官鬼 世	▬▬ ▬▬	乙卯木	
父母	▬▬ ▬▬	乙巳火	
兄弟	▬▬ ▬▬	乙未土	

比者，和也。乃坤宫之末卦，名曰归魂。卦中财官父兄子俱全，不须寻伏神。

兑为泽_{属金}

父母 世	▬▬ ▬▬	丁未土	
兄弟	▬▬▬▬▬	丁酉金	
子孙	▬▬▬▬▬	丁亥水	卦身
父母 应	▬▬ ▬▬	丁丑土	
妻财	▬▬▬▬▬	丁卯木	
官鬼	▬▬▬▬▬	丁巳火	

兑者，悦也。乃兑宫之首卦，名曰八纯。卦中财官父兄子俱全，为本宫下七卦之伏神也。

泽水困属金

父母	▅▅ ▅▅	丁未土	
兄弟	▅▅▅▅▅	丁酉金	
子孙 应	▅▅▅▅▅	丁亥水	
官鬼	▅▅ ▅▅	戊午火	卦身
父母	▅▅▅▅▅	戊辰土	
妻财 世	▅▅ ▅▅	戊寅木	

困者，危也。卦中财官父兄子俱全，不须寻伏神。

泽地萃属金

父母	▅▅ ▅▅	丁未土	卦身
兄弟 应	▅▅▅▅▅	丁酉金	
子孙	▅▅▅▅▅	丁亥水	
妻财	▅▅ ▅▅	乙卯木	
官鬼 世	▅▅ ▅▅	乙巳火	
父母	▅▅ ▅▅	乙未土	

萃者，聚也。卦中财官父兄子俱全，不须寻伏神。

泽山咸属金

父母 应	▅▅ ▅▅	丁未土	
兄弟	▅▅▅▅▅	丁酉金	
子孙	▅▅▅▅▅	丁亥水	
兄弟 世	▅▅▅▅▅	丙申金	
官鬼	▅▅ ▅▅	丙午火	伏卯木妻财
父母	▅▅ ▅▅	丙辰土	

咸者，感也。卦中缺妻财。以兑卦第二爻妻财卯木伏于本卦第二爻官鬼午火之下，午火是飞神，卯木是伏神，木生火。谓之“伏去生飞”，名为“泄气”。本卦无卦身。

水山蹇属金

子孙	▅▅ ▅▅	戊子水	
父母	▅▅▅▅▅	戊戌土	伏酉金卦身
兄弟 世	▅▅ ▅▅	戊申金	
兄弟	▅▅▅▅▅	丙申金	
官鬼	▅▅ ▅▅	丙午火	
父母 应	▅▅ ▅▅	丙辰土	

蹇者，难也。卦中缺妻财，以兑卦第二爻妻财卯木伏于本卦第二爻官

鬼午火之下，午火是飞神，卯木是伏神，木生火。谓之"伏去生飞"，名为"泄气"。

地山谦_{属金}

兄弟　　　　　　　　　　　癸酉金
子孙　世　　　　　　　　　癸亥水
父母　　　　　　　　　　　癸丑土
兄弟　　　　　　　　　　　丙申金
官鬼　应　　　　　　丙午火　伏卯木妻财
父母　　　　　　　　　　　丙辰土

谦者，退也。卦中缺妻财。以兑卦第二爻妻财卯木伏于本卦第二爻官鬼午火之下，午火是飞神，卯木是伏神，木生火。谓之"伏去生飞"，名为"泄气"。_{本卦无卦身。}

雷山小过_{属金}

父母　　　　　　　　　　　庚戌土
兄弟　　　　　　　　　　　庚申金
官鬼　世　　　　　　庚午火　伏亥水子孙
兄弟　　　　　　　　　　　丙申金
官鬼　　　　　　　　丙午火　卦身伏卯木妻财
父母　应　　　　　　　　　丙辰土

小过者，过也。乃兑宫第七卦，名曰游魂。卦中缺妻财、子孙。以兑卦第二爻妻财卯木伏于本卦第二爻官鬼午火之下，午火是飞神，卯木是伏神，木生火。谓之"伏去生飞"，名为"泄气"。以兑卦第四爻子孙亥水伏于本卦第四爻官鬼午火之下，午火是飞神，亥水是伏神，水克火。谓之"伏克飞神为出暴"。

雷泽归妹_{属金}

父母　应　　　　　　　　　庚戌土
兄弟　　　　　　　　　　　庚申金
官鬼　　　　　　　　庚午火　伏亥水子孙
父母　世　　　　　　　　　丁丑土
妻财　　　　　　　　　　　丁卯木
官鬼　　　　　　　　　　　丁巳火

归妹者，大也。乃兑宫之末卦，名曰归魂。卦中缺子孙。以兑卦第四爻子孙亥水伏于本卦第四爻官鬼午火之下，午火是飞神，亥水是伏神，水克火。谓之"伏克飞神为出暴"。

已上逐卦伏神及卦身定例，因《易林补遗》有阳伏阴、阴伏阳，《卜筮全书》有乾坤来往换等法之误，故以逐卦细陈，以便后学。如六爻安静及动变之爻又无用神者，当推此例。如卦中变爻有用神及卦身者，已有用神，不必再查伏神矣。假如天山遁卦安静，缺妻财，以乾卦二爻寅木，伏遁卦二爻午火之下。如遁卦初爻发动，变成天火同人卦，初爻丙辰父母即变出己卯妻财，当以卯木妻财为用神，不必看寅木矣。余卦仿此。

校正全本卜筮正宗卷之三

十八论

用神分类定例第一

凡占祖父母、父母、师长、家主、伯叔、姑姨，与我父母同辈，或与父母年若之亲友，及城垣、宅舍、舟车、衣服、雨具、求雨、细布、毡货、章奏、文章、馆室，俱以父母爻为用神。

凡占功名、官府、雷电、鬼神、丈夫、夫之兄弟同辈，及夫之相与朋友、乱臣、盗贼、邪祟、忧疑、病症、尸首、逆风，俱以官鬼爻为用神。

凡占兄弟、姊妹、姊妹丈、妻之兄弟、世兄弟、结盟同寅及知交朋友，俱以兄弟爻为用神。

凡占嫂与弟妇、妻妾，及友人之妻妾婢仆、物价、钱财、珠宝、金银、仓库、钱粮、什物、器皿，及问天时晴明，俱以妻财爻为用神。

凡占儿女、孙侄、女婿、门生、忠臣、良将、药材、僧道、六畜、禽鸟、顺风、解忧、避祸，及问天时日月星斗，俱以子孙爻为用神。

世应论用神第二

凡卦中世应二爻，世为自己，应作他人。世应相生相合，是云宾主相投；世应相克相冲，可见两情不睦。凡占自己疾病，或问寿数，或问出行吉凶，诸凡损益自身者，以世爻为用也。凡占无尊卑之称呼、未曾深交之朋友、九流术士、仇人敌国，或指实某处地头，或指此山此水、此寺此塔等类，俱以应爻为用神也。如占自己有一地可造坟否，则世为穴场，应为对案。如将买他人之地而欲造坟，问此地若葬益利我家否，以应作穴场，世是我家也。

用神问答第三

或曰：仆占主人，以父母爻为用神；主人占仆，不以子孙爻为用神，何也？答曰：一切抚养庇护我身者，以父母爻为用神，即如城垣、宅舍、舟车、衣服等类是也。金银、物件、婢仆等一切驱使之类，以财爻为用神是也。又曰：占兄弟之妻、妻之姊妹，以财爻为用；占夫之兄弟，以官爻为用，何也？答曰：兄弟之妻、妻之姊妹，与妻同辈人也。既夫占妻以财爻为用，皆是财爻为用矣。夫之兄弟，与夫同辈人也，既妻占夫以官爻为用，皆是官爻为用矣。又问：古书俱载兄弟为风云，今以官鬼之爻为逆风，子孙之爻为顺风，何也？答曰：贵人以官为官星，庶人以鬼为祸祟；贵人以子孙之爻为恶煞，庶人以子孙之爻为福神。官乃拘束之星鬼，乃忧疑阻滞之宿。如连日风雨，或遇逆风、疾病缠染、官司扰害、盗贼忧虞，人心岂畅？福神能制官鬼，善解忧愁，故为之用也。

原忌仇神论第四

凡占卦，要知原神。先看用神何爻，生用神之爻，即是原神也。如用神旬空、月破、衰弱，或伏藏不现，得原神动来生之，或日辰月建作原神生之，必待用爻出旬出破、得令值日，所求必遂矣。如用神旺相，原神休囚不动，或动而变墓、变绝、变克、变破、变退，或被日辰月建克制，皆不能生用，是用神根蒂被伤矣，是不惟无益而反有损也。

凡占卦，要知忌神，亦先看用神。克用神之爻，即是忌神也。如忌神动来克用，而用爻出现不空，则受克也。倘卦中又动出一爻原神生用，则忌神反生原神，是名"贪生忘克"，则用神根深蒂固矣，其吉更倍矣。如忌神独发而用神旬空，谓之"避空"；如伏藏不现，谓之"避凶"；如月建日辰生用，谓之"得救"。如是等仍为吉兆，夫亦何嫌何疑哉？如忌神变回头之克，或日辰月建克冲之，或动爻制忌之，谓之"贼欲害我"，是贼先受害也，我又何伤？如日辰月建生扶忌神，或忌神叠叠克用，即使用神避空伏藏者，至出空出透时，便受其毒，难免其灾也。

凡占卦，要知仇神，亦看制克原神、生扶忌神者，即是仇神也。如卦中仇神发动，则原神被伤，用神无根，忌神倍力，其祸可胜道耶。

飞神正论第五

飞神有六：凡卦既有伏神，伏神之上者，飞神一也。六兽五类，飞神二也。他宫五类赘入本宫，取财、官、父、兄、子，飞神三也。一卦中上、下两爻一类，内静外兴，外飞内四也。外静内兴，内飞外，五也。内外皆兴，飞去六也。

伏神正传第六

夫伏神者，谓卦之有缺用神，才看用神伏于何爻之下。既有用神现，即使旬空、月破、动、静、生、克、合、冲者，皆由机关之所发，是有病处，必以药医之。故空要值日、破要填合、伏待出露、冲待合、合待冲。此乃物穷必变，器满则倾。若以破空为无用，以乾为坤之伏，大有五类俱全，又扯否卦为伏，又爻爻有伏之说，岂非病失医药？其传谬矣。至于学者无门可入。今陈一定不易之理，以便读者易于升堂。且乾坤艮兑坎离震巽乃八宫之首卦，名曰八纯，其爻全金、木、水、火、土，其象备官、父、子、财、兄，本宫下七卦如缺一者，即以首卦为伏；假令姤、遁无财，须向乾宫借寅木；遁、否、晋、观缺水，移乾子水伏初爻，观、剥少金，乾卦申金为伏。今以乾卦为法，他宫他卦，皆是以本宫首卦为下七卦之伏神也。

六兽评论第七

青龙最喜悦而多仁，附忌神凡谋不利。白虎最凶勇而好杀，生用神诸为则吉。朱雀克身，口舌是非常有；如来生用，文书音信当回。勾陈属土，空则田园欠熟；刚强克世，公差牵扯拘迟。螣蛇怪异虚惊，玄武私情盗贼。白虎血神，生产偏宜发动。午官朱雀，化水何忌火灾。螣蛇木鬼欺身，恐自缢难逃枷锁。玄武官生静世，交小人莫虑干连。世克静青龙，巡捕戏场酒肆。土鬼动勾陈，搜寻坟墓田园。论祈祷速酬太岁，问病原肿胀黄浮。略举六神取用，莫将六兽推尊。遇吉神般般云吉，持凶宿件件称凶。

四生逐位论第八

火生于寅也，金生于巳也，水土生于申也，木生于亥也。火库于戌绝于亥，金库于丑绝于寅，水土库于辰绝于巳，木库于未绝于申。此长生墓绝定例。卦卦必用者长生，爻爻须究者墓绝。除三者之余，卦中俱弗重也。假令火之沐浴于卯为相生；火之冠带于辰，衰于未，养于丑，为泄气。巳火临官于巳为伏吟，午火临官于巳为退神。巳火帝旺于午为进神，午火帝旺于午为伏吟。午火衰于未者为相合，午火病于申、巳火死于酉者为仇神。巳火病于申者为相合，胎于子者为相克。午火胞胎于子，为克为冲为反吟。由此观之，余神奚足重哉。

月破论第九

凡卦中月破之爻，乃关因之所现也。动者亦能生克他爻，变者亦能生克本爻。目下虽破，出月不破矣。今日虽破，值日不破矣。月破最喜逢合填实，远应年月，近应日时。如破而安静，再值旬空衰弱，遇动爻、月建、日辰克害，此等月破，谓之"真破"，到底破矣。

旬空论第十

凡卦中爻遇旬空，乃神机发现于此也。如旺相旬空，或休囚发动、日辰生扶、动爻生扶、动爻变空、伏而旺相，此等旬空，到底有用，不过待其出旬值日，有合空、冲起、冲实、填补之法，后卷占验注明。如休囚安静，或日辰克、动爻克、伏而被克、静逢月破，值此等旬空者，谓之"真空"，到底空矣。

反吟卦定例第十一

反吟卦有二：有卦之反吟，有爻之反吟。卦之反吟，卦变相冲也。爻之反吟，爻变相冲也。爻变相冲者一，卦中惟有坤变巽、巽变坤。

乾卦坐于西北，乾右有戌，乾左有亥。巽卦坐于东南，巽右有辰，巽左有巳。两卦相对，有辰戌、巳亥相冲。故**乾为天卦变巽为风卦，巽卦变乾，天风姤卦变风天小畜，小畜变姤**，此乾巽二卦相冲，反吟卦也。

坎卦坐于正北，坎下坐子；离卦坐于正南，离下坐午；两卦相对，有子午相冲。故**坎为水卦变离，离为火卦变坎，水火既济变未济，火水未济变既济**，此坎离二卦相冲，反吟卦也。

艮卦坐于东北，艮右有丑，艮左有寅；坤卦坐于西南，坤右有未，坤左有申。二卦相对，有丑未、寅申相冲。故**艮为山卦变坤，坤为地卦变艮，山地剥卦变谦，地山谦卦变剥**，此艮坤二卦相冲，反吟卦也。

震卦坐于正东，震下坐卯；兑卦坐于正西，兑下坐酉；两卦相对，有卯酉相冲。故**震卦变兑，兑卦变震，雷泽归妹变随，泽雷随卦变归妹**，此震兑二卦相冲，反吟卦也。

子变午，午变子；丑变未，未变丑；寅变申，申变寅；卯变酉，酉变卯；辰变戌，戌变辰；巳变亥，亥变巳；亦以此变出相冲，乃爻之反吟也。

伏吟卦定例第十二

伏吟卦有三：**乾卦变震，震变乾；无妄变大壮，大壮变无妄**。此子寅辰复化子寅辰，午申戌复化午申戌。内外卦之伏吟一也。

姤卦变恒，恒变姤；遁变小过，小过变遁；否变豫，豫变否；丰变同人，同人变丰；履变归妹，归妹变履；解变讼，讼变解。此午申戌复化午申戌，外卦之伏吟二也。

大有卦变**噬嗑，噬嗑**变**大有**；**屯**卦变**需，需**变**屯**；**大畜**变**颐，颐**变**大畜**；**随**变**夬，夬**变**随**；**小畜**变**益，益**变**小畜**；**泰**变**复，复**变**泰**；此子寅辰复化子寅辰，内卦之伏吟三也。伏吟惟乾变震，震变乾，查其他卦无伏吟也。

旺相休囚论第十三

春令木旺火相，夏令火旺土相，秋令金旺水相，冬令水旺木相，四季之月土旺金相。此八者旺相也。春土金兮，夏金水兮，秋木火兮，冬火土兮，此八者休囚也。

凡卦中旺相之爻，倘被日辰及动爻克制，目下贪荣得令，过时仍受其毒，此旺相者暂时之用也。凡卦中休囚之爻，如得日辰及动爻生扶，目下虽不能逞志，遇时仍然得意，此休囚者待时之用也。

合中带克论第十四

凡卦中子爻变丑，戌爻变卯，此子与丑合、卯与戌合，合中带克，合三克七之分。如旺相得日月生扶帮比，或卦中动爻生之，是作合论也。如休囚失令，被月日克之，或卦中动爻克之，是作克论也。惟申金化巳火者，即无日月与动爻相生，不作克论，乃化合化长生也。倘寅月日占之，是三刑会聚。申被寅冲，则不可以吉论矣。

合处逢冲冲中逢合论第十五

合处逢冲有三：凡得六合变六冲一也。日月冲爻二也。动爻变冲三也。冲中逢合亦有三：凡得六冲变六合一也。日月合爻二也。动爻变合三也。合处逢冲，谋虽成而终散；冲中逢合，事已散而复成。

绝处逢生克处逢生论第十六

金绝于寅，木绝于申，水土绝于巳，火绝于亥。譬如寅日占卦，金爻则绝于寅，如卦中有土爻动而生之，是绝处逢生也。申日占卦，木爻则绝于申，如卦中有水爻动而生之，是绝处逢生也。巳日占卦，水爻则绝于巳，如卦中有金爻动而生之，是绝处逢生也。亥日占卦，火爻则绝于亥，如卦中有木爻动而生之，是绝处逢生也。惟巳日占卦，土爻则绝于巳，如月建生扶帮比，土爻不可谓绝也，谓之"日生"。如土化出巳，有日月帮比，不云化绝，乃云"回头生"也。如日月制土，则是绝于日也，则是化绝于爻也。如酉日占卦，寅爻被克，卦中有水爻动而生之，是克处逢生矣。余例如之。大凡绝处逢生，寒谷逢春；克处逢生，凶后见吉也。

变出进退神论第十七

凡卦中亥变子，丑变辰，寅变卯，辰变未，巳变午，未变戌，申变酉，戌变丑，乃进神也。进神者，吉凶倍增其势也。

凡卦中子变亥，戌变未，酉变申，未变辰，午变巳，辰变丑，卯变寅，丑变戌，乃退神也。退神者，吉凶渐减其威也。

卦有验不验论第十八

凡人问卦，惟致诚可以感格神明，故斋庄戒谨，指占一事，神前祝告，而后卜之，则是用是原，是忌是仇，动静生克、合冲变化、旬空月破、月建日辰，研究其理，无不验也。如卜者不审其本来之心，而妄断之，则理有不通，不验也。兼问几事，则数有不逮，不验也。如奸盗邪淫之事，则天有不容，不验也。或乘便偶占，毫无诚敬，不验也。又如与人代占，必先说明是何名分，方可就其亲疏上下，分别用神，以为占验，庶无差误。假如奴仆代主来占，则以父母爻为用神。今乃有人自顾体面，不说实情，假托亲戚，以致用神看差，虽占无益，不验也。更或求卜之人，心虽诚敬，或阻于他事，令人代卜，而代卜之人心或不诚，不验也。又或一事而今日占之，明日又占之，或一人连占四五卦，是"再三渎，渎则不告"，不验也。

辟诸书之缪

辟《增删卜易》之谬

夫人因事有忧疑，惟卜可决，必致诚求卜，神必以吉凶相告，当以生克制化动静之理细推，无不应验。岂李文辉作《增删卜易》一书，《首章》云："此书有十二篇秘法，单教世之全不知五行生克之士，亦不必念卦书，只要学会点课，就知决断吉凶。知功名之成败，知财物之得失，知疾病之生死，知祸福之趋避。种种诸事，概不必念卦书，则知决断，乃吾师野鹤老人，苦心于世之秘法，万两黄金无处求"等语。阅其秘法曰："求名以官爻为用神，以子孙爻为忌神，不必念卦书，不要看生克制化、动静冲合，只要会装卦，对神祷告曰：'我若有功名，求赐官爻持世。'卜一卦官爻不临世，再卜；再卜又无，再再卜或明日再卜。倘得官爻持世，固知有名；倘得子孙持世，固知无名。求财见财爻持世则有，见兄弟爻持世则无；卜病见有用神持世则生，见有忌神持世则死。诸卜皆以用神持世断吉，忌神持世断凶。如无用神、忌神持世，必要卜见方止。"予想李文辉又愚也，何不以筶爿祷告，圣阴阳为吉凶断，更捷径于此法也。今之丢筶者，岂不值万万两黄金乎？总之李文辉，侮圣人之《易》，迷后世之途，予故辟之。

辟《易林补遗》伏神之谬

凡卦中用神不出现，查变爻有，不必寻伏神矣。倘变爻又无，然后查用神伏于何爻之下，看有提拔没有提拔，以定吉凶，无不应验。

其法：譬如坤宫**坤为地**卦，六爻五类备全，假使用爻旬空月破、刑冲克害，即就其本爻有病者论吉凶。如**复、临、泰、大壮、夬、需、比**七卦，倘正卦与变卦皆无用神，即将**坤为地**卦内用神为伏本卦某爻之下，此法乃万古一定不易。岂如张星元《易林补遗总断》所云："飞伏在二仪交换，定然阳伏阴而阴伏阳。乾坤来往换，震巽两边求，艮兑相抽取，坎离递送流"等语哉。若据彼将**天风姤**卦为**地雷复**卦之伏神，不知**地雷复**卦所缺者文书爻，应将本宫首卦为伏，取**坤**之二爻巳火文书，伏**复**卦二爻寅木之下，寅木为飞，巳火为伏，谓之"飞来生伏"。如占文书、长辈事，屡验巳日。若据张星元以**天风姤**卦为**复**卦之伏，取**姤**卦第四爻午火伏**复**卦第四爻丑土下，妄将午火伏丑土泄气之下为凶，竟不以巳火伏长生之下为吉。又如**天山遁**卦缺子孙，必以**乾**卦初爻子水子孙伏**遁**卦初爻辰土之下，水库居辰，谓之"入墓于飞爻"也，看有提拔者吉，无提拔者凶，此亦万古不易之法，而张星元竟将**地泽临**卦第五爻癸亥水，伏**遁**卦第五爻申金之下，则曰"用神伏长生之下吉"，是扯张甲当李乙，妄论吉凶。又言用神上卦，如遇旬空月破、刑冲克害，即当寻伏。又言归魂卦皆将本宫第四卦为伏。据称**大有**卦初爻子水子孙值旬空，该将**天地否**卦为伏神，而**否**卦六爻之内并无子孙，还是以出现旬空者凶乎？还是以伏卦中没有用神，无吉无凶乎？略辟其伏神一二之谬，以示后学。

辟《易林补遗》胎养衰病之谬

凡卜卦，爻遇长生、沐浴、冠带、临官、帝旺、衰、病、死、墓、绝、胎、养，卦中所重者，长生、墓、绝，其沐浴、冠带等七件各有合、冲、生、克、扶拱、进、退神分别。假如申酉金沐浴于午，金化午，乃回头克也。或午日占，乃日辰克也。如申化酉曰进神，如酉化申曰退神。如金化未戌土，曰回头生。如酉化卯，曰反吟。申化辰，曰回头生。酉化辰，曰化生合也。生克制化合冲之间，神机报在，岂张星元以胎养半吉之祥，以衰病半凶之祸？若以胎养半吉之祥，假令巳午火长生于寅，胎于子，寅卯木胎于酉，子亥水养于未，还是化胎养半吉之祥，还是化回头克没有半吉？如金爻为用，动化戌土，是回头生，凡占全吉。若据张星元说，衰病半凶之祸。又如午火化未土是化合，诸占欲散者得之见阻，欲成者得之可成。半凶半吉之谬，误人不浅矣。故辟之。

辟《卜筮全书》世身之谬

卜筮全书以子午持世身居初，丑未持世身居二，寅申持世身居三，卯酉持世身居四，辰戌持世身居五，巳亥持世身居六。其注云：持世之辰是子，即以初爻安世身；如世爻旬空月破，日辰刑冲克害，不必看世，当察身爻，以身爻代世爻之劳；如身爻吉则言吉，身爻凶则言凶。今人宗之，大误于事，不知卦中所重者生克制化、空破刑冲动静。如占自己吉凶，理当推世，以世为我，以定吉凶是也。倘世爻逢凶，身爻逢吉，还是在于世之凶乎？还是在于身之吉乎？由此观之，而子午持世身居初爻，诸谬甚矣。

辨天医星之谬

凡占延医用药，以应爻为医生，以子孙爻为药石，此系万古不易之理。今术家不察应爻之有用无用，不看子孙爻之动静旺衰，竟查天医星之有无，则曰"天医上卦，服药有效，医生可用"；或查天医不上卦，服药无效，医生不可用。倘天医不上卦而应临子孙发动有气，克鬼生身，竟断医生不明，服药无效，有失先天之妙旨。况医生可寄死生，有关人命，故予辩之。

辟妄论本命之谬

大凡占病，当推用神，用神即如父占子病吉凶，以子孙爻为用神类是也。今术家竟不参究用神生克制化之理，而以病人之本命论吉凶死活，则曰本命上卦断之生，本命不上卦断之死。且如用神受伤无救而本命上卦，还是断他用神受伤无救必死耶，还是断他本命上卦不死耶？后学不可以病人之本命妄断吉凶可也。

辨卜筮全书神煞之谬

昔京房作卦书，以神煞断卦。如出行忌往亡，疾病忌丧车、沐浴、哭声等煞，医药看天医，求财忌劫煞，词讼看官符，种种星煞，难以枚举。以致后学宗之，不执定五行生克制化，一味以神煞为凭。至明刘伯温先生作《千金赋》，云："自古神煞之多端，何如生克制化之一理。"断易之法，始得归于正宗矣。

辨贵人禄马之谬

今人多以贵人之爻为官宦，以禄爻为俸禄，以驿马为来人，概以此论。不知贵人禄马临原神、用神，当以吉断。假如卜终身，白虎临官爻持世，得贵人临之，当以武职功名许之，如无贵人并临，当以病患强暴断之。若贵人之爻临忌神动来克害，不可以贵人为吉。如贵人临官鬼爻持世，不可以官鬼爻为祸患言凶。且如卜行人，当察用神，如用神临驿马动，归期可讯。如驿马动而用爻受伤，不可以驿马断其来。凡问俸禄，当以财爻为用神是也。若弃财爻之吉凶，而独以禄爻为俸者，亦谬矣。禄系丰足之神，马系行动之宿，贵人不过分别人品清高微贱之神。此三者，临吉神是吉，临凶神是凶，学者不可概推。

辨《易林补遗》应为他人之谬

凡占交疏之常人，当以应爻为他人，以应爻为用神也。若异姓兄弟，或父叔之友，子孙之友，必分别称呼老幼取用神是也。不可概曰我占他人以应爻为用神。予因张星元不论父友子友，皆以应爻为用神，甚至奴仆、妻婢、弟兄、父母、叔伯、邻长，概曰："我代他占，皆以应为用神。"今据张星元作《妻妾奴仆去留章》云："以财为主，应象为凭"，《疾病章》云："代卜他人看应爻，若临月破最难逃。遇冲遇克身难救，逢旺逢生病必消。生应原神宜发动，克他忌象怕重交。卦身有气还须吉，应位逢官祸必招"，又《斗殴争竞章》云："以世应为主，生克为凭"。假如子侄与人斗殴争竞，惟恐受亏故卜，岂可不看子孙爻生克，竟以世爻为主，生克世应为凭乎？又有《词讼章》云："以官爻为主，父母爻为凭。文词相诉至公庭，须看官爻父母兴。"倘然官父二爻动来克我，还是以官父二爻动，说有主有凭是吉乎，还是克害我者是凶乎？今之术家，凡遇代占，则不论尊卑，概以应爻为用，凡为词讼独用官爻，总不论用神生克制化，予不得不辩之。

辟《易林补遗》月破旬空之谬

凡卦中月破之爻发动旺相，或遇动爻生合，日神生合，或化回头生合，不过在月内不能为吉凶，出月值日合补，亦能吉能凶。张星元言："月破无可解救，概以凶推。"凡卦中旬空之爻，或旺相安静，休囚发动，日辰生合冲之或变出者，或伏而有提拔者，屡试屡验，应在出旬。不意张星元言："旬空之爻，犹如卦中无此一爻也。惟月建临之，则曰'月建不作旬空，日辰不为月破'。"致后学一见月破无可解救，一见旬空没有此爻。又曰："月建不作旬空。"注曰："全空半空。凡阳日遇阳爻，阴日遇阴爻，皆作全空。阳日遇阴爻，阴日遇阳爻，皆作半空。"试问如人占病或得全空者，固知其必死；倘得半空者，还是病人死一半活一半耶？其谬极至此，不得不辟之。

辨互卦

古大圣以蓍草演成一卦，推体象、用象、互象、爻辞，定事之吉凶。体象为我，用象为事。卦有内三爻，外三爻。世坐之处为体，应坐之处为用。

譬如**天地否**卦，世居内坤第三爻，应居外乾第六爻，即以内宫坤卦为体象，以外宫乾卦为用象。内坤属土，外乾属金，谓之"体去生用"，不吉。

再看互卦，互卦之法，亦以**否**卦为例。除上六爻单，除下初爻拆。从第二爻起至第四爻见拆、拆、单，即内宫互成艮卦。从第三爻至五爻见拆、单、单，即外宫互成巽卦。艮卦属土，巽卦属木，木为乾宫否卦之财，如求妻财者得之，谓之"用来克体"，吉。

爻辞者，爻见单属阳，曰九；爻见拆属阴，曰六。即**乾**卦初爻，《易》曰："初九，潜龙勿用。"又如**否**卦初爻，《易》曰："初六，拔茅茹以其汇，贞吉亨。"**否**之四爻曰："九四，有命无咎，畴离祉。"

鬼谷子仙师，因易理浩荡深远，恐愚人不能参透，以钱代蓍卜。定财官父兄子，生克制化；分别原用仇忌四神，刑冲克害，生扶拱合，动静空破之法，使后学易觉，吉凶易剖。自后以蓍演易者，不察互体、用象、爻辞而不灵；以钱卜卦者，用之则不验。学者宜知蓍演、钱卜，断法不同。

辟《易林补遗》终身大小限之谬

或为功名而卜终身有无，或因贫贱而卜终身富贵，或为无子而卜终身有无，或卜寿夭，或习艺而卜终身可赖，或为行道而卜终身可行，或为弟兄子侄卜终身如何。种种卜者，各有用神。诸书惟《增删卜易》有野鹤论"分占终身之法"甚妥。大概总言卜终身吉凶，宜向六亲生克制化、刑冲克合、动静空破之间是问，神必以吉凶之机现于爻，以成败之机现于卦。

忆予于戊辰年辰月丙辰日，卜自己终身成败，得**旅**之**蛊**卦。彼时祖业丰裕，妄想富贵。此卦子孙朱雀持世，官爻入墓于日，显然功名不可问也。文书爻伏于世爻阴象之下，显然早年失慈。卦得六合，财福得合，显然祖业盈厚。此皆卜卦前之事也。方上有严君，新婚未几，后来兴废刑伤，自然有验。孰知辛未年丧父、得子，是年父爻入墓之年也。五爻为长房，持未土子孙，果得长子。甲戌年生次子，予语一友，曰："奇哉。此卦五爻持未，长子属羊，四爻化戌；次子属犬，初爻持辰，必末子属龙矣。"友曰："土主五数，该有五子。"予曰："非也。一重土数主五，以衰旺为之增减。今子孙多现，理当见一有一。"后至丁丑年生一子，友曰："汝言后子属龙，今属牛者何来？"予曰："虽得此子，不在数中，恐难养耳。"果于次年即夭折。至庚辰年果得子。自甲戌岁，予年二十六，家业渐废。己卯远行，壬午二月归，妻已故矣。节年颠沛，竟以卖卜为生。或曰："因何二十六岁颠沛起？"予曰："交甲戌年，应财值年旬空，财临白虎化月破，世位逢冲之年，谓合处逢冲也。卯年冲应上财爻，以致夫妻远别，妻死不面。妻财爻又受午年之克也，卯月妻财爻又逢月建冲之。至于卖卜为业，朱雀持世，卦属离宫，斯文之象。次子无成，白虎戌土子孙值年月日三破，甲申年始得安稳。由此卦观之，《黄金策》云："若问成家，嫌六冲之为卦。要知创业，喜六合之成爻。"予之先成后败者，此也。

若以《易林补遗》初爻起每爻各管五年是大限，初爻起每爻各值一年是小限，予二十一岁至二十五岁，大限在五爻，临未土子孙，二十三岁何致父故；三十一岁至三十五岁大限在初爻，临辰土子孙，三十四岁何致克妻？大限如是，小限可知矣。又曰"变卦管三十岁后"，何至于廿六岁已先破家？三十五岁至四十岁，大限在第二爻兄弟勾陈处，何以反得安稳？若以互卦，内见巽为文书，外见兑金为妻财，而卦中既互有文书、妻财，何致双亲早丧，中年失偶？若依张星元之法，不过惑人曰：终身卦要如是推算大限小限，不比寻常小卦，酬谢宜多。究竟祸福吉凶，并无丝毫之应验。后人若卜终身者，当知兴废大局报于卦，刑伤克害、际遇机缘报于爻。若年年如是，月月照常，而爻中不及报应，妄推无准，莫若名利、祸福、寿夭逐件分占，便可显而易见也。读者当用意推详之。

辟《易林补遗》家宅之谬

断家宅之谬者，惟《易林补遗》之说，即如其以卦分旺相死没，立春后，艮旺，震相，巽胎，离没，坤死，兑囚，乾休，坎废；春分后，震旺，巽相等说。又云："凡看人宅六事，内外二卦皆临旺相，爻内纵无财官，也主兴隆。如临死囚休废，纵有财官、青龙天喜，亦无佳兆。"试问倘立春后，卜得颐、小过、蛊、渐、恒、益等卦，俱值旺相胞胎，必断其富贵无穷之好？如卜得晋、明夷、临、萃、比、师等卦，必断其败坏不止之凶？由此论之，生克制化之理乌有，竟为吉凶祸福捷径之法。其谬犹可。其大谬者，以官爻为家主之爻，又以五爻为家主之爻，倘遇官爻坏，五爻好，则家主之吉凶何分？据云"子孙动则广进家资"，此一句系古法也，虽则不谬，然以官鬼为家主，则子孙不可动，动则克伤官爻矣。若据张星元之论，欲要进家业者，反欲克伤其父乎？又据云："初为儿女与鸡鹅，并连基地。"试问初爻逢凶，儿女、鸡鹅、井泉、地基概凶矣。岂死鸡鹅之家，儿女亦必死乎？井必颓乎？基必破乎？"二言妻妾兼猫犬，灶及华堂。"试问二爻逢凶，妻妾、猫犬、灶与华堂概凶矣，岂死猫犬之家，妻妾亦必至于死乎？死妻妾之家，乃因灶与华堂之碍乎？止陈两爻之谬，其余不及尽述。凡卜家宅，当以用神分别明白，后卷有《家宅六爻分断》，读者详之，庶无误矣。

辟《易林补遗》婚姻嫁娶之谬

一婚姻嫁娶，惟《易林补遗》之说最谬。以内外卦世应爻为主，以阴阳财鬼爻为凭。凡男卜女家，内卦为夫，外卦为妇；又以世为夫，应为妇。凡女卜男家，以外卦为夫，内卦为妇；世爻为妇，应爻为夫等说，使后学无定见。假如男家卜婚姻，或遇外卦凶而应爻吉，此婚姻亦好亦不好，究竟可配不可配耶？今人宗之，不问父母叔伯为卜子侄女婚，不问兄弟母舅为卜甥弟女婚，一概以世应论夫妇，官鬼妻财为夫妇，不以用神生克制化之理，定其夫妇之吉凶，大失先天妙旨。孰知世应财官，各有分别。世爻为我家，应爻为彼家。女人自卜嫁此郎为夫，当以官爻为夫，世为自己，官世相生相合，官阳世阴，此谓之得地。男人自卜娶此女为妻，当以财为妇，世为自己，财世相生相合，财阴世阳，亦谓之得地。或父母尊长辈，为子孙婚欲配某家女为媳，以子孙为用神，世上子孙或阳象子孙，皆指言我家之男也；应上子孙或阴象子孙，皆指言彼之女也。无冲破，有生合，自然可配，夫妇和谐。无生合，有冲克，自然夫妇不睦。或休囚，或受克，自然不寿。如父为子婚，世位而受伤者，自然悖逆而刑翁；财爻而受生者，自然孝顺而益姑。或为弟娶妹嫁者，皆以兄弟爻为用神也。曾于午建乙卯日父为女择婿得**否**卦安静。一人执此卦问予曰："世阴应阳，官星旺令，卦得六合，日辰持财，财官相生，六爻安静，是必佳乎？"予曰："若依张星元论是佳偶也。子孙伏而旬空，是必无子息也。据予断，子水子孙伏阴爻未土之下，惟恐令爱不寿耳。"其人不然而去，后成婚不久，此女病故。又一人申月甲午日父为子择媳，得**复**之**噬嗑**卦。予曰："应爻合成，子孙局生世，不但嫁资丰厚，更可享其孝顺之福。"后至巳年完婚，果孝顺贤淑，赠嫁不凡。若据张星元之说，官为夫，此卦寅木夫星月破，又被金局克，是必克夫，何完婚已及二十年，翁姑在堂，夫妇和谐，不惟子多，近已得孙矣。后学当如是断，庶无弃吉就凶，以致误人婚配也。

辨六爻诸占之谬

《天玄赋》以六爻定诸占之例，惟占国事以五爻为天子之位，家宅以二爻为宅五爻为人，坟墓以五六爻为气绝之位，此三者稍近乎理，然亦宜以用神生克制化断之。其天时、产育、行人、田禾、求谋、疾病、买卖、词讼、盗贼、斗殴、蚕桑、六畜、出行、鬼神等，种种定位，概不以用神生克制化之理推断，惟以定例而决事之吉凶，大失先天之玄妙。即就其天时以六爻为日，以五爻为雨，试问晴雨不以子孙父母爻推之，竟以五爻六爻为可决乎？又如初爻为产母，二爻为胎孕，试问产母不看用神，胎孕不察子孙，竟以初爻二爻为可决吉凶乎？其余种种之谬，难以尽辨，望后学详之。

校正全本卜筮正宗卷之四

黄金策总断千金赋直解

　　动静阴阳，反覆迁变。

　　动就是交重之爻，静就是单拆之爻。交拆之爻属阴，重单之爻属阳。若爻是单拆，这谓之安静，安静的爻，没有变化的理。若爻是交重，这谓之发动，发动的爻，然后有变。故此交、交、交原是坤卦属阴，因他动了，就变作单、单、单，是乾卦属阳了。大凡物动就有个变头。为什么交就变了单，重变了拆，该把那个"动"字，当做一个"极"字的意思解说。古云："物极则变，器满则倾。"假如天气热极，天就作起风云来。倘风雨大极，就可晴息了。故古注譬以谷舂之成米，以米炊之成饭。若不以谷舂，不以米炊，是不去动他了，到底谷原是谷，米原是米，岂不是不动则不变了？发动之内，也有变好，亦有变坏。阳极则变阴，阴极则变阳。这个意思就是动静阴阳，反覆迁变了。

　　虽万象之纷纭，须一理而融贯。

　　此一节，只讲得一个"理"字，那"象"字当作"般"字解。理就是中庸之理。卦中刑冲、伏合、动静、生克制化之间，有一个一定不易之理在里头。拿这个卦理，评到中庸之极至处，虽万般纷纷论头，一理可以融贯矣。

　　夫人有贤不肖之殊，卦有过不及之异。

　　太过者损之斯成，不及者益之则利。

贤不肖之殊，人生之不齐也。过不及之异，卦爻之不齐也。人以中庸之德为主，卦惟中和之象为美。德主中庸，则无往而不善。象至中和，则无求而不遂。故卦中动静、生克、合冲、空破、旺衰、墓绝、现伏等处，就有太过不及的理在焉。大凡卦理，只论得中和之道。假如乱动，就要搜独静之爻；安静，就要看逢冲之一日。月破要出破填合，旬空要出旬值日。动待合，静待冲；克处逢生，绝处逢生；冲中逢合，合处逢冲。这些法则，就是太过者损之斯成，不及者益之则利。旧注以用神多现为太过，以用神只一位不值旺令为无凭，谓不及，其意浅矣。不知卦中无不有太过不及者，就是动静、生克、合冲、旬空月破、旺衰墓绝、伏藏出现，个个字，可以当他太过，亦可以当他不及。此活泼之中自有玄妙，学者宜加意参之。

生扶拱合，时雨滋苗；

生我用爻者谓之生，扶我用爻者谓之扶，拱我用爻者谓之拱，合我用爻者谓之合。生者即金生水类，五行相生也。扶者即亥扶子、丑扶辰、寅扶卯、辰扶未、巳扶午、未扶戌、申扶酉。拱者即子拱亥、卯拱寅、辰拱丑、午拱巳、未拱辰、酉拱申、戌拱未。合有二合、三合、六合。二合者即子与丑合类，三合者即亥卯未合成木局类，六合者即卦得六合卦也。此节亦承上文而言，不及者宜益之耳。倘若用神衰弱冲破，得了生扶拱合，就如旱苗得雨，则苗勃然兴之矣。倘若卦中忌神衰弱冲破，得了生扶拱合，谓之助桀为虐，其祸愈甚矣。学者宜别之。下三条仿此。

克害刑冲，秋霜杀草。

克者相克，即金克木类是也。害者六害，即子害未、丑害午、寅害巳、卯害辰、申害亥、酉害戌是也。刑者即寅巳申等类是也。冲者子午相冲等类是也。此亦结上文而言，倘用神衰弱，并无生扶拱合，反见克害刑冲，故喻之秋霜杀草也。大凡刑冲克三者卦中常验，六害并无应验，犹当辨焉。

长生帝旺，争如金谷之园；

长生，即火长生于寅类也。帝旺，即火帝旺于午类也。用神遇之，虽衰弱者亦作有气论，故以金谷譬焉。此节论用神长生帝旺在日辰上头，不言长生帝旺于变爻里边，若以变爻遇帝旺而言，误矣。假如午火又化出午火来，这是伏吟卦了，有甚么好处？安得以金谷喻之？大凡用神帝旺于日辰上主速，长生于日辰上主迟。盖长生犹人初生，长养以渐，帝旺犹人壮时，其力方锐，所以长生迟而帝旺速也。

死墓绝空，乃是泥犁之地。

死、墓、绝，皆从长生数起，空是旬空。死者亡也，犹人病而死也。墓者蔽也，犹死而葬于墓也。绝者魇绝也，犹人死而根本断绝也。空者虚也，犹深渊薄冰之处，人不能践履也。泥犁，地狱名，言其凶也。这四者与克害刑冲意思相仿，又引有过不及之意。倘用神无生扶拱合，反遇死墓绝空，故以泥犁喻之。大凡卦中爻象，只讲得长生、墓、绝三件向日辰是问，就是变出来的也要看。惟沐浴、冠带、临官、帝旺、衰、病、死、胎、养，不可向变出之爻是问。若化出来的，当以生克冲合、进神退神、反吟伏吟论也。

日辰为六爻之主宰，喜其灭项以安刘；

日辰乃卜筮之主。不看日辰，则不知卦中吉凶轻重了。盖日辰能冲起、冲实、冲散那动空静旺的爻象，能合、能填月破之爻，衰弱的能扶助帮比，强旺的能抑挫制伏，发动的能去制得，伏藏的能去提拔，可以成得事，可以坏得事，故为六爻之主宰也。如忌神旺动，用神休囚，倘得日辰去克制那忌神，生扶了用神，凡事转凶为吉，故曰"灭项兴刘"。

月建乃万卦之提纲，岂可助纣而为虐。

月建乃卜筮之纲领。月建亦能救事坏事，故言万卦之提纲。若是卦中有忌神发动，克伤用神，倘遇月建生扶那忌神，这是助桀为虐了。倘忌神克用神，如遇月建克制忌神，生扶那用神，就是救事了。凡看月建，只论得生克，与日辰相同。大凡月建的祸福，不过司权于月内，不能始终其事；而日辰不论久远，到底有权的。就是长生、沐浴、冠带这十二神，与日辰固有干系，与月建上不过只论得月破休囚旺相生克。今有人说，衰病死墓于月建上不好，长生帝旺于月建上好，种种误传，不可信也。

最恶者岁君，宜静而不宜动；

即本年太岁之爻曰岁君，系天子之象。既能最恶，岂不能最善？既宜安静，岂不宜于发动乎？若是太岁那一爻，临忌神发动，来克冲世身用象，主灾厄不利。一岁之中，屡多驳杂，故曰最恶，故宜安静。此言岁君若临忌辰，则宜静而不宜动也。若是太岁那一爻，动来生合世身主象，主际遇频加，一岁之中，连增喜庆，当言最善，亦宜发动。若用神临之，其事必干朝廷。若日辰动爻冲之，谓之犯上。毋论公私，皆宜谨慎可也。

最要者身位，喜扶而不喜伤。

身即月卦身也。阳世还从子月起，阴世还从午月生，其法见《启蒙节要篇》内。大抵成卦之后，看卦身现与不现，与月建、日辰、动爻有无干涉，则吉凶便知。占事为事体，占人为人身，惟喜生扶拱合，不宜克害刑冲。凡占卦，以卦身为占事之主，故曰"最要"也。

世为己，应为人，大宜契合；动为始，变为终，最怕交争。

交重为动，动则阳变为阴，阴变为阳。卦中遇此，当以动爻为事之始，变爻为事之终。发动之爻，变克变冲，谓之交争。凡世应宜生合用神，怕变克冲也。

应位遭伤，不利他人之事；世爻受制，岂宜自己之谋。

应位者，该当一个用神解说。如占他人，亦各有用神分别。或占交疏之人及无尊卑之人，是应为他人也。倘占父友、家主、师长辈，这是父母爻为用神是了。子孙之友，这是子孙爻为用神了。妻妾奴婢，这是妻财爻为用神了。那父友、自友及子孙之友，虽是他人，当分别老幼称呼名份取用，不可一概以应位误断。如卜损益自己之事，以世爻为自己也。世若受制，岂宜自己之谋乎？

世应俱空，人无准实；

此节亦引上文而言世应也。但凡谋事，势必托人，世空则自己不实，应空则他人不实。若世应皆空，彼此皆无准实，谋事无成。或世应空合，谓之虚约，而无诚信。如托尊长辈谋事，而得父母爻生合世爻，托之自然有益；倘或应空，总得长辈之力，而那一边不实，亦难成事也。

内外竞发，事必翻腾。

竞者冲克也，发者发动也。凡占的卦，内外纷纷乱动，乱冲乱击，是人情不常，必主事体反覆翻腾也。

世或交重，两目顾瞻于马首；应如发动，一心似托于猿攀。

马首是瞻，或东或西；猱猿攀木，自心靡定。世以己言，应以人言。《书》曰："应动恐他人有变，世动自己迟疑"，皆言其变迁更改，不能一其思虑耳。此引上文世应为彼我之意，又引竞发有翻腾而言。其事之吉凶，总不外乎生扶拱合、克害刑冲、空破间耳。

用神有气无他故，所作皆成；主象徒存更被伤，凡谋不遂。

用神者，如占文书、长辈，以父母爻为用神之类是也。主象者，亦即用神也。"故"字该作"病"字解。何谓之"病"？凡用神遇刑冲克害，就是病了。如卦中用神旺相，遇了病可待去病日期，亦能成事。如旺相而又无刑冲克害等病，凡谋必从心所欲，无不可成矣。倘用神衰弱无气，而又遇月建日辰刑冲克害，犹如一个天元不足、瘦弱不堪的人，岂可再加之以病乎？故爻弱而又受刑冲克害者，凡事枉费心力，终无可成之理。盖用爻虽然出现，别无生助，而卦中又无原神，纵有而值空、破、坏者，谓之主象徒存。徒存者，徒然出现也，谋事焉能遂意哉。

有伤须救，

伤，伤克用神之神也。救，救护用神之神也。如申金是用神而被午火发动来克，则申爻有伤矣。若得日辰是子，或动爻是子，子去冲克午火，或亥日亥爻制伏午火，则午火有制，而申金岂非有救乎？倘月建冲克用神，得日辰去生合用神；又或日辰去克用神，卦中动出一爻生他，这便是有伤得救了。凡遇有伤得救，每事先难后易，先凶后吉。用神得救，乃为有用耳。

无故勿空。

故者，谓受伤的意思。"勿"字该当他"不"字解说。大凡旬空之爻安静，又遇月建、日辰克制，这是有过之空了，即使出旬值日，亦不能为吉为凶，这样旬空，到底无用之空矣。若旬空之爻发动，或得月建、日辰生扶拱合他，或日辰冲起他，或动爻生合他，这是无故之空，待其出旬值日得令之时，仍复能事。故曰"无故之空爻，勿以为空"也。虽值旬空，而没有受月建、日辰克伤的，不可当他真空论。又如用神化回头克，又见会局来克，来克太过，岂不是有故了？若是日月不伤他，用神一空，则不受其克，亦称无故矣。古有避凶之说，亦近乎无故之理。旧注误以无伤克之爻不可空，日月二建克他又宜空，大失先天之妙旨，又失是篇之文理矣。

空逢冲而有用，

凡遇卦爻旬空，今人不拘吉凶，概以无用断之。殊不知见日辰冲，亦有可用之处。盖冲则必动，动则不空，所以空逢冲而有用也。

合遭破以无功。

此节独言合处逢冲。盖卦爻逢合，如同心协力，事必克济。凡谋望欲成事者，得之则无不遂矣。倘合处遇冲刑破克，惟恐奸诈小人两边破说，必生疑惑猜忌之心。如寅与亥合，本相和合，若见申日，或遇申爻动来冲克寅木，则害子亥水矣。故曰"合遭破以无功"。合者成也，和好之意。破者散也，冲开之意。凡欲成事，而得合处逢冲之卦者，事必临成见散。凡欲散之事，而得合处逢冲之卦者，必遂意也。冲中逢合者反是。

自空化空，必成凶咎；

自空者，用爻值旬空也。化空者，亦言用爻化值旬空也。凶咎，言不能成事。此节亦引上文谋望之事而言。凡谋望无不欲成事，倘用爻空，或用爻动化空，则动有更变，空有疑惑，事必无成。故曰凶咎也。

刑合克合，终见乖淫。

合者，和合也。凡占见之，无不吉利。然人不知合中有刑有克，合而有克，终见不和；合而有刑，终见乖戾。且如用未字为财爻，午字为福爻，午与未合，然午带自刑，名为刑合。又如子字为财爻，子与丑合，丑土能克子水，谓之克合。如占妻妾，始和终背，诸事终乖戾也。

动值合而绊住，

大凡动爻不遇合，然后为动；若有合则绊住，而不能动矣。既不能动，则不能生物克物矣。如日辰合之，须待冲其本爻日至，可应事之吉凶。如旁爻动来合之，须待冲那旁爻之日至，可应事之吉凶矣。假如用丑土财，而子日合之，待未日应事；子爻合之，待午日应事。又如子孙爻动，而被日辰合住，则不能生财，待冲动子孙期至，方有财也。余仿此。

静得冲而暗兴。

大凡不发动的爻，不可便言之安静。若被日辰冲之，则虽静亦动，谓之暗动。犹如人卧而被人呼唤，既不能安然而睡。既是卦中发动的爻，也能冲得安静的爻。且爻遇暗动者，犹人在私下作事也。暗动之爻生扶我，定叨私下一人帮衬；倘或克害我，定被一人在私下谋损。其理深微，应事在于合日。

入墓难克，带旺匪空。

入墓难克者，言动爻入墓，不能去克他爻也。又言他爻入墓，不受动爻所克也。假如寅木发动，本去克土，倘遇未日占卦，那木入墓于未日；或化出是未，是入墓于未爻也，则不能去克土矣。又如寅动克土，而土爻遇辰日，则入墓于日辰；或化辰爻，入墓于变爻，皆不受寅木之克。故曰"入墓难克"。旺相者，即如春令木旺火相，夏令火旺土相，秋令金旺水相，冬令水旺木相，四季之月土旺金相。古谓"当生者旺，所生者相"是也。此爻空亡，不作空论。又云"旺相之爻过一旬，过旬仍有用"，故曰"匪空"。

有助有扶，衰弱休囚亦吉；

此节独指用神而言也。且如春天占卦，用爻属土，是衰弱休囚，本为不美，倘得日辰动爻生扶拱合，虽则无气，不作弱论。譬如贫贱之人，而得贵人之提拔也。忌神倘无气，则不宜扶助也。

贪生贪合，刑冲克害皆忘。

此节亦指用神而言也。倘用神遇刑冲克害，皆非美兆，若得旁有生爻合爻，则彼贪生贪合，自不为患矣。故曰"忘冲忘克"。假如用神是巳，卦中动出寅字来，寅本刑巳，但寅木能生巳火，故巳火贪其生而忘其刑也。又如卦中动出亥字来，冲克巳火，又得动出卯字来，则亥水贪生于卯，而忘克于巳也；如寅字动，则亥水贪合于寅，而忘冲于巳也。此乃贪合贪生，忘克、忘冲、忘刑之例。余皆仿此，推详可也。

别衰旺以明克合，辨动静以定刑冲。

此节分别衰旺、动静、生克、制化、阴阳之理。若独别衰旺，不辨动静，则胶于所用矣。如旺爻本能克得衰爻，若安静，纵旺而不能去克衰爻了。衰爻本不能去克旺爻，若发动了，就克得旺爻了。盖动犹人之起，静犹人之伏。虽则旺相，不过目下一时旺；虽则衰弱，亦不过目下一时衰。俟旺者退气，衰者得扶，而衰爻可克旺爻矣。如旺爻动克衰爻，而无日辰救护者，立时受其克也。惟是日辰能冲克得动静之爻，即如动爻生克不得那日辰，若是月建载在卦中，那动爻也能克得他了。如此，则衰旺动静之理明矣。

并不并，冲不冲，因多字眼；

并者，谓卦中之爻日辰临之也。冲者，谓卦中之爻日辰冲之也。"不"字言所并之爻不能并，所冲之爻不能冲也。何谓不能并？假如子日占卦，卦中见有子爻作用神，日辰并之，倘子爻衰弱，已有日辰并之，便作旺论；然亦不可子爻化墓、化绝、化克，此谓日辰变坏，不能为善于爻，而凶反见于本日也，故曰"并不能并"也。何谓不能冲？又如子日占卦，卦中见有午字作用神，日辰冲之，如子爻在卦中动来冲克午爻，若得子爻化墓、化绝、化克，此谓日辰化坏，不能为害于午，而其吉反见于本日也，故曰"冲不能冲"也。此二者皆因子日占卦，卦中多这个子爻变坏了，所以如此。余如此例。

刑非刑，合非合，为少支神。

刑，三刑也。合，合局也。如寅巳申为三刑，丑戌未为三刑，子卯为二刑，辰午酉亥为自刑。假如卦中有寅巳二字而无申，有寅申二字而无巳，有巳申二字而无寅，为少一字，而不成刑也。如亥卯未为三合，申子辰为三合，巳酉丑为三合，寅午戌为三合。假如有亥卯而无未，有未卯而无亥，有亥未而无卯，为少一字而不成合也。〇三刑三合之法，必须见全。有两爻动则刑合得一爻起，如一爻动则刑合不得两爻起了。如卦中刑合纵见全，倘俱安静，便不成刑合了。如此占验，就明白晓畅矣。

爻遇令星，物难我害；

令星者，月建之辰也。物者，指卦中动爻而言。倘用神是月建之辰，而月建乃健旺得令星也，即使动爻来伤，何足惧哉。故曰"物难为我之害"也。

伏居空地，事与心违。

伏者，伏神也。六爻之内而缺用神，当查本宫首卦用神为伏，卦上六爻为飞，飞为显，伏为隐。若六爻之中并无用神，而伏神又值旬空，倘无提拔者，谋事决难成就。故曰"事与心违"。

伏无提拔终徒尔，飞不推开亦枉然。

亦引上文之意。伏者，言用神不现，而隐伏于下也。如无日月动爻生扶拱合，谓之伏无提挈。飞者，是用神所伏之上显露神也。推者，冲也。言冲开飞神，使伏神可出也。

空下伏神，易于引拔；

言伏神在旬空飞爻之下。盖本爻既空，犹无拦绊，则伏神得引拔而出也。引者是拱扶并之神，拔者亦生扶拱合、冲飞引伏之意。

制中弱主，难以维持。

制者，言月建日辰制克也。弱主者，指衰弱之爻也。如用神衰弱，而又被日月二建制克，纵得动爻生之，亦不济事。盖衰弱之爻，再遇日月克者，如枯枝朽树，纵有如膏之雨，难以望其生长新根。此指用神出现而言也，如伏神如是，纵遇并引，亦无用矣。

日伤爻，真罹其祸。爻伤日，徒受其名。

日辰为六爻主宰，总其事者也。六爻为日辰臣属，分治其事者也。是以日辰能刑冲克害得卦爻，卦爻不能刑冲克害于日辰也。月建与卦爻亦然。

墓中人，不冲不发，

大抵用爻入墓，则多阻滞，诸事费力难成，须待日辰动爻冲之，或冲克其墓爻，方有用也。古书云："冲空则起，破墓则开。"

身上鬼，不去不安。

身，借用而言世也。但凡官鬼持世爻上，如自己若非职役之人，以官鬼为忧疑阻滞之神，须得日辰动爻冲克去之，方可安然无虑矣。或忌神临于世上亦然，但不可克之太过，恐我亦伤。先圣曰："人而不仁，疾之已甚，乱也，惟贵得其中和耳。"

德入卦而无谋不遂，忌临身而多阻无成。

德，合也。和合中自有恩情德义。故凡谋为，用神动来合世，或用神化得生合，或日辰临用合世，或日辰生合用爻，皆德入卦中，而无谋不遂矣。但合处见冲，恐有更变。倘忌神如是，则多阻而无成矣。

　　卦遇凶星，避之则吉；

　　凶星即是忌神。凡用爻被月建日辰伤克，不论空伏，始终受制，无处可避。如无月日伤克，独遇卦爻中忌神发动来伤，若用爻值旬空、伏藏，不受其克，谓之避，待冲克忌神之日，其凶可自散矣。如用爻出现不空，便受其毒，难免其伤也。故曰"避之则吉"。

　　爻逢忌杀，敌之无伤。

　　爻者，用爻也。如求财以财爻为用之类是也。敌，救护之意。譬如求财，卦中财爻属木，倘有金爻动来克财，凶也。或得火爻发动克金，则金爻自治不暇，焉能克木？木爻无患矣。故曰"敌之无伤"。

　　主象休囚，怕见刑冲克害；用爻变动，忌遭死墓绝空。

　　主象亦言用神也。如值休囚，已不能为事矣，岂可再见刑克？如用神发动，犹人勇往直前，岂可自化墓绝？

　　用化用，有用无用；空化空，虽空不空。

　　用神化用神，有有用之用神，有无用之用神。有用者，用神化进神；无用者，用神化退神，并伏吟卦也。故以有用无用分别之。空爻安静，则不能化空，爻发动则能化。既发动，动不为空也，化出之空亦因动而化。凡动爻值空，或动爻变空，皆不作真空论，出旬有用矣。

　　养主狐疑，墓多暗昧。化病兮伤损，化胎兮勾连。

　　长生、沐浴、冠带、临官、帝旺、衰、病、死、墓、绝、胎、养，此十二神，卦中惟是长生、墓、绝三件，卦卦须看，爻爻要查。其余沐浴、冠带、临官、帝旺、衰、病、死、胎、养各神，俱另有生克冲合、进神退神、伏吟反吟论，不可执疑于养主狐疑、病主伤损、胎主勾连。《十八论》内已明论之，学者宜自详辩。

　　凶化长生，炽而未散；

　　用爻化入长生者吉。如凶神化入长生者，则其祸根始荫，日渐增长也。必待墓绝日，始锄其势。

　　吉连沐浴，败而不成。

　　沐浴，其名败神，又称沐浴煞，乃无廉无耻之神，其性淫败。然而有轻重之分别。即如金败于午，败中兼克；寅木败于子，败中兼生；卯木败于子，败中兼刑；水败于酉，败中兼生；土败于酉，败中兼泄气；火败于卯，败中兼生。惟占婚姻，最宜忌之。倘夫择妻姻，得财爻而化沐浴，兼生者必败门风，兼克者因奸杀身。即如诸占，倘世爻化之，生者因色坏名，克者因奸丧生，有救者险里逃生。故曰"吉神不可化沐浴"也。

戒回头之克我，勿反德以扶人。

回头克，乃用神自化忌神。如火爻化水之类是也。诸占世爻、身爻、用爻，遇之不吉也。凡用神动出生合世爻，是有情于我，谋为易成也。或用神发动不来生合世身，而反生合应爻及旁爻者，皆谓反德扶人。凡占遇之，所求不易，是损己利人之象也。

恶曜孤寒，怕日辰之并起；

恶曜，指忌神言也。孤，孤独，无生扶拱合也。寒，衰弱无气也。凡占遇忌神孤寒，则永无损害我矣。惟怕日辰并起，而孤寒得势，终不免其损害，如值月建，真可畏也。

用爻重叠，喜墓库之收藏。

如卦中用爻重叠太过，最喜用神之墓持临身世，谓之归我收藏也。

事阻隔兮间发，心退悔兮世空。

间爻者，世应当中两爻是也。盖此二爻居世应之中，隔彼此之路，动则有人阻隔。要知何等人阻，以五类推之。如父母动，即尊长之辈是也。凡世爻旬空，其人心怠意懒，不能勇往精进，以成其事。故曰"心退悔兮世空"。

卦爻发动，须看交重；动变比和，当明进退。

凡卦发动之爻，须看交重。交主未来，重主已往。如占逃亡，见父母并朱雀发动，若爻是交，当有人来报信；如值重爻，则信已先知。他仿此。动变比和者，指言进退二神也。如寅木化卯是进神，卯变寅是退神，《十八论》内详明。进主上前，退主退后。

煞生身莫将吉断，用克世勿作凶看。

盖生中有刑害之两防，合处有克伤之一虑。

煞者，忌神也。生者，生合也。身者，如自占以世而言也。如卦中忌

61

神发动，则有伤于用神矣，即使生合我，有何益哉？况生合之中有刑、有害、有克，如忌神生世，兼有刑克者，不但谋事无成，所求不得，恐因谋而致咎。即如一人乡试，于辰月癸酉日，卜得节之坎卦，世爻巳火化寅木忌神，生中带刑，又卯木忌神暗动生世，后至临场病出。此是忌生身也，生中带刑也。害者相同，克者犹重。又如用神动来克世，谓之物来寻我，凡谋易就。勿因克我，当做凶看。得用神克世，本是吉也，不宜又去生合应爻，谓之厚于彼而薄于我，则虽用神克世，亦作凶看，不可不知也。

刑害不宜临用，死绝岂可持身。

凡用神、身、世，遇日辰相刑，必主不利。占事不成，占物不好，占病沉重，占人有病，占妇不贞，占文卷必破绽，占讼有刑。害爻不过坏事，大概相仿，化者亦然，须推衰旺生克，分其轻重详之。死绝于日辰之爻，临持世、身、用神者，诸占不利，变动化入者亦然。然有绝处逢生之辨，学者宜知。

动逢冲而事散，

盖冲之一爻，不可一例推之。如旬空安静之爻，逢冲曰起；旬空发动之爻，逢冲曰实；安静不空之爻，逢冲曰暗动；发动不空之爻，逢冲曰散，又曰冲脱。凡动爻而逢冲散脱者，吉不成吉，凶不能成凶也。

绝逢生而事成。

大凡用神临于绝地，不可执定绝于日辰论之，用神化绝皆是也。倘遇生扶，乃凶中有救，大吉之兆，名曰绝处逢生。

如逢合住，须冲破以成功；

卦中用神、忌神遇日辰合，或自化合，或有动爻来合，不拘吉凶，皆不见效，须待冲破日期，可应事之吉凶。假如用爻动来生世，凡事易成，若遇合住，则又阻滞，须待冲之日，事始有成。此下皆断日期之法也。

若遇休囚，必生旺而成事。

断日期之法，不可执一，当以活法推之，庶无差误。如用爻合住，固以冲之日期断矣。或用爻休囚，必生旺之期，能成其事，故无气当以旺相月日断之。若用爻旺相不动，则以冲动月日断之。如用爻有气发动，则以合日断之。或有气动合日辰，或日辰临之动，或日辰临之动来生合世身，即以本日断之。若用爻受制，则以制煞日月断之。若用爻得时旺动，而又遇生扶者，此为太旺，当以墓库日月断之。若用爻无气发动，而遇生扶，即以生扶月日断之。若用爻入墓，当以冲墓、冲用月日断之。若用爻旬空安静，即以出旬逢冲之日断之。若用爻旬空发动，即以出旬值日断之。若用爻发动旬空破合，即以出旬冲日断之。若用爻旬空安静被冲，即以出旬合日断之。若用爻旬空发动逢冲，谓之冲实，即以本日断之。已上断法，撮其大要，其中玄妙之理，学者自当融通活变，分其轻重，别其用忌，断无差矣。

速则动而克世，缓则静而生身。

此亦断日辰之法也。如来人，定其迟速，若用神动而克世，来期甚速；如动而生世则迟；如静而生世，则又迟矣。更宜以衰旺动静推验，则万无一错。如衰神发动克世，比旺动来克者又缓矣。余仿此。

父亡而事无头绪，福隐而事不称情。

此一节，指言公事当看文书，文书即为父母爻也。凡私事须看福德，福德者，即子孙爻也。凡占功名、公门、公事，以父母爻为头绪，当首赖文书，次尊官鬼。如文书爻空亡，恐事未的确。故曰"父亡而事无头绪"。凡占私事，以子孙爻为解忧、喜悦之神，又为财之本源，岂可伏而不现？故曰"福德隐而事不称情"也。

鬼虽祸灾，伏犹无气；

官鬼一爻，虽言其祸灾之神，然六爻之内，亦不可无。宜出现安静，不宜藏伏。藏伏了，谓之卦中无气。况那官爻，诸占皆有可赖之处，故此要他。即如占名以官为用，占文书以官爻为原神，占讼以官爻为官，占病以官爻为病，占盗贼以官爻为盗贼，占怪异以官爻为怪异。占财如无官爻，恐兄弟当权，不无损耗。

子虽福德，多反无功。

多，多现。反，受克。惟占名子孙为恶煞，除此皆以子孙之爻为福德神也。占药以子孙之爻为用神，若卦中多现，必用药杂乱，服之无功。如占求财，遇子孙爻受伤，不惟无利，恐反致亏本。

究父母，推为体统；论官鬼，断作祸殃。

财乃禄神，子为福德。兄弟交重，必至谋为多阻滞。

此虽概言五类之大略，然亦有分别用之。假如占终身，以父母爻论其出身，如临贵人有炁，是官家之后；如临刑害无气，乃贫贱之儿。如占祸殃，当推官鬼附临何兽，或值玄武，即盗贼之殃。财乃人之食禄，故曰禄神；子孙可解忧克鬼，故曰福德。兄弟为同辈劫财，动则克财争夺，故曰"凡谋多阻滞"也。

卦身重叠，须知事体两交关。

卦身，即月卦身也。其法阳世还从子月起，阴世还从午月生，《启蒙节要》论明矣。凡卦身之爻，为所占事之体也。若六爻中有两爻出现，必是鸳鸯求事，或事干两处。若带兄弟，必与人同谋。兄弟克世，或临官鬼发动，必有人争谋其事也。卦身不出现，事未有定向。出现，生世、持世、合世，其事已定。宜出现，不宜动，动则须防有变。如变坏，则事变坏矣。若持世，知此事自可掌握。若临应，知此事权柄在他。或动他爻变出者，即知此人亦属其事。如子孙为僧道、子侄辈类。或伏于何爻之下，亦依此类推详。如六爻飞、变、伏皆无卦身，其事根由未的。空亡墓绝，诸事难成。大抵卦身当作事体看，不可误作人身看。若占人相貌美恶，以卦身看可知矣。凡遇身克世，则事寻我吉，世克身则凶。若得身爻生合世爻，更吉。

虎兴而遇吉神，不害其为吉；龙动而逢凶曜，难掩其为凶。

玄武主盗贼之事，亦必官爻；朱雀本口舌之神，然须兄弟。

疾病大宜天喜，若临凶煞必生悲；

出行最怕往亡，如系吉神终获利。

是故吉凶神煞之多端，何如生克制化之一理。

大抵卜易，当执定五行六亲，不可杂以神煞乱断。盖古书神煞，至京房先生作《易》，乱留吉凶星曜，以迷惑后学。如天喜、往亡、大煞、大白虎、大玄武之类皆是。今人宗之，无不敬信。然神煞太多，岂能辨用？合以六兽而言其法，莫不以青龙为吉，白虎为凶；见朱雀以为口舌，见玄武以为盗贼。不分临持用神、原神、忌神、仇神，概以六兽之性断之，大失先天之妙旨。何则？白虎动固凶也，若临所喜之爻，生扶拱合于世身，则何损于吾？故曰"凶不害其为吉"。青龙动固吉也，若临所忌之爻，刑冲克害乎用神，则何益于事？故曰"虽吉而难掩其为凶"。朱雀虽主口舌，然非兄弟并临，则不能成口舌也。玄武虽主盗贼，若非官爻并临，则不能称盗贼也。盖六兽之权，依于五行六亲生克故也。又如天喜吉星也，占病遇之，虽大象凶恶，竟不以死断，因天喜故也。若临忌神，我必以为悲，而不以为喜。往亡凶煞也，出行遇之，虽大象吉利，竟断其凶，因死之故也。若临所喜之爻，动来生扶拱合世、身、用爻者，吾必以为利，而不以为害。盖神煞之权轻，而五行之权重故也。由是观之，遇吉则吉，遇凶则凶，系于此而不系于彼。有验于理，而不验于煞，何必徒取幻妄之说哉。不然，吾见其纷纷繁剧，适足以害其理而乱人心，岂能一一中节耶？盖神煞无凭，徒为断易之多歧，而不若生克制化之一理为妥。能明其理，则圆神活变，自有条理而不惑矣。六亲本也，六兽末也。至于天喜、往亡、天医、丧车等吉凶神煞，末中之至末也。欲用之者，惟六兽可也。必当急于本而缓其末。然六兽但可推其情性形状，至于吉凶得失，当专以六亲生克为主。学能如此，则本末兼该，斯不失其妙理，而一以贯之矣。

呜呼！卜易者知前则易，

世人卜易，皆泥古法，能变通者鲜矣。故有龙虎推其悲喜，水火断其雨晴，空亡便以凶看，月破皆言无用，身位定为人身，应爻概称他人，凡此之类，难以枚举。刘伯温先生作是书，取理之长，舍义之短，阐古之幽，正今之失。凡世之执迷于前法者，亦莫不为之条解。有志是术者，苟能究明前说，自知通变之道矣。其于《易》也何有？

求占者鉴后则灵。

推占者固当通变，而求占者亦不可不知求卜之道也，后诚心是也。

筮必诚心，

圣人作易，幽赞神明，以其道合乾坤故也。故凡卜易，必须真诚敬谨，专心求之，则吉凶祸福自无下验。今人求卜，多有科头跣足，短衫露体，甚至有不焚香、不洗手者，更有富贵自骄，差家人代卜，或烦亲友代卜。孰不知自虽发心，而代者未必心虔。忽略如此，而欲求神明之感格者，未之有也。可不慎欤？

何妨子日。

阴阳历书中，有子不问卦之说，故今人多忌此日。刘国师谓："吉凶之应，皆感于神明。"神明无往不在，无时不格，能格其神，自无不验矣。故凡卜易，惟在人之诚不诚，不在日之子不子也。

以上全篇，总说断易之法，乃通章之大旨，不如此则诸事难决，有志于是者，当先观此篇，若能沉潜反覆，熟读玩解，此理既明，则事至物来，迎刃而解矣。其于卜易也何有。

校正全本卜筮正宗卷之五

天　时

天道杳冥，岂可度思夫旱潦？易爻微渺，自能验彼之阴晴。当究父财，勿凭水火。

《天玄赋》、《易林补遗》皆以水火为晴雨之主，而不究六亲制化，盖执一不通之论也。且如以水爻为雨，其言旺动骤雨，休囚微雨。然水居冬旺，则雨岂独骤于秋冬，而轻微于春夏耶？知乎此，不攻自破矣。凡卜天时，当看父财，勿论水火也。

妻财发动，八方咸仰晴光；父母兴隆，四海尽沾雨泽。

以父母爻为雨，财动则克制雨神，所以主晴。

应乃太虚，逢空则雨晴难拟；

占天时，应空则雨晴难拟，须凭父财及日辰断之。

世为大块，受克则天变非常。

应为天，万物之体也；世为地，万物之主也。若世受动爻刑克，必有非常之变。

日辰主一日之阴晴，

如父母爻动，被日辰克制者，不雨；倘父母爻动，日辰生扶，主大雨。财爻动，日辰生扶，主烈日。日辰为主也。

子孙管九天之日月。

阳象子孙为日，阴象子孙为月。旺则皎洁，衰则晴淡，空伏蒙蔽，墓绝暗晦。墓宜逢冲，绝宜逢生。

若论风云，全凭兄弟；

风云当看兄弟爻，以旺动衰静论风云大小浓淡。若问顺风逆风，莫看兄弟，以子孙为顺风，以官鬼为逆风。

要知雷电，但看官爻。

官鬼在震宫动有雷，旺相霹雳，化进神亦然。或卦无父母，虽雷不雨，父母值日方有雨也。

更随四季推详，

此节引上文而言，冬令不可以雷断矣。

须配五行参决。

五行各有时旺，春冬多霜雪冰雹，夏秋多雷电朝露。

晴或逢官，为烟为雾；

卦得晴兆，官鬼若动，有浓烟重雾，恶风阴晦。冬或大寒，夏或大热。

雨而遇福，为电为虹。

卦得雨兆，子孙若动，有闪电彩虹。盖子孙主彩色，虹与电亦有其象，故以类而推之。

应值子孙，碧落无瑕疵之半点；

凡应临子孙动者，日必皎洁。或财临应动，化福亦然。

世临土鬼，黄沙多散漫于千村。

或父母爻空伏，而世临土鬼发动，是落沙天也。待父爻出空出透日，方有雨也。

三合成财，问雨那堪八卦；

卦有三合成财局，有彩霞无雨，三合父局有雨。

五乡连父，求晴怪杀临空。

五乡者，金木水火土五行也。惟父爻为雨，以财爻为忌煞。若求晴，最怪财爻旬空也。

财化鬼，阴晴未定；

财主晴明，鬼主阴晦。如遇财鬼互化，或鬼财皆动，必主阴晴。

父化兄，风雨靡常。

父主雨，兄主风，两爻互化，或俱发动，皆主风雨交作。凡论先后，当以动为先，变为后，俱动则以旺为先，衰为后。

母化子孙，雨后长虹垂蝻蝀；弟连福德，云中日月出蟾蜍。

日月虹霓，皆属子孙。若遇父爻化出，必然雨后见虹；兄爻化出，则是云中见日。

父持月建，必然阴雨连旬；

如求晴，岂宜父持月建。若无子孙同财爻齐发，是必连旬阴雨也。

兄坐长生，拟定狂风累日。

长生之神，凡事从发萌之始。如父爻逢之，雨必连朝；兄爻逢之，风必累日；官逢之，阴云不散；财逢之，雨未可望。须至墓绝日，然后雨可止，风可息，云可开，阴可晴也。

父财无助，旱潦有常；

官鬼父母无气，而财爻旺动者必旱。子孙妻财无气，而父母旺动者必潦。遇此最怕日月动爻来生扶，则潦必至淹没，旱必至枯槁。如父财二爻虽旺动，却有制伏，又无扶助，纵旱有日，纵潦有时。

福德带刑，日月必蚀。

子孙带刑化官鬼，或官鬼动来刑害，或父带螣蛇来克，皆主日月有蚀。阳爻日，阴爻月。

雨嫌妻位之逢冲，

占雨若财爻暗动，则父受其暗伤，雨未可望。

晴利父爻之入墓。

发动父爻入墓而无日辰动爻冲开墓库则雨止。

子伏财飞，檐下曝夫犹抑郁；

财爻主晴，不主日。得子孙出现，发动旺相，然后有日。倘无子孙，则财爻无根，官鬼必专权，非久晴之兆也。

父衰官旺，门前行客尚趑趄。

雨以父为主，得官爻旺动有雨。如父爻居空地，仍为无雨，必密云凝滞不散之象，待父爻出旬逢冲，当有雨也。

福合应爻，木动交而游丝漫野；

子孙乃旷达之神，若临木动与应交合，或在应上生合世身，必是风和日暖，游丝荡飏之天也。

鬼冲身位，金星会而阴雾迷空。

鬼临金爻，动来冲克世身，或冲克应，或临应上发动，皆主有浓烟重雾，蔽塞郊野之象。

卦值暗冲，虽空有望；

如占雨父空，占晴财空，若日辰冲之，则冲空不空。欲定日期，过旬有望。

爻逢合住，纵动无功。

父动雨，财动晴，理固然也。若被日辰合住，虽动犹静。待日辰冲父之日可雨，冲财之日可晴也。

合父鬼冲开，有雷则雨；合财兄克破，无风不晴。

如动爻合住父爻，得官爻去冲动爻，先雷后雨。财被动爻合住，得兄弟克破动爻，无风则不晴。

坎巽互交，此日雪花飞六出；

坎巽者，指言父兄两动。在冬令占，有风雪飘扬之象。

阴阳各半，今朝霖雨慰三农。

阴阳者，言官父二神也。如求雨，见官父皆旺动，而无冲合伤损，当日有雨也。

兄弟木兴系巽风，而冯夷何其肆虐；

遇兄弟属木，在巽宫旺动，刑克世爻，当有飓风之患。如父亦旺动，主风雨交作也。

妻财发动属乾阳，而旱魃胡尔行凶。

财爻发动，或变入乾卦，而又遇月建日辰生扶合助者，必主大旱。

六龙御天，只为蛇兴震卦；

震为龙象。若见青龙或辰爻在此宫旺动者，必有龙现。从父化辰，先雨后龙；如辰化父，先龙后雨。父爻安静或空伏，龙虽现而无雨，化财亦然。

五雷驱电，盖缘鬼发离宫。

有声曰雷，无声曰电。若鬼在离宫动，当以五雷驱电断之。盖离为彩色之象故也，火鬼亦然。

土星依父，云行雨施之天；木德扶身，日暖风和之景。

土主云，父主雨。故土临父动，有云行雨施之象。木主风，财主晴。故木临财动，有日暖风和之景。

半晴半雨，卦中财父同兴；

妻财父母俱动，必然半晴半雨。父衰财旺，晴多雨少；父旺财衰，雨多晴少。

多雾多烟，爻上财官皆动。

财动主晴，鬼动主阴。官旺财衰，天雾重如细雨；鬼衰财旺，烟迷少顷开晴。

身值同人，虽晴而日轮含曜；世持福德，纵雨而雷鼓藏声。

凡兄弟持世，动则克财，财若旺相，亦非皎洁天气。子孙持世，动则克官，官若发动，虽雨必无雷声。

父空财伏，须究辅爻；克日取期，当明占法。

辅爻者，即原神也。占雨以父母爻为用神，以官鬼爻为原神。占晴以财爻为用神，以子孙爻为原神。如用神空伏、衰旺、动静、出现、墓绝、合冲、月破，当以病药之法决断日期。今以用神为法，原神之例如之。即如用神伏藏，俟用神出透之日应事。如用神安静，俟冲静之日应事。如用神旬空安静，俟出旬逢冲之日应事。如用神静空逢冲，谓之冲起，俟出旬逢合之日应事。如用神静空逢合，俟出旬逢冲之日应事。如用神发动而无他故者，俟逢合之日应事。如用神旬空发动逢冲，谓之冲实，本日应事。如用神发动逢合、动空逢合及静而逢合者，皆俟冲日应事。如用神入墓于日辰者，俟冲用神之日应事。如用神自化入墓者，俟冲开墓库之日应事。如用神被旁爻动来合住或自化出作合，俟冲开合我之爻之日应事。如用神月破，俟出月值日或逢合日应事。如用神绝于日辰或化绝于爻者，俟长生日应事。如原神会局来生而用神伏藏，俟出透之日应事。如旬空，俟出旬之日应事。故合待冲、冲待合、绝待生、墓待开、破待补、空出旬、衰待旺等法，远断月日，近断日时，故曰"克日取期，当明占法"也。雨宜察父爻之空不空，晴宜察财爻之伏不伏。既知用神，还宜兼察原神，故曰"父空财伏，须究辅爻"。须字当作兼字解，而古注疑以占雨而父空不必宗父爻，当以辅爻推之；占晴而财爻伏不必宗财爻，当以辅爻断。以辞害义，故予琐陈。

要尽其详，别阴阳可推晴雨；欲知其细，明衰旺以决重轻。

此节言其大略而已。阴阳，动变之意。重，大也。轻，小也。以旺衰可决雨之大小也。

能穷易道之精微，自与天机而吻合。

年　时

阴晴寒暑，天道之常；水旱兵灾，年时之变。

欲决祸福于一年，须审吉凶于八卦。

年时，一年中四时事也。国家、官府、天道、人物，皆在六爻内也。

初观万物，莫居死绝之乡；次察群黎，喜在旺生之地。

万物属初爻，临财福吉，临官鬼凶。二爻为人民之位，遇子孙四时安乐，逢官鬼一岁多灾。

三言府县官僚，兄动则征科必迫；四论九卿宰相，冲身则巡警无私。

三爻以有司官断。生合世爻，有仁民爱物之心；若临子孙，清廉正直；若临官鬼，残酷不仁；临兄弟发动克世，征科急迫。若九卿上司，皆看四爻。临子孙生合世身，必然治国忧民，正直无私。

五为君上之爻，六为昊天之位。

五爻为天子之位。最不宜动来刑克世爻，其年必受朝廷克剥。若临财福生合世爻，必有君恩；化出父母，当有赦宥；空动，有名无实。六爻为天。若空，其年必多怪异事。盖天无空脱之理，所以主有变异也。

应亦为天，克世则天心不顺；世还为地，逢空则人物多灾。

应爻又作外郡，世爻又作本境看。

太岁逢凶乘旺，有温州之大飓；

太岁乃一年主星，惟遇子孙妻财为吉，其他皆非所利。如临兄动，其年多风，克世必有风灾。

流年直鬼带刑，成汉寝之轰雷。

太岁临官鬼动，多雷多灾，六爻无官，年月不带或衰绝皆吉。

发动妻财，旱若成汤之日；交重父母，潦如尧帝之时。

若只占年时水旱，妻财临太岁发动，而父爻衰弱者，必主亢旱。若父持太岁发动，子孙衰弱者，主大水。

猛烈火官，回禄兴灾于熙应；

火鬼发动，主有火灾。若与世无干，而与应爻有关碍者，邻人被灾也。以内外论远近耳。

汪洋水鬼，玄冥作祸于江淮。

水鬼发动，主有水灾。在外卦动，他处淹没；在内卦动，近处河决。若不克世，虽溢无事。

尤怕属金，四海干戈如鼎沸；

金鬼发动恐刀兵。冲克应爻、生合五爻，是朝廷征讨。如在外卦，又属他宫，克五爻或克太岁，是外番侵犯中华。或两鬼俱动，必非一处作乱。或化回头克，月建日辰，动爻克制，虽反叛不妨。如休囚动，乃是盗贼。

更嫌值土，千门疫厉若符同。

土鬼发动，或临白虎，皆主瘟疫。若克世，人多病死。有制不妨。

逢朱雀而化福爻，财动则旱蝗相继；

鬼带朱雀，动刑克身世，主有蝗虫之灾。盖朱雀能飞故也。

遇勾陈而加世位，兄兴则饥馑相仍。

勾陈职专田土，官鬼逢之，必非大有之年；持世克世，定是歉收之岁。财化兄或与鬼俱动，则当饥馑相仍。

莽兴盗起，由玄武之当官；

鬼加玄武，动克世爻，其年必多盗贼。若临金冲克岁君或五爻者，谋动干戈，扰乱四海以犯上也。

灾沴异多，因螣蛇之御世。

螣蛇乃怪异之神，在第六爻上动，虽非官鬼，主有变异。鬼在六爻上动，虽非螣蛇，亦主变异也。

若在乾宫，天鼓两鸣于元末；

螣蛇官鬼动，若在乾宫，主有天鼓鸣之异。以五类分别，如金爻子孙或化入兑卦者，有星月之异。余仿此。

如当震卦，雷霆独异于国初。

螣蛇鬼动在震宫，有雷霆之异，如夏秋间无云，而雷霆震也。震卦为龙，若临辰或化辰，主有龙现之象。

艮主山崩，临应则宋都有五石之陨；

螣蛇鬼在艮宫动者，主有山崩之异，如元统间山崩陷为地之类。

坤为地震，带刑则怀仁有二所之崩。

腾蛇鬼在坤宫动者，主有地震。逢金则有声，带刑则崩裂。坤卦为牛，鬼临丑动，必有牛异。乾坤二卦，是人有异事，非物也。如妇生须，男孕子。元末有此异。

坎化父爻，雨血雨毛兼雨土；

坎卦腾蛇鬼动化父爻，皆以雨断。雨血、雨毛、雨土，皆元末之异事也。

巽连兄弟，风红风黑及风施。

腾蛇鬼动巽宫化兄，主有异风。元顺帝时，有黑风。若不化兄，勿作风断，是草木禽兽之异，春秋时六鹢退飞，唐库中金钱化蝶类。

日生黑子，宋恭惊离象之反常；

腾蛇鬼动离宫，主有日异。如宋恭帝时，日中有黑子。若临午爻，有火异也。如大德间，火从空降，燃烧禾稼。

沼起白龙，唐玄遭兑金之变异。

兑为泽，主井池沼。若腾蛇鬼在兑宫动者，如唐玄宗时，沼中白龙腾空而起。元顺帝太子寝殿后新甃一井，中有龙出，光焰烁火，变幻不测，宫人见之，莫不震慑。

发动空亡，乃验天书之诈；

以上腾蛇发动，不临空化空，其怪异或者有之。如遇冲遇空，是诈说非真。如宋真宗时，天书下降之类。

居临内卦，定成黑眚之妖。

腾蛇鬼在本宫内卦，妖怪见于家庭。宋徽宗时，有黑眚见掖庭之类。

欲知天变于何方，须究地支而分野。

凡遇变异之象，须看见于何方，以所伤之方定之。如子为齐域，丑为吴城，寅为燕城之类。

身持福德，其年必获休祥；

子孙为福德，生财克鬼神也。若得旺动，年必丰熟，国正民安，官清太平，万物咸亨之象。

世受刑伤，此岁多遭惊怪。

世乃年时主爻，三农百姓、五谷六畜皆系于此。临财福旺相，必然称意；如受岁、月、日及动爻克，必多惊险。

年丰岁稔，财福生旺而无伤；

子孙得地，财爻有气不空，兄鬼衰静，必是丰年熟岁。

冬暖夏凉，水火休囚而莫助。

以财父爻看水旱，水火爻看寒暑。若水居空地冬必暖，火居死绝夏必凉。若旺动克世，暑必酷、寒必严也。

他宫伤克，外番侵凌；

他宫为外番，无他宫则看外卦。若来伤克本宫，其年外番必来侵犯；外生内卦，必多进贡。

本卦休囚，国家衰替。

本宫为国家，无本宫则看内卦。旺相国家强盛，无气则国家衰替。

阴阳相合，定然雨顺风调；

凡遇世应相生，六爻相合，其年必主雨顺风调。更得安静，财福不空，必是丰登之岁。

兄鬼皆亡，必主民安国泰。

兄弟乃克剥破败之神，官鬼系祸患灾殃之主。二者空亡，或不上卦，必主国泰民安。

推明天道，能知万象之森罗；识透玄机，奚啻一年之休咎。

国　朝

君恕则臣忠，共济明良之会；国泰则民乐，当推祸福之原。虽天地尚知其始终，况国家岂能无兴废？本宫旺相，周文王创八百年之基；大象休囚，秦始皇遗二世主之祸。

如臣卜，以本宫为国爻，以太岁为君爻，岁合为后爻，月建为臣爻，日建为东宫，子孙为黎庶，父爻为国。卜得本宫旺相，如周文王子孙享国八百年之久。若本宫休囚，大象又囚，则如秦始皇二世亡国。

九五逢阳，当遇仁明之主；四爻值福，必多忠义之臣。

五爻为君位，逢阳象遇青龙财福，是仁明之君。四爻为臣位，临旺福乃敢谏直臣，临兄鬼乃阿谀佞臣也。

　　岁克衰宫，玉树后庭花欲谢；

　　本宫衰弱，遇太岁克，国有乱亡之兆。陈后主选宫女，曲有《玉树后庭花》，君臣酣歌，旦夕为常，后为隋所灭。

　　年伤弱世，鼎湖龙去不多时。

　　已下指言国君自卜。如太岁刑冲克害世爻，主疾病或内难将作。

　　世临沐浴合妻财，夫差恋西施而亡国；

　　皆指言帝自卜也。如世临沐浴合财爻、应爻，或沐浴动克合世，必是好色。如夫差恋西施之美，为越所灭。

　　应带咸池临九五，武后革唐命而为周。

　　君自卜，以应爻为皇后。若带咸池，其后必淫。更居九五尊位克世，如唐武后废中宗为庐陵王，革唐命为周。

　　游魂遇空，虞舜南巡不返；

　　卦遇游魂，不宜迁都巡狩。若加凶煞克世，或世爻动化墓绝，如虞舜南巡，崩于苍梧之野。

　　归魂带煞，始皇返国亡身。

　　若归魂卦遇动爻克世身，如始皇求仙海上，返国崩于沙丘。

　　子发逢空，张子房起归山之计；

　　他宫子孙为臣，若逢空动，被世克害，必是君欲害臣。如汉张良弃职，从赤松子游也。

　　将星被害，岳武穆抱吁天之冤。

　　将星，如寅午戌日卜，午爻为将星，其余类推。若将星临财子，必得忠良智勇；值官鬼白虎，必强悍之将。若将星持鬼克害世爻，恐有造谋之变；若将星被动爻克害，如岳武穆遇秦桧之害也。

　　应旺生合世爻，圣主得椒房之助；

　　应为皇后，若旺相合世爻，更临财福，主后智略仁慈，导君以善。如汉马后、宋宣仁，称为女中尧舜是也。

　　日辰拱扶子位，东宫摄天子之权。

　　若本宫子孙生旺，更得日辰扶助，欲传位太子当国，摄天子事也。

世克福爻，唐玄宗有杀儿之事；

若世克本宫之墓绝子孙，太子遇谗被害。如唐玄宗信李林甫谮，将太子瑛、鄂王瑶、光王琚皆废，复赐死。

子伤君位，隋杨广有弑父之心。

本宫子孙旺动，克害世爻，乃太子有篡位之兆。如隋杨广弑父，自立为帝。

一卦无孙，宋仁宗有绝嗣之叹；

卦中无子孙，或子孙休囚，动入墓绝，必是国无太子。如宋仁宗无子而叹。

四爻克子，秦扶苏中赵相之谋。

四爻乃臣位，若旺动伤克本宫子孙，则如秦太子扶苏被赵高矫诏赐死。

身值动官，唐太宗禁庭蹀血；

身世持官带杀旺动，必至杀克兄弟。如唐太宗伏兵玄武门，射死建成、元吉，血流禁庭焉。蹀，践也。

世安空弟，周泰伯让国逃荆。

世持空弟，与应爻生合，有吉神动克，是兄弟推让天位之象。如周泰伯托为采药，逃之荆蛮，让位季历也。

凶神生合世爻，玄宗信林甫之佞；

若鬼煞动来生合世爻，必是佞臣阿谀，人君信任。如唐玄宗信任李林甫一十九年，养成天下大乱。

君位克伤四位，商纣害比干之忠。

四爻为臣，持财子而被世爻动克，如比干之尽忠，而被纣王之诛也。

离宫变入坎宫，带凶煞而徽钦亡身于漠北；

卦象凶，世又遭克，或动入墓绝，乃死亡之兆。离南坎北，离化坎，由南入北。如宋徽、钦被金所掳，死于漠北。

乾象化为巽象，有吉曜而孙刘鼎足于东南。

乾变巽宫，大象皆凶，若有吉曜，如刘先主与吴、魏，三国鼎足而立也。

国之治乱兴衰，卦理推详剖决。

征　战

医不执方，兵不执法，堪称大将之才能；谋事在人，成事在天，当究先师之妙论。观世应之旺衰，以决两家之胜负；将福官之强弱，以分彼我之军师。

世为我，应为彼，世旺克应则胜，应旺克世则负。子为我之将，鬼为彼之师。

父母兴隆，主望旌旗之蔽野；金爻空动，侧听金鼓之喧天。

父母为旌旗，金动则闻金鼓声，金空则响故也。

财为粮草之本根，兄乃伏兵之形势。

财为粮草，旺多衰少，空为无粮。兄为伏兵，又为夺粮之神，不宜旺动。

水兴扶世，济川宜驾乎轻舟；火旺生身，立寨必安于胜地。

水若动来生扶世身，或水爻子孙动，宜乘舟决战以取胜。火若旺动，生扶世身，结寨必得形胜之地也。

父母兴持，主帅无宽仁之德；子孙得地，将军有决胜之才。

父母持世动，乃主帅不恤士卒，上下离心；若带兄弟官鬼，须防自变。若子孙持世旺动，将军必决胜千里。

水爻克子子孙强，韩信背水阵而陈余被斩；

世持水动，或水爻克子孙，若子孙亦动，得日月生扶，可效韩信背水战而反胜也。

阴象持兄兄克应，李愬雪夜走而元济遭擒。

兄为伏兵。在内象动，克应乃我之伏兵，克世是他人之伏兵。若在阳象宜日间伏，在阴象宜夜间伏。如唐宪宗朝，李愬雪夜衔枚，直捣蔡城，以擒吴元济也。

世持子而被伤，可效周亚夫坚壁不战；

世持子孙，将必才能，可以克敌。若被动克，宜固守，不宜速战。如汉景帝时七国反，帝使周亚夫屯细柳以攻之，中夜军惊扰乱至帐下，亚夫坚卧不起，深沟高垒，数日乃定，遂破七国之兵。

应临官而遭克，当如司马懿固垒休兵。

应持官旺，彼将才能，我难与敌，虽有子孙动，不能大胜。如三国时，司马懿自料不能如孔明，甘受巾帼，坚壁不战也。

世持衰福得生扶，王翦以六十万众而胜楚；

身世虽持，子孙衰弱，亦难胜。若得月建日辰生扶，可效始皇时，王翦以六十万众，而成胜楚之功。

卦有众官临旺子，谢玄以八千之兵而破秦。

官父虽多而安静，子孙虽少而旺动，必寡可胜众也。如晋谢玄、刘牢以八千兵，破秦主苻坚九十万众也。

两子合世扶身，李郭同心而兴唐室；

卦有两子旺动生世，主有二将合谋胜敌。如唐李弼、郭子仪二人同心，以忠义自厉，终能靖乱，复兴唐室。

二福刑冲化绝，钟邓互隙而丧身家。

两重子孙旺动，皆化入死墓绝空，虽胜敌，将必争权夺宠，两相残害。如晋钟会、邓艾领兵平蜀，蜀平而嫌隙互生，乃至自相屠戮，身家俱丧。

子化死父，曹操丧师于赤壁；

子孙为我军卒，若动入死墓绝败，应临鬼父，动伤身世，必致损兵折将。如曹操为周瑜、黄盖火攻所败。

世逢绝地，项羽自刎于乌江。

世为国主、三军之帅，宜旺动克应。若衰世而被应爻刑冲克害，动入死墓空绝者，如项羽自刎于乌江也。

水鬼克身，秦苻坚有淝水之败；

水鬼旺动，伤克世身，敌兵必得舟楫渡江之利，如秦苻坚败于谢玄八千渡江之兵也。

火官持世，汉高祖遇平城之围。

火宫带鬼，贼寨必近；火爻持世，须防困围。子孙旺动，被围得胜。若子衰官旺，如汉高祖被围平城，七日乃解。

应官克世卦无财，张睢阳食尽而毙；

应爻持鬼冲世，卦中无财，乃食尽死亡之象，如张巡被围睢阳城也。

世鬼兴隆生合应，吕文焕无援而降。

旺鬼持世，乃困围之象。卦爻又无财，子孙又弱，世又生合应爻，乃兵少食尽，降敌之兆。宋吕文焕守襄阳，元兵围久，贾似道隐蔽不援，城中食尽，遂降。

外宫子动化绝爻，李陵所以降虏；

子在外宫动，世被应克，终必有败。又化绝爻，不免降虏。如汉武帝时李陵之事也。

内卦福兴生合应，乐毅所以背燕。

子孙发动，反去生合应爻，伤克身世，是我将卒有背主降敌之兆。如燕将乐毅，背燕投赵是也。

鬼虽衰而遇生扶，勿追穷寇；

官爻虽衰，若遇动爻日辰生扶拱合，是敌兵虽少，必有救援。

子虽旺而遭克制，毋急兴师。

子孙虽旺，若被日辰动爻克害，彼必有计，不可急攻。攻之必被摧折，虽不大败，亦损军威，宜缓图之。

鬼爻暗动伤身，吴王被专诸之刺；

旺官暗动，克害世身，如吴王被专诸之刺。世克暗动之鬼，或子动来救，如荆轲刺秦王，不中，自反被诛也。

子化官爻克世，张飞遭范张之诛。

子孙化官鬼，生合应爻，反来克害身世者，是我兵卒杀主降敌。如后汉张翼德，被部卒范疆、张达之刺帐下，因之而投孙权也。

要识用兵之利器，五行卦象并推详。

土为炮石，金为刀箭，水木为舟，火为营寨。又乾兑为刀，震巽为弓马，火为枪，坤为野战类。若有克应之神，宜用此器敌之，如应爻克世，须防敌人用此器也。

仁智勇严之将，岂越于此？攻守克敌用兵，当审于时。

校正全本卜筮正宗卷之六

身　命

乾坤定位，人物肇生。感阴阳而化育，分智愚于浊清。既富且寿，世爻旺相更无伤；非天即贫，身位休囚兼受制。

人生一世，贵贱高低，欲知何等人物，但看世爻为主。旺相又得日辰动爻生合，必主其人富贵福寿；若休囚无气，而被日辰动爻克制，其人非贫即天。

世居空地，终身做事无成；身入墓爻，到老求谋多戾。

凡占身命，大忌世身空亡，主一生做事无成。如世身入墓，主其人如醉如痴，不伶不俐，诸谋少就。

卦宫衰弱根基浅，爻象丰隆命运高。

盖人之根源系于卦，命之凶吉依于爻。故卦宫无气根基薄，爻象得时命运高。

若问成家，嫌六冲之为卦；要知创业，喜六合之成爻。

遇六冲卦，必主作事有始无终。得六合卦，为人交游谦善，基业开拓。冲中逢合后成，合处逢冲后败。

动身自旺，独立撑持；衰世遇扶，因人创立。

世爻不遇生扶，而自强旺发动者，必白手成家，无人帮助。若无气，而遇日月动爻生扶，必遇人提拔成家。

日时合助，一生偏得小人心；岁月克冲，半世未沾君子德。

世爻遇年月日生合，得贵人亲爱，小人忠敬。如见冲克，不免欺凌。如父来合，定得父荫；兄来克，受兄弟累。

遇龙子而无气，纵清高亦是寒儒；

青龙子孙持世，必然立志高远，不慕功名富贵，如邵康节、陶渊明等辈。子孙无气，是超群绝俗之寒士也。

逢虎妻而旺强，虽鄙俗偏为富客。

白虎临旺财持世，其人虽不知礼仪，然必家道殷实，如李澄、萧宠之徒。旺财有制伏，亦粗知文墨也。

父母持身辛勤劳碌，鬼爻持世疾病缠绵。

遇兄则财莫能聚，见子则身不犯刑。

父母持世，主辛苦劳碌，动则克伤子孙。官为祸殃，遇之则主带疾或招官讼，若贵人并临则贵。兄乃破败之神，克妻破耗多端，一生不聚财物。遇子孙不能求名，一生官刑不犯，安闲自在，衣禄丰盈，大怕休囚。

禄薄而遇煞冲，奔走于东西道路；

以财为禄，若临死绝无气则禄薄。而世爻又被恶神冲动，无吉神救助，是至下之命。

福轻而逢凶制，寄食于南北人家。

子爻若遇死墓绝空，谓之福轻。而世爻又被克制，是受制于人，必主依靠寄食于他人也。

子死妻空，绝俗离尘之辈；

以福为子，财为妻。而爻若临死墓绝空之地，乃是刑丧妻子之兆，必绝俗离尘辈也。

贵临禄到，出将入相之人。

贵人禄马旺临身世，而官鬼父母又来扶助，或月建日辰生合，必是将相之兆，富贵非常之人。

朱雀与福德临身，合应乃梨园子弟；

子孙是喜悦之神，朱雀又善言语。若临身世，生合应爻，是合欢于他人，故为梨园子弟之兆，不然伶俐人也。

白虎同父爻持世，逢金则柳市屠人。

父母属金，带白虎持世，是宰猪羊之辈。盖白虎临金为刀，而父母又克子孙之神，子孙为六畜，故曰"屠人"。

世加玄武官爻，必然梁上君子；身带勾陈父母，定为野外农夫。

玄武鬼主盗贼，如临身世，乃梁上君子也。勾陈职专田土，加父母勤苦之神，持世者乃耕种耘耨之事也。

　　财福司权，荣华有日。官兄秉政，破败无常。

　　若得财福二爻旺相发动，纵目下淹蹇，终须发达。若见兄官当权旺动，虽目下亨利，亦有破败贫穷之时。

　　卦卜中年，凶煞幸无挫折；如占晚景，恶星尤怕攻冲。

　　如卜中年运，或问财福，必须财福二爻旺相发动，生身或持世，得日月生合，又无动爻刑冲克害身世，是必妻财子孙无刑克破耗也。倘占中年功名运，不可子孙发动；世持官爻，并无日月动爻冲克害，得日月动爻生扶拱合，又得九五之爻生合，是必官上加官也。如占生子，不宜子孙爻空伏墓绝，日月动爻克之；如有日月动爻生扶提拔，即断其生扶提拔之年生子。后卷占验注明，兹不细述。如占晚景结局，最怕世爻休囚，被日月动爻克冲；如得子孙动来生世，当主晚年有子有孙，享孝顺之福；如财爻相合无冲，许夫妇和谐；如子孙克世，世爻旺相，纵有寿而子孙悖逆；如子孙空绝无救，财爻无气，老年孤独不堪也。如问寿数，生世之爻为寿；如生世之爻被何年刑冲克害，又看何年月伤克世爻，即此年寿数止矣。《易林补遗》定大小二限，小限一爻管一年，正卦管前三十年，之卦管后三十年，互卦又互管六十岁后。余屡卜无验，敢删其谬，以示学者。

　　正内不利，李密髫龄迍邅；

　　正卦者，卜卦前之事。如正卦凶，已前多苦。

　　之卦有扶，马援期颐矍铄。

　　之卦者，变卦也。管卜卦后之事。如变出生扶，将来旺健享福也。

　　一卦合同，张公艺家门雍睦；

　　占身得六爻安静，无冲破克害，相生相合，则家门欢好。如张公艺九世同居，上和下睦也。

　　六爻攻击，司马氏相残骨肉。

　　六爻乱动，卦又冲克，或三刑六害者，必主亲情不和，骨肉相残。如晋司马氏，八王树兵，俱遭诛戮。

　　闵子骞孝孚内外，父获生身；孔仲尼父友家邦，兄同世合。

父母爻为生我之亲。若世能生合父母爻，如闵子骞之孝父母也。若世爻与兄弟生合，如孔仲尼之内和兄弟，外信朋友也。兄爻在本宫以兄弟言，在他宫以朋友言，看内外应爻，以别亲疏。

世应相生，汉鲍宣娶桓氏少君为妇；晦贞相克，唐郭曦招升平公主为妻。

世是一生之本，应为百岁之妻。若见生合，必然夫唱妇随；若见冲克，必然琴瑟不调。

箕踞鼓盆歌，世伤应位；

世持虎蛇临兄弟，乘旺发动，刑害应爻，应爻临无气之地，必主克妻。如春秋时庄子妻死，鼓盆而歌。

河东狮子吼，应制世爻。

应爻克冲世爻，其人凭妻言语。如宋陈季常，河东狮吼之事也。

世值凶而应克，愿听鸡鸣；

倘世爻自带兄官虎蛇等凶神者，反喜应来克世，谓之克我之凶，去我之病，主有贤妻。如齐襄公荒怠慢政，得陈贤妃，有夙夜警戒相成之道，故诗有《鸡鸣篇》。

身带吉而子扶，喜闻鹤和。

世带吉神旺动，子孙又来生扶者，主有贤子，共成事业，以济其美。《易》曰："鹤鸣在阴，其子和之。"

福遇旺而任王育子皆贤；

子孙若旺相不空，及无伤害者，主有贤子。如任遥之子昉，王浑之子戎，见称于阮籍诸贤。

子化凶而房杜生儿不肖。

子孙动变月破，官鬼与兄弟爻相合，或动变临玄武，或与玄武官合，其子必不肖。盖兄弟乃破败之神，官鬼多惹祸之宿，玄武奸险盗贼之星，月破无成之神故也。李英尝曰："房杜平生辛苦，又皆生子不肖。"

伯道无儿，盖为子临空位；卜商哭子，皆因父带刑爻。

子孙若临空地，必主无子，如邓伯道弃子而不生。若父带虎蛇动克子孙，如子夏哭子丧明也。

父如值木，窦君生丹桂五枝芳；

若问子多少，当以五行生成数论之。若父爻属木则子孙属土，土数五，如窦燕山生五子。

鬼或依金，田氏聚紫荆三本茂。

如鬼爻属金，则兄弟属木矣，主有兄弟三人，如田真、田广、田庆。

兄持金旺，喜看荀氏之八龙；弟依水强，惊睹陆公之双璧。

六亲类，固当以生成数推之，然不可不别衰旺。如逢生旺者倍加，休囚者减半。故兄持金旺，如荀淑子兄弟八人，以八龙似之；若临水旺相，如陆暐与弟陆恭之双璧。若旺相有制，休囚有扶，又当以本数断。余仿此。

若也爻逢重叠，须现在以推详。

若卦中只有一位，可以五行数推。如两重三重，则以现在几爻，断其二位、三位、几位是也。

财动克亲于早岁，兄衰丧偶于中年。

财动伤克父母，兄动则克妻财。

化父生身，柴荣拜郭威为父；

卦有父母，又化出父母来生合世身者，必重拜父母，身为他人子。如五季时柴世宗之于周太祖也。

化孙合世，石勒养季龙为儿。

卦有子孙，又外宫化出子孙，与身世生合者，主其人必有螟蛉之子。如晋时后赵石勒之子季龙是也。

世阴父亦阴，贾似道母非正室；

父与世皆属阴者，必是偏生庶出。如宋贾似道是也。

身旺官亦旺，陈仲举器不凡庸。

官爻旺相，身世亦旺相，又逢贵人禄马文书生合世爻者，必主异日金榜标名。如陈仲举为不凡之器。

化子合财，唐明皇有禄山之子；

子从他宫化出，乃螟蛉子也。若与财爻相合，带咸池玄武，必与妻妾有情。如安禄山与杨贵妃之通也。

内兄合应，陈伯常有孺子之兄。

兄爻在内卦，乃兄弟非朋友也。若与应爻或财爻相合，其妻必与兄弟相通。如陈平之盗嫂也。

应带勾陈兼值福，孟德耀复产于斯时；

勾陈主黑丑、诚实，子孙主贤淑，应爻为妻，旺相临之而无伤损者，妻如孟光，貌虽不扬而德甚美也。

财临玄武更逢刑，杨太真重生于今日。

玄武乃淫乱之神，若临财爻妻不贞；发动与应爻相合，或与他爻相合，如杨贵妃污行尤甚。

合多而众煞争持，乃许子和之钱树；

应位财爻见合过多，再加玄武刑害临持者，乃娼妓也。如许子和为妓，临死谓其母曰"钱树子倒矣"是也。

官众而诸凶皆避，如隋炀帝之綵花。

凡日月动变见官鬼爻太过，合财而财爻不临玄武等煞者，必主其妇重婚再醮，如隋炀帝西苑剪綵为花也。若本宫官鬼冲克财爻者乃生离活别之兆，非夫死再嫁者也。

白虎刑临，武后淫而且悍；

白虎乃强暴之神，妇人见之必然凶悍，更加刑害临财爻，如武则天凶悍且淫也。

青龙福到，孟母淑而又慈。

青龙主仁慈，子孙主清正。若财临青龙化子，或子临青龙生财，其妇必慈祥恺悌，贤德如孟母也。

逢龙而化败兄，汉蔡琰聪明而失节；

财遇青龙，本主聪明，如化兄弟及沐浴，皆主不贞洁兼不寿。如蔡琰文章绝世，失节胡人。

化子而生身世，鲁伯姬贤德而无疵。

财动化出子孙生合世身者，必有懿德。如鲁庄公夫人伯姬，言行皆善，无疵可议之矣。

合而遇空，窦二女不辱于盗贼；

若他爻动来相合，或玄武咸池动来克合，若财爻值空，如唐奉天窦氏二女，被盗劫投崖，宁死不受辱也。

　　静而冲动，卓文君投奔于相如。

　　咸池玄武持财，若衰空不动者无碍；若日辰动爻冲之，如相如以琴挑动卓文君，夜奔相如，后当垆卖酒。

　　福引刑爻发动，卫共姜作誓于柏舟；

　　子孙旺动主克夫，然子乃贞洁之神，主守节之象。如卫共姜作《柏舟》诗，以死自誓也。

　　身遭化鬼克刑，班婕好感伤乎秋扇。

　　如卦象六合而世爻化官鬼刑克，以动爻为始，以变爻为终。如汉班姬于成帝，始亲爱，后疏绝，所以见秋扇而感伤，作词以寓其凄楚之意。

　　二鬼争权水父冲，钱玉莲逢汝权于江浒；

　　若有二鬼发动，俱来生合财爻，又遇水父来冲而财爻值空者，必有两夫争权之象，父母逼勒之兆，自有守节之操，故入于空。如孙汝权之于钱玉莲类也。

　　六爻竞合阴财动，秦弱兰遇陶毂于邮亭。

　　男带合则俊秀聪明，女带合则浇浮淫佚。若六合卦而财爻又属阴者，不动尤可，动则淫滥无耻，如秦弱兰遇陶学士也。如财爻与世相合，不可此断。如女人自卜，以世为自己，发动合旁爻，亦此断。

　　鬼弱而未获生扶，朱淑贞良人愚蠢；

　　凡女人身命，以鬼为夫星，不宜旬空，空则难为夫主；又不宜弱，弱则招夫不肖。若衰弱而无生扶合助，兼带勾陈螣蛇等煞者，必如朱淑贞之夫，愚蒙不正，人物侏儒，因有断肠之诗。

　　官强而又连龙福，吴孟子夫主贤明。

　　若鬼爻旺临青龙、禄马、贵人，主有贵显贤明之夫。如吴孟子得鲁昭公为夫也。若衰弱而逢生助亦然。

　　若卜婴孩之造化，乃将福德为用爻。

　　凡卜小儿生长难易，所喜兄弟兴隆，最忌父母旺动；若父母旺动则伤克，兄弟动则生扶，盖有生扶则易养。

　　随官入墓，未为有子有孙；助鬼伤身，不免多灾多病。

若见子孙入墓，或化官墓，或化官鬼，必死。故曰"未为有子有孙"。若遇鬼伤克兄弟爻，致子孙爻无根，必然多病难养。财动助鬼克兄，或鬼持世临身，亦主多病。

胎连官鬼，曾经落地之关；

子孙之胎爻临鬼，或化出鬼爻，或鬼来冲克者，临盆时绝而复甦，俗所谓"落地关"是也。

子带贵人，自有登天之日。

子爻若带禄马贵人，主此子他日必然贵显。

遇令星如风摇干，逢绝地似雨倾花。

凡父母动克子，若得子孙值日辰月建，虽见小悔，犹微风摇干，无妨。若逢墓绝，一有克战，如骤雨倾花，有损。

子孙化鬼，孝殇十月入冥途；禄贵临爻，拜住童年登相位。

子孙休囚，化鬼化父，皆死之兆。似汉殇帝，生才十月即亡。若临贵人禄马旺相，如元拜住，年十四岁即为相。

凶煞来攒震卦，李令伯至九岁而能行；

震为足，若遇官鬼凶神刑克，走必迟。如李魏公九岁方能行，盖为凶神缠足也。

吉神皆聚乾宫，白居易未周年而识字。

乾为八卦首，属金卦，数一，纯阳之象。阳主上达，金主聪明，一则数之始也。若遇龙德及子孙在此宫者，必然幼敏。如白乐天生甫七月，便识之、无二字。

八纯顽劣，晋食我狼子野心；

八纯卦六爻相冲，小儿见之，必主顽劣性悍。如晋食我心野不驯，犹豺狼之子也。

六合聪明，唐李白锦心绣口。

大抵六合卦必然阴阳相半，小儿遇之，聪明智慧，他日文章，必有掷地有声之妙。如李白之文才也。

阳象阳宫，后稷所以岐嶷；

阳主高明上达之象，子临阳宫阳爻，如后稷生于姜嫄，克岐克嶷也。

阴卦阴爻，晋惠所以戆騃。

阴主卑污下达之象，子临阴宫阴爻，主痴愚。如晋惠帝闻蛙声，曰："为公乎？为私乎？"见人饥死，曰："何不食肉糜？"故史以戆騃讥之。

龙父扶身，效藏灯于祖莹；

青龙为吉神，父母为诗书学馆。若临身世，或生合世身福德者，主此儿好学。如祖莹八岁就书，父母恐其成疾，禁之，乃密藏火，待父母寝，复燃灯读也。

岁君值福，希投笔于班超。

岁君，乃君象也，子孙临之，此儿必志大。如汉班超为儿时，尝投笔叹曰："大丈夫当立功异国，安能久事笔砚乎？"后出使西域，果万里封侯。

官鬼无伤，曹彬取印终封爵；

岁君值福，固有大志。然官鬼受制，或落空亡，则志虽大，而终莫能遂。官鬼无伤，斯能称意。如曹彬周岁时提戈取印，后出将入相，终封爵也。

父身有气，车胤囊萤卒显名。

龙父扶身，固知好学，然身世用神及官父临墓绝，徒取辛勤，必有气方有成望。如车胤勤学，卒以成业也。

金爻动合，啼必无声；

五行中惟金有声，五脏中惟肺有声，故以金爻为人之声音。或冲或空，声必响亮；如动被合，啼哭无声也。

父母静冲，儿须缺乳。

若子孙旺相乳必多，休囚空破乳少；最怕父动，或静而逢冲，若非缺乳，定克子也。

用旺儿肥终易养，主衰儿弱必难为。

子孙旺相无伤，儿肥易养；子孙休囚有克，多灾瘦弱难养。

身临父母，莫逃鞠养之辛勤；

父母持世，儿多灾晦，故鞠育之劳所以不免。盖父母为辛勤劳碌之神，故为小儿之恶煞。

世遇子孙，终见劬劳之报效。

子孙持世，儿必孝顺，故劬劳之恩，必然报效。盖子孙临于世者，以其有亲亲之义也。

若问荣枯，全在六亲之决断；要知寿夭，必须另卜以推详。

一卦六爻，管人一生之荣枯得失，可将财官父兄子决断。如卜寿夭，须另占一卦可知。后卷占验注明。

婚　姻

男女合婚，契于前定。朱陈缔结，分在凤成。然非月老，焉知夫妇于当时？不有宓义，岂识吉凶于今日？欲谐伉俪，须定阴阳。

阳奇阴偶，配合成婚。如男家卜，宜世属阳，应属阴，用神阴阳得位；女家卜，宜世阴应阳。阴阳相得，乃成夫妇之道。

阴阳交错，难期琴瑟之和鸣；

如男卜女，遇世阴应阳、世阴财阳者，是阴阳交错，后主夫妻欺凌，终朝反目。

内外互摇，定见家庭之挠括。

占婚姻卦宜安静，安静则家庭雍睦无争。若财动则不和公姑，鬼动则不和姆娌，父动则不和子侄，兄动则不和妻妾。动加月建日辰，不惟不和，更有刑克。

六合则易而且吉，六冲则难而又凶。

六合卦一阴一阳配合成象，世应相生，六爻相合，占者得之，必主易成而又吉。六冲卦非纯阴则纯阳也，其象犹二女同居，两男并处，志必不合，占者得之，必主难成，纵成亦不利。

阴而阳，阳而阴，偏利牵丝之举；

世与用宜阳反阴，应与财宜阴反阳，占娶妻多为不利，惟入赘最吉。

世合应，应合世，终成种玉之缘。

男家卜，世为男家，应为女家，若得相合，是两愿之象，必主易成，后亦吉利。

欲求庚帖，岂宜应动应空；若论聘仪，安可世蛇世弟。

欲求庚帖，须得应爻安静，生合世爻者，必然允诺；若应爻发动，或空或冲，皆主不允。世临蛇弟，主男家悭吝，礼必不多；应爻临之，主女家妆奁淡泊。如旺动，主克妻也。

应生世，悦服成亲。世克应，用强劫娶。

应爻生合世爻，主女家贪求其男则易成；若世爻生合应爻，主男家贪求其女。如旺世克衰应，乃恃富欺贫，用强劫娶也。

如日合而世应比和，因人成事；

世应比和，得日辰合世应者，或间爻动来合世应者，是赖媒人之力也。

若父动而子孙墓绝，为嗣求婚。

若因无子而娶，遇父旺动或子孙墓绝，主无子息，父持身世者亦然。

财官动合，先私而后公；

夫占以财为妇，世与动财合，是必先通后娶，财与世爻动合亦然。财爻动与旁爻合，与他人有情，财遇合多亦然。

世应化空，始成而终悔。

世动生合应爻，男家愿成；应动生合世爻，女家愿嫁，皆易成之象。但怕变入空亡，必有退悔之意也。

六合而动象刑伤，必多破阻；世冲而日辰扶助，当有吹嘘。

世应逢生主吉，若遇动爻日辰冲克，两边必有阻隔难成。世应冲克本凶，若遇动爻日辰生合，两边必有吹嘘可成。要知吹嘘破阻之人，依五类推之，如父母为伯叔尊长类。外宫他卦，以外人而言。

鬼克世爻，果信绿窗之难嫁；用合身位，方知绮席之易婚。

如鬼煞克世，不独不愿为婚，更防祸殃。如用神生合世位，不但易成，后必恩爱。

财鬼如无刑害，夫妻定主和谐；

财鬼刑冲克害，夫妻必然不睦，如无此象，到老和谐。

文书若动当权，子嗣必然萧索。

父母旺动，子孙旬空，反可得子。至子孙出空之年亦难免克。若不空现受其伤，主无子息。

若在一宫，当有通家之好；若加三合，曾叼会面之亲。

世应生合比和，财鬼又同一宫，是亲上亲也。不带三合，虽亲未认。若带三合，必曾会过矣。

如逢财鬼空亡，乃婚姻之大忌；苟遇阴阳得位，实天命之所关。

夫卜女以财爻，女卜夫以鬼爻，为占婚姻之用神也。若值空亡，必不吉利，然不可执法推。财空妻失，鬼空夫亡，盖男占女以财为主，鬼空不妨；女占男以鬼为主，财空不妨。如父母伯叔卜子侄女婚姻，必要看子孙爻何如；若兄占弟婚，必看兄弟爻。遇吉则吉，逢凶则凶。当从用神断，不可一概而言之也。

应财世鬼，终须夫唱妇随；应鬼世财，不免夫权妻夺。

世持鬼，应持财，如男自占，是阴阳得位之象，必然夫秉男权，妻操妇道，能夫唱于前，妇随于后。若应持鬼，世持财，是阴阳失位也，必然夫权妻夺，惟赘婿反吉。

妯娌不和，只为官爻发动；翁姑不睦，定因妻位交重。

夫占婚以兄为妯娌，父为翁姑。卦有官动则克兄弟，主妯娌不和。有财动则克父母，主公姑不睦。若旺而无制，父爻衰弱不能敌，与亲有刑克也。

父合财爻，异日有新台之行；世临妻位，他时无就养之心。

占婚遇财父二爻带玄武动合者，有翁淫子媳之事；若财临世身，玄武不动合者，其妇必不善事公姑。

空鬼伏财，必是望门之寡妇；动财值虎，定然带服之鳌娘。

卦中财爻伏于空鬼之下，其女先曾受聘，未婚夫死，俗谓之"望门寡"。若加白虎发动，则是已嫁而夫死带孝。若鬼伏财下不空者，必是有夫妇女。如被日辰动爻提起，刑克世爻者，后防争讼。

世应俱空，难遂百年之连理；

世空自不欲成，应空彼不欲成，勉强欲成，终不遂意。

财官叠见，重为一度之新人。

男占女卦有两财，女占男卦有两鬼，必是再续再嫁，重为一度新人。

两鬼发动，必有两家争娶；鬼伏财下，男必有妻在家；财伏鬼下，女必有夫在身。鬼不空而动爻日辰冲克妻财，必是生离改嫁。

夫若才能，官位占长生之地；妻如丑拙，财爻落墓库之乡。

要知男女情性容貌，财鬼二爻取之。旺者身肥，衰者瘦弱。加虎蛇勾陈玄武属土火，貌丑；加青龙属木金，貌美。衰而有扶，丑有才能；旺而入墓，美偏愚拙。

命旺则荣华可拟，时衰则发达难期；

命者，即求卜人之本命爻是也。旺衰二字，古注以四季论之，谬矣。倘木命人择于春秋占，必发达乎？岂富贵贫贱由人自取耶？予之屡验者，为本命爻临财福、青龙、贵人等吉宿，或遇日辰动爻生扶拱合者，固荣华有日；如命临兄、鬼、白虎等凶神，或遇日辰动爻刑冲克害者，固发达无期。○如命临父母，主好技艺。若加青龙，主好诗礼。临兄弟则爱赌好费，临财福必善作家。临官鬼带凶神，主疾病官刑；不加凶神，乃公门人役。带贵人则贵。学者宜以类推。

财合财，一举两得。鬼化鬼，四覆三番。

占婚遇财化进神，有婢仆同来，谓之赠嫁，遇冲终必走失。财化子有儿女带来，谓之他有名，逢空虽来不寿。如化退神逢冲，日后背夫改嫁，或退母家。大抵鬼化鬼不论进退神，凡事反覆不定。

兄动而爻临玄武，须防劫骗之谋；

兄弟临玄武腾蛇来刑冲身世者，须防其中奸诈，设计骗财。若世应生合，阴阳得位，亦必大费而可成。

应空而卦伏文书，未有执盟之主。

父母为主婚人，若不上卦或落空亡，必无主婚。如卦身临财，乃其妇自作主张。

两父齐兴，必有争盟之象；双官俱动，斯为竞娶之端。

卦中动变见有两重父母，主有两人主婚，不然主两家庚帖。若两鬼俱动，则有两家争婚多变。若卦中见有父化官，官化父，父官皆动，恐有争讼之患。兄临朱雀动，必有口舌。

日逢父合，已期合卺于三星；

日辰与父爻作合，或日辰自带文书，主成婚日期已选定矣。

世获财生，终得妆奁于百两。

凡占妆奁，当看财爻，若财爻生合世爻，又得日辰动爻扶助，必有妆奁；如临勾陈，必有奁田。

欲通媒妁，须论间爻。

占庚帖，以间爻为媒人。如独指媒人占，又非间爻论，必以应爻为媒妁是也。

应或相生，乃女家之瓜葛；世如相合，必男室之葭莩。

间爻与世生合，言我家亲；与应生合，言彼家亲；与世应俱生合，两家皆有亲也。旺相新亲，休囚旧眷；本宫至亲，他宫外亲。

先观卦象之阴阳，则男女可决；

阳男媒，阴女媒，以衰动旺静取之是也。

次看卦爻之动静，则老幼堪推。

交重二爻或衰弱者是老年人，单拆二爻或旺相者是少年人。

论贫富当究身命，决美丑可验性情。

男问妇看财爻，女问夫看鬼爻。女问男家，男问女家，皆看应爻。若应旺财衰，女家虽富，女貌不扬。余类推。

雀值兄临，惯在其中得利；

间爻如值腾蛇、朱雀及兄弟者，其人惯赖媒妁获利。

世应冲合，浼他出以为媒。

间爻安静，被世应冲合起及日辰冲并起者，其人无心作伐，必央他说合也。间爻自动者，勿如此断。

两间同发，定多月老以争盟；二间俱空，必无通好以为礼。

两间俱动，必有两媒；或动出两鬼，主有争竞为媒。须看衰旺及有制无制，可知哪个执权。

世应不和，仗冰言而通好；

世应相冲相克，若得间爻生合动世动应，须赖媒人两边说合方成。

间爻受克，总绮语亦无从。

欲求亲必得应爻生合间爻，必然听信媒言。如间爻反被应爻冲克，虽甜言亦不从。

　　财官冲克，反招就里怨尤；

　　间爻若被日辰动爻或财官冲克，其媒必然取怨于两家。世爻克冲男家有怨，应爻克冲女家有怨。

　　世应生扶，必得其中厚惠。

　　间爻遇世应日辰带财福生合，其媒必有两家酬贶。旺相多，休囚少。世旺男家多，应旺女家多。

　　一卦凶吉，须察精微委曲；百年夫妇，方知到底团圞。

　　此章惟论男卜女婚，女卜男姻之意。今术家不辨其详，凡择婿择媳、嫁妹娶嫂，竟不以用神断，概以官为夫财为妇，大误于人。况章内有云："姻娌不合，只为官爻发动；翁姑不睦，定因妻位交重"，此二句可证矣。学者当凭用神吉凶推断，不可概论财官是也。

产　育附老娘乳母

　　首出混沌，判乾坤而生人物；继兴太昊，制嫁娶以合夫妻。迄今数千百年，化生不绝。虽至几亿万世，络绎无穷。盖得阴阳交感，方能胎孕相生。**先看子孙，便知男女。阳为男子，掌中探见一枝新；阴是女儿，门右喜看弧帨设。**

　　子孙为占产用神。旺相单重为阳爻是男，休囚交拆为阴爻是女也。

　　主星生旺，当生俊秀之肥儿；命曜休囚，必产委靡之弱子。

　　子孙生旺，子必肥大，异日主俊秀不凡；休囚无气，子必弱小，异日主委靡不振。

　　如无福德，莫究胎爻。

　　用神不出现，查伏于何爻之下，当以伏神吉凶断之也。

　　双胎双福必双生，一克一刑终一梦。

　　卦有两重子孙爻，又有两重胎爻，纵不发动，亦主双生。若子化子，又见胎化胎者，如化退神，主双胎不收。阴阳动静，可定男女。一动一静，一阴一阳，主一男一女，类卦无子。若胎爻又被月建、日辰、动爻刑克，大凶之兆，一场春梦，言其子必亡也。子孙衰弱受克者亦然。

胎临官鬼，怀妊便有采薪忧；财化子孙，分娩即当勿药喜。

鬼临胎爻，主孕妇有疾。或财化福爻，则分娩安泰。

妻财一位，喜见扶持。胎福二爻，怕逢伤害。

夫占妻，财为产母，胎为胞胎，福为儿女，三者皆喜月建、日辰、动爻生扶合助，则产母安，胎胞稳，子易养。若见刑冲克害，产母多灾，胞胎不安，生子难养。如化入死墓空绝亦然。

虎作血神，值子交重胎已破；

白虎为血神，若临子孙或临胎爻发动，其胎已破，临财动亦然。

龙为喜气，遇胎发动日将临。

占产以青龙为喜，若在胎福财爻上动者，生期已速，必然当日临盆也。

福遇龙空，胎动乃堕胎虚喜；

福临青龙空亡受制，又见胎爻发动，或被日辰动爻冲动者，乃堕胎虚喜。

官当虎动，福空乃半产空妊。

白虎临官发动，或临财化官，或临鬼动空化空，或被冲散者，当小产，其子不育之象。

福已动而日又冲胎，儿必预生于膝下；

福神发动，而日辰冲胎者，其子已生膝下矣。

福被伤而胎仍化鬼，子当骷死于腹中。

子孙墓绝，又被日月动爻刑冲克害者，大凶；或胎临官鬼，或动化鬼，必是死胎。如财爻受伤，防母子有难。

兄动兮不利其妻，父兴兮难为厥子。

兄动则克妻财，父动则克子孙。如夫卜妻产，见兄动则产母不安，见父动则难为厥子。

用在空亡逢恶煞，何妨坐草之虞；

父爻发动，本为克子，如福爻有月建日辰生扶，或避空不受克，故云"无虑"。

妻临玄武入阴宫，果应梦兰之兆。

巽离坤兑四宫属阴，如财子二爻皆居此象，必生女。如财临玄武，或与玄武应爻旁爻作合，是野合得孕。

　　克世克身，诞生日迫；

得子孙胎爻冲克身世，生期以速，当以日时断之。

　　不冲不发，产日时迟。

胎福不动，又无暗冲者，必然迟缓，须待冲月日时，方可分娩也。

　　胎福齐兴官父合，临产难生；

胎福二爻发动，本主易生，若被官鬼父母动爻合住，或日辰合住，皆主临产难生，待冲破日时，方得分娩。

　　子财皆绝日辰扶，将危有救。

如遇子财二爻在墓绝之地固凶，若得日辰动爻生扶，此乃将危有救之兆。

　　间合间生，全赖收生之力；

老娘收生，以间爻推之。若动而生合财爻，必得老娘收生之力。

　　官空官伏，定然遗腹之儿。

如旁人及孕妇来占，遇卦无官鬼，或在真空墓绝之处，主产妇之丈夫已死，是遗腹子也。如官爻伏而旺相有提拔者，其父远出，乃背生儿也。

　　游魂卦官鬼空亡，乃背爹落地；

卦遇游魂，官鬼值空，若非过月，定主其夫出外而产，谓之背生也。若其夫自占，勿论官爻，以世爻言之。如世爻空遇游魂，主出门后生产。

　　发动爻父兄刑害，必携子归泉。

父兄爻若当权旺相，动来刑克妻财子孙，而财福二爻又无救助者，主母子俱凶。

　　官化福胎前多病，财化鬼产后多灾；

鬼化出子孙，主胎前有病；财化官鬼，恐产后多灾。

　　三合成兄儿缺乳，六冲遇子妇安然。

卦有三合成兄弟局者，生子必然乳少，夫占更防克妻。若得福神发动，或安静得日辰冲动，则财有生气，所以产母安然也。

　　应若逢空，外家无催生之礼物；

以应为外家，若逢空，必无催生礼物。

　　世如值弟，自家绝调理之肥甘。

兄值世衰，则家贫而少将息，产妇必难强健。

阳福会青龙，无异桂庭之秀子；阴孙非月建，何殊桃洞之仙姬。

子孙临月建青龙，或月建带青龙生合子孙者，必是男喜，后主俊秀聪明。如子孙爻不是月建日辰，又无月建日辰生之，临阴象阴爻者，必是女。

若卜有孕无孕，须详胎伏胎飞。

凡占胎孕有无，尚取胎爻为主，不看子孙。如卦中六爻上下及年月日时皆无胎爻者，俱主无孕。卦中有动爻化出者，目下无胎，后必有胎。惟遇胎爻出现，便为有胎。

出现空亡，将虾而复散；交重化绝，既孕而不成。

虾，音胚，凝血也。虾者，阳精阴血，凝聚成胎之谓。盖未成形曰虾，已成形曰孕。胎爻出现，如遇空亡，主虽有胎，不能成形而散。若得发动，其胎已成。惟怕变入墓绝，则胎孕虽至成形，不能产育，是亦不成而已矣。

姅必逢官，妊须遇虎。

姅，音半，孕伤也。胎临官，或被官爻、月建、日辰刑冲克害，皆主胎孕有伤。娠妇既孕，月事又通曰妊。若未及月，胎临白虎，必是漏胎；如遇煞冲，或发动化鬼者，必小产。

带令星而获助，存没咸安；

凡胎爻旺相，又有生合扶助，不临官鬼、父母及空亡者，其胎必成，临阳爻则生子易养。

有阴地而无伤，缓急非益。

胎爻临阴休囚，而得月建、日辰、动爻生合，再无凶神刑克者，其胎亦成，但生女，故曰"缓急非益"也。

如逢玄武，暗里成胎；若遇文书，此前无子。

胎临玄武，所受之胎非夫妻正受也。若临父，主此前未曾有子，今始成胎也。

孕形于内，只因土并勾陈；胎隐于中，端为迎龙合德。

胎临勾陈，怀胎显露；胎临青龙，其胎不露。更逢三合六合，必隐。

若问收生之妇，休将两间而推；如占代养之娘，须以一财而断。

如占胎产，以卦中间爻为老娘也。今人独占老娘吉凶，概以间爻论者，则失于理矣。故凡单占老娘及乳母，俱以妻财一爻为用神，不可又以间爻推之是也。

兄动令手低，乳母须防盗物；

兄弟发动，占老娘乳母，则主此妇见财起意，又主贪食；临玄武必滥。

父兴令乳少，老娘窃恐伤胎。

父母发动加刑害，儿必为其所害，切不可用。如占乳母亦然。

子孙发动，乳多手段更高能；

子孙旺相发动，不受制伏，生扶财爻，老娘手段必高，乳母必主乳多也。

兄鬼交重，祸甚事机犹反覆。

官鬼发动，必有祸患；不伤身世，虽凶亦浅；一遭克害，祸不可言。

财合福爻，善能调护。身生子位，理会维持。

卦身与财合子孙最吉。占老娘，惯能救死回生；占乳母，主其妇善抚小儿，乳亦必多也。

如逢相克相冲，决见多灾多咎。

子孙被财与卦身刑冲克害最忌，儿亦必被其所害。

进人口

独夫处世，休言无子即忘情；君子治家，难道一身兼作仆？必须便嬖，乃足使令于前；若不螟蛉，焉继宗支于后。

老而无子曰独，过继他人之子曰螟蛉，如《诗》所谓"螟蛉有子，蜾蠃负之"是也。

须别来占，方知主用。

过继小儿以子孙为主，买妾婢僮仆，及收留迷失之人，皆以财为主。若窝藏有难之人，则看其人与我如何相识，如朋友以兄弟为主，尊长以父母为主，妇人以妻财为主类。

用不宜动，动必难留；

用爻发动，其人难托。若遇游魂或化入游魂，异日主逃窜；若来生合世爻，不致连累。

主不可伤，伤须夭折。

主象衰弱，而被日辰动爻乘旺来刑伤克害，更无解救者，必然夭折。

衰入墓中，拟定委靡不振；旺临世上，决然干盅有成。

用爻入墓，其人性慵懒；衰弱无气空绝，主委靡不振。若得旺相临身持世，或生合世爻者，乃大吉兆也。

动化空亡，有始无终之辈；蛇合官鬼，多谋少德之人。

用爻发动，变入空亡，主其人有头无尾；若临腾蛇，动合官鬼，其人虽多谋，然奸诈不实，妇人不贞节。

临玄武而化兄爻，门户须防出入；遇青龙而连福德，赀财可付经营。

用临玄武，动化兄弟，主其人贪财好色，莫用出入。用临青龙，动化子孙，生合世爻，主其人至诚忠厚，托以财物则守而不失，使之经营则利归于主。

若逢太过及空亡，反主少诚兼懒惰。

卦中用爻见有三四重，或旬空者，其人暗藏机巧，反覆不实。

用爻生合世爻，必得其力；主象克冲身象，难服其心。

用爻生合世爻，其人可用，凡有事干，必然用心。大怕合处逢冲。

财化子，携子偕来。世合身，终身宠用。

凡占妻婢，财爻化出子孙，有小儿带来。若动财生合世爻，而化子反来刑克者，其婢可使，子必顽劣。卦身一爻，占事为事之体，占人为人之身，若遇世爻生合，主其人必得宠用。

受动变之伤，向后终难称意；得日月之助，他时定见如心。

月建日辰动爻克世，其人不可用。世爻衰，必被其害。若得变动，日月生扶合助，然后为吉也。

世与卦身，以和为贵；

世身二爻，相合相生，比和为吉；相克相冲，刑害为凶。

兄同官鬼，惟静为佳。

兄动为破财口舌，官动为祸患疾病，故二爻皆不宜动，静心称意。

兄鬼交重，诚恐将来成讼；三合绊住，须知此去徒劳。

兄与官爻发动，或官与文书互变，主日后兴词成讼。纵遇合住，日后亦成徒劳之事也。

若在间爻，乃是牙人作鬼；

买卖交易，以间爻为牙行人，若临兄弟官鬼发动，必是牙人作鬼为谋。

如居空地，不过卖主争财。

官鬼一爻空动，而与应爻相合，必卖主牙人作鬼论财。

卦象两官两父，须知事系两头；

卦中父母官鬼俱有两爻，恐重叠交易。

兄鬼一动一冲，切莫财交一手。

卦遇应爻克世，而兄官发动，须防设谋诓骗。

应生世他来就我，世生应我去求人。

占买雇奴婢托人等事，以应为主。如生合世，是他来就我，成事最易；若世生应，我去求他，成事难也。

和合易成，最怕日辰冲破；

如得应来生合世爻，凡事易成；若是合处逢冲克坏，主有人破阻。要知何等人，以破合之爻定之。

相冲难就，偏宜动象生扶。

世应相冲相克，凡事难成。若得动爻日辰生扶合助，必有贵人维持，事亦可成。

兄爻发动，为诈为虚；卦象乱兴，多更多变。

兄弟为反覆不定之神，乱动则事不定，故多更变。

六爻无父，定无主契之人；

以父母为文书主契之人，若六爻皆无父母，必无主契之人；若动爻变出者，则旁边有人作主。

两间俱空，未有作中之子。

间爻为媒中，如空须浼人居间。

世获间生，喜媒人之护向；

间爻生世合世，媒人必然向我。如临子孙，即系子侄辈人也。

生扶弟出，防卖主之合谋。

若兄鬼动克世爻，而应爻又来冲克刑害我者，则是间来生合，假意合谋，非真心也。

父化兄，契虚事假；

凡遇父母化兄弟者，决主事体不直，文契不实。卦无父母，而从兄弟化出者亦然。

兄持世，财散人离。

兄弟持世，必然徒费钱财，事亦干众，一应托人买婢不得力。更带凶神旺动，必主人离财散。

应若空亡，我欲成交徒费力；世如发动，彼来谋合亦难成。

应空则他意难同，世动则自多更变，故不成也。

弟因财乏，鬼必疑心。

兄弟持世者，必因资财欠缺；鬼爻持世，则自心多疑，或进退不定，故难成也。

四覆三番，事机不定。千变万化，卦象无常。能求不见之形，自喻未来之事。

凡占收留遗失子女，最怕鬼临玄武发动，必是盗贼；用临玄武，或化出鬼爻亦然。刑克世爻，必被其害。

校正全本卜筮正宗卷之七

病 症

人孰无常？疾病无常。事孰为大？死生为大。

凡占疾症，以官鬼爻为轻重得病根由，独发之爻亦可推之。

火属心经，发热咽干口燥；水归肾部，恶寒盗汗遗精。

金肺木肝，土乃病侵脾胃；衰轻旺重，动则煎迫身躯。

鬼爻属火，心经受病，其症必发热咽干口燥类。属水，肾经受病，其症必恶寒盗汗，或遗精白浊类。属金，肺经受病，其症必咳嗽虚怯，或气喘痰多类。属木，肝经受病，其症必感冒风寒，或四肢不和类。属土，脾经受病，其症必虚黄浮肿，或时气瘟疫类。若鬼爻衰弱则病轻，旺相则病重，安静则安卧、发动则烦躁之类也。

坤腹乾头，兑必喉风咳嗽；艮手震足，巽须瘫痪肠风。

鬼在坤宫，腹中有病。火鬼必患腹疾，水鬼腹中疼痛。动化财或化水鬼，必患泻痢。土鬼则是食积癖块，或痧胀蛊症。木鬼绞肠痧痛，或大肠有病。金鬼胁肋疼痛，在上胸痛，在下腰痛。此鬼在坤宫断，余卦类推之。

螣蛇心惊，青龙则酒色过度；勾陈肿胀，朱雀则言语颠狂。

白虎损伤，女子则血崩血晕；玄武忧郁，男人则阴症阴虚。

螣蛇鬼则坐卧不安，心神不定。青龙鬼则酒色过度，虚弱无力。勾陈鬼胸满肿胀，脾胃不和。朱雀鬼狂言乱语，身热面赤。白虎鬼跌打气闷，伤筋损骨，女人血崩血晕，产后诸症，盖白虎血神故也。玄武鬼色欲太过，郁闷在心，在本宫主阴虚，化子孙男子阴症阴虚，盖玄武暗昧之神故也。断宜通变。

鬼伏卦中，病来莫觉。官藏世下，病起如前。

遇官鬼不出现必隐，然得症不知何由；官鬼伏在世下，必是旧病复发。

若伏妻财，必是伤饥失饱；如藏福德，定然酒醉躭淫。父乃劳伤所致，兄为食气相侵。

鬼伏财下，必是伤食，或因财物起因，或因妇女得病。鬼伏子下，必是酒醉过度，或恣行房事，夏或过于风凉，冬或多着裘帛，或过服补药所致。鬼伏父下，必是劳心劳力，忧虑伤神，或因动土所致，或因尊长得病。鬼伏兄下，必因口舌争竞，停食感气，或有咒诅得病。

官化官新旧两病，鬼化鬼迁变百端。

卦中现有官爻，而又变出官爻，主新旧两病也。又如官爻化进神则病增，或退神则病减。

化出父书在五爻，则途中遇雨；变成兄弟居三位，则房内伤风。

化出父母，必在修造之处得病；若在五爻属水，则在途中冒雨而得也。如化兄弟，必因口舌呕气，或是伤食；若在三爻，必房中脱衣露体，感冒风寒。若化子孙，则在僧道寺院，或渔猎游戏。化财伤食，或因妻孥，或因买卖。以上六亲化出官鬼爻，亦依此断。

本宫为在家得病，下必内伤；他卦为别处染灾，上须外感。

鬼在本宫，家中得病，在下三爻必是内伤症候。官在外宫，外方得病，更在上三爻，必是外感风邪。上下有鬼，内伤兼外感，症得不一。

上实下空，夜轻日重；

鬼在内宫，病必夜重；鬼在外卦，病必日重。若卦有二鬼，一旺一空，或一动一静，必日轻夜重也。

动生变克，暮热朝凉。

凡动爻为始，变爻为终。若动爻生扶用爻，而变爻刑克用爻者，必朝凉暮热，日轻夜重。动克变生反此断。

水化火，火化水，往来寒热；

水化火，火化水，不拘鬼爻，但有干犯主象者，皆是寒热往来之症，卦有水火二爻俱动亦然。水旺火衰，寒多热少，倘水受伤，火得助，则常热乍寒也。坎宫火动，内寒外热；离宫水动，皮寒骨热。若带日辰，必是虐疾。

上冲下，下冲上，内外感伤。

上下有鬼，病必内外两感；俱动俱静者，一同受病；二鬼自冲者，适感而适愈也。

火鬼冲财，上临则呕逆多吐；

火性炎上，财为饮食。故占病遇火鬼动克外财，必是呕吐，重则反胃不食。

水官化土，下值则小便不通。

水官化出回头土克，在本宫初爻是小便不通，属阴是大便不通。阳宫阴象，阴宫阳象，二便俱不通。若加白虎阳爻是尿血，阴爻是泻血，白虎血神故也。带刑害是痔漏症。

若患牙疗，兑鬼金连火煞；

鬼在兑宫，口中有病。若金鬼化忌神，或忌神化金鬼，必患牙疗，不化忌神则是齿痛。静鬼逢冲，齿必动摇。

如生脚气，震宫土化木星。

鬼在震宫，病在足，加勾陈足必肿，加白虎必折伤破损。土鬼化木则患脚气，木鬼酸痛麻木，水鬼是湿气，火鬼必生疮毒，金鬼是脚骱膝疼骨痛，或刀刃所伤类。

鬼在离宫化水，痰火何疑；官来乾象变木，头风有准。

震遇腾蛇仍发动，惊悸颠狂；艮逢巳午又交重，痈疽疮毒。

离宫鬼化水爻，痰火症候，水动化鬼亦然。乾宫鬼化木爻，头风眩晕，木动变鬼亦然。震在外卦勿以脚断，可言其病坐卧不宁，心神恍惚，盖震主动故也。更加腾蛇发动，必是颠狂惊痫之病，小儿乃惊风也。逢冲，则有逾墙上屋之患。艮逢火鬼，必生痈疽，若遇变出土鬼，可言浮肿蛊胀等症。余可类推。

卦内无财，饮食不纳；

财主饮食。若遇空亡，饮食不纳；若不上卦，不思饮食。

间中有鬼，胸膈不宽。

世应中间，即病入胸膈处也，官鬼临之，必然痞塞不通。金鬼胸膛骨痛，土官饱闷不宽，木鬼心庠嘈杂，水鬼痰饮填塞，火鬼多是心痛。若化财爻或财爻化鬼，必是宿食未消，以致胸膈不利。

鬼绝逢生，病体安而复作；

官鬼逢绝，其病必轻。如遇生扶，谓之绝处逢生，其病必将复作。

世衰入墓，神思困而不清。

世爻入墓，病必昏沉。旺相有气，则懒于行动；衰则不言不语，是怕明喜暗，不思饮食，爱眠怕起懒开目。更坐阴宫，必是阴症。用爻入墓、鬼墓临用、原神入墓，皆依此法断。

应鬼合身，缠染他人之症；

应临官鬼，刑克合用爻，必因探访亲友病而缠染也。鬼爻属土，是时行疫症。用爻临应，必然病卧他家。

世官伤用，重发旧日之灾。

大抵官爻持世，必然原有病根，伤用必是旧病再发，否则必难脱体。卦身持鬼，亦是旧病。

用受金伤，肢体必然酸痛；主遭木克，皮骨定遭伤残。

火为仇，则喘咳之灾；水来害，则恍惚之症。

如金动来克，则木爻受伤，支节酸痛；木动来克，则土爻受制，皮骨伤损。余可类推。

空及第三，此病须知腰软；

第三爻如值旬空，为腰软；或旺相而空，为腰痛。不空而遇动爻日辰官鬼冲克者，乃闪腰痛也，动空亦然。鬼在此爻者，亦主腰痛。

官伤上六，斯人当主头疼。

不惟官鬼克伤上六而头疼，即如官鬼所临之处亦有病也。如官鬼克间爻，或临间爻，皆主胸膈不利，忌神亦然。余可类推。

财动卦中，非吐则泻；

财爻动临上卦主吐，动临下卦主泻。若逢合住，则欲吐不吐，欲泻不泻。

木兴世上，非痒即疼。

寅卯二爻属木，寅木主痛，卯木主痒。

病　体

　　既明症候，当决安危。再把爻神，搜索个中之玄妙；重加参考，方穷就里之精微。先看子孙，最喜生扶拱合。

　　子孙能克制鬼煞，古人谓解神，又名福德。占病又为医药，卦中无此则鬼无制，服药无效验，祷神不灵，所以先宜看此。惟占父母、丈夫病，不宜子孙发动，动则伤克夫星，又克伤父母之原神也。

　　次观主象，怕逢克害刑冲。

　　主象即用神也，如占夫以官为用神，占妻以财为用神类。如遇刑冲克害，即病人受病磨折，故怕见之。克害处若得生扶，必不至死。

　　世持鬼爻，病纵轻而难疗；

　　占自病怕鬼持世，必难脱体。

　　身临福德，势虽险而堪医。

　　月卦身乃一卦之体，子孙临之决然无虞，纵然病势凶险，用药可以痊愈。

　　用壮有扶，切恐太刚则折；

　　凡用神临月建，又得日辰生扶拱合，再遇动爻生扶者，乃太刚则折之兆。最怕用神又值日建，必凶；若有日辰动爻刑克，则不嫌其旺矣。所谓太过者损之则利也。

　　主空无救，须防中道而殂。

　　非独指空而言也。凡主象墓绝空破，有救者无妨，无救者必死。救者，生扶拱合也。

　　禄系妻财，空则不思饮食；寿属父母，动则反促天年。

　　占病以妻财为食禄，卦若无财或落空亡，乃是不思饮食。父母爻动，占病所忌，以其克制福神，官煞能肆其虐故也。主服药无效，故云"反促天年"。占兄弟病，反宜动也。

　　主象伏藏，定主迁延乎日月；

　　用爻不上卦，纵有提拔扶引者，必待其值日出露，或久病必值年值月病方愈，故曰"定主迁延日月"也。

子孙空绝，必乏调理之肥甘。

子孙固为药，又为酒肉，若临死绝，或在空亡，或不上卦，病中必无肥甘调理。或日辰或应爻带子孙，生合用爻者，必有人馈送食物资养。

世上鬼临，不可随官入墓；

凡占自己病，若世上临鬼入墓于日辰，或化入墓库于爻，固非吉兆，世爻持鬼墓发动者亦凶。

身临福德，岂宜父动来伤。

占病以子孙为解神，身若临之，大吉之兆。如父母动来克伤，仍为不美，如父母有制无妨。

鬼化长生，日下正当沉重；

鬼爻发动，病势必重，若鬼化入长生，乃一日重一日之象。

用连鬼煞，目前必见倾危。

连字当作变字解。今术家以用神变出官鬼者，断其病必死，是以词害义矣。孰知鬼煞者是忌神也，用连鬼煞，即指用化回头克耳。如用神变回头克，而无月日动爻解救者，目前立见其危也。

福化忌爻，病势增加于小愈；

子孙发动制伏官鬼，其病必减，若化父母回头克坏子孙，必因病势少愈不能谨慎，以致复加沉重，子孙化官爻亦然。

世挠兄弟，饮食减省于平时。

兄弟持世，饮食必减，其病亦因多食而得。

用绝逢生，危而有救；

凡用爻逢绝，如得卦中动爻相生，谓之绝处逢生，凶中回吉之象，虽危有救。

主衰得助，重亦何妨。

用神不宜太弱，弱则病人体虚力怯难痊。若得日辰动爻生合扶助最吉，纵有十分重病，亦不致死也。

鬼伏空亡，早备衣冠防不测；

此两句惟言父母、官府、丈夫病，如遇官爻伏而又空者，须防不测。

日辰带鬼，巫为祈祷保无虞。

如日辰带官鬼，生合世爻或用爻者，当为祈祷。看其生合者是何等神。如生合青龙父母，是花幡香愿，勾陈则土地城隍，朱雀则香灯口愿，螣蛇则百怪惊神，白虎则伤司五道，玄武则玄帝北阴。阳象阳爻是神，阴象阴爻是鬼。今陈大略，后有《鬼神章》尽细，阅之照断方是，切不可妄断，有费民财。

动化父来冲克，劳役堪忧；

卦中父母爻动来冲克用爻，或用爻动变父母不冲克者，宜自在，少劳碌，不然病即反覆，又加沉重矣。

日加福去生扶，药医则愈。

日辰临子孙生扶拱合用爻，必得药力而愈。

身上飞伏双官，膏肓之疾；

身者，卦身及用神也。如身爻上已临官鬼，又他爻动而飞入身上来者，或身之前后夹有官鬼，或用爻前后夹有官鬼，或世上有鬼而身上又有鬼，皆谓之双官夹用夹身，大象不死，亦是沉困考终之疾也。即如占子病吉凶，得恒卦，三五爻皆是官爻，午火子孙居其四爻，鬼之中是也。余仿此。

命入幽明两墓，泉世之人。

以卦看有鬼墓，以世看有世墓，以用神看有主墓，凡遇此三墓出现卦中者，人皆见之，其墓为明；变入墓中者，人所不见，其墓为幽。不拘幽明，病主危困。或世爻用爻被官鬼两头夹之，或见有两重鬼墓夹身者，必死。得日辰动爻冲破墓爻，庶几无事。

应合而变财伤，勿食馈来之物；

应爻动来生合用爻，当有问安之人，带财福必有馈送，兄弟则清访而已。若应虽生合，而用爻或变妻财，或被财爻刑冲克害用神者，倘有馈送，切宜戒食，否则反生伤害。若占长辈，尤宜忌之。

鬼动而逢日破，何妨见险之虞。

官爻发动，或忌神发动，其祸成矣。若得日辰动爻冲之，谓已冲散，主其病虽凶而不死。

欲决病痊，当究福神之动静；要知命尽，须详鬼煞之旺衰。

读是篇者，不可以词害义。福神者，其义轻于子孙，而重于原神也。鬼煞者，其理在于忌神，而不在于官鬼也。凡卜病，如遇原神旺动，即使

用神空破伏藏者，其病可痊；如遇忌神旺动，即使用神出现不空破者，禄命当尽矣。

医　药

病不求医，全生者寡；药不对症，枉死者多。欲择善者而从之，须就著人而问也。应作医人，空则睏亡而不遇；子为药饵，伏则扞格以无功。

凡卜医药，以子孙爻为药饵，以应爻为医生。如子孙受伤或墓绝，或官爻生旺，是药不对症，必不能去病。如应爻旬空，医人非他出不来，定用药无效。

鬼动卦中，眼下速难取效；

占药要鬼爻安静无气，若遇发动，虽有妙药，一时难以取效，待鬼爻墓绝日用药，方始有功。

空临世上，心中强欲求医。

世爻空亡，必不专心求医，或自不相信他，虽请彼看，亦不用其药石。

官旺福衰，药饵轻而病重；

官爻无气，子孙旺相，药能胜病，服之有效。若子孙休囚，官爻旺相者，乃是药轻病重，服之无功。

应衰世旺，病家富而医贫。

世为病家，应为医家。相合相生，非亲即友。若应旺世衰，病家贫乏，医必富，应衰世旺反此断。

父母不宜持世，鬼煞岂可临身。

卦身与世爻，皆不宜临官临父，遇之则药不效。

官化官病变不一，子化子药杂不精。

此言官爻化进神，症候不一，或病势不定，化退神反此断。子孙乃占药用神，如子孙化进神而药有效，如化退神及伏吟卦，不可服此剂。

福化忌爻，误服杀身之恶剂；

盖有动则有变，变出父母回头来克，难伤官鬼，必致因药伤命。

应临官鬼，防投增病之药汤。

应临官鬼，必非良医，更来刑克身世用神，须防误药损人。或临忌爻，或化官鬼，皆不宜用此人之药。

鬼带日神，定非久病；

鬼带日神动出卦中者，必是日下暴病。若日辰虽是官爻，不现卦中则不然，可言其病眼下正炽，必须过此方可用药。

应临月建，必是官医。

应持太岁，必是世医，持月建日辰，必是官医。更得月日临子孙，用药神效。应临子孙，乃专门医士，可托之。

世下伏官子动，则药虽妙而病根常在；

大抵自占病遇鬼伏世下，或占他人病，遇鬼伏用爻下，其病不能断根，日后恐再发也。

衰中坐鬼身临，则病虽轻而药力难扶。

卦身虽临衰弱之鬼，缠绵难愈之象，或主象身临官墓者亦然。

父若伏藏，名虽医而未谙脉理；

卦中父动，子孙不能专权，固非吉，然又不可无，宜静不宜动，何也？盖人气脉皆属父母，故占医或无此爻，必是草泽医人，虽然用药，而脉理未明也。

鬼不出现，药总用而莫识病源。

官鬼为病，出现则易受克制，用药有效。若不上卦，其病隐伏，根因不知，症候莫决，率意用药，亦难取效。

主绝受伤，卢医难救；

主象若遇休囚墓绝，或变入墓绝，再有克伤者，虽良医不能救也。

父兴得地，扁鹊无功。

父母发动，子孙受伤，药必不效。若得子孙有气，日辰动爻克父母，必须多服有功。

察官爻而用药，火土寒凉；

火土官爻，其病必热，宜用凉药攻之；金水官爻，其病多寒，必温热之剂治之。然火必寒、土必凉、水必热、金必温等剂是也。又如火鬼在生旺之地，又遇生扶者，必用大寒之药攻之；水鬼在生旺之地，又遇合助者，须用大热之药。如火鬼在阴宫阴爻，乃是阴虚火动之症，可用滋阴降火之药；水鬼在阳宫内卦，乃是血气虚损之症，可用补中益气之药。宜通变，余仿此。

验福德以迎医，丑寅东北。

凡占服药，须看子孙何爻，便知何处医人可治。如在子爻宜北方医人，丑爻东北方医人类。又如寅爻子孙五行属木，其医是木旁草头姓名，或是虎命者，虽非东北，皆能医治。余仿此。

水带财兴，大忌鱼鲜生冷；

财为饮食，资以养生，然动则生助鬼爻，反为所害。若更属水，必忌鱼鲜生冷等物，药治见功。如值木爻，忌食动风之物，值火忌炙煿热物，值金忌坚硬盐物，值土忌油腻滑物。财如不动，不可妄言。又忌鬼爻生肖物，如丑忌牛、酉忌鸡类。余仿此。

木加龙助，偏宜舒畅情怀。

青龙为喜悦之神，更临木爻生合世爻主象，病人必抛却家事，放宽怀抱，然后服药有功。

财合用神居外动，吐之则瘥；

财在外宫主吐，若得生合用爻，以药吐之则愈。

子逢火德寓离宫，炙之则瘥。

子孙属火，又在离宫，宜用热药疗之，或用艾炙则愈。

坎卦子孙必须发汗，木爻官鬼先要疏风。

子孙属水，或在坎宫发动，皆宜表汗。官鬼属木，先散风邪，用药有效。

用旺有扶休再补，鬼衰属水莫行针。

用爻休囚墓绝，必补药方效。若用爻得时旺相，又有生扶合助，须用克伐之药治之，若再补则反害矣。子孙属金，利用刀针。鬼爻属水，而用刀针，则金能生水，反助病势。土鬼忌用热药，木鬼忌用寒药，火鬼忌用风药，金鬼忌用丸药。

福鬼俱空，当不治而自愈；子官皆动，宜内补而外修。

占病子官二爻俱空，乃吉兆也。或俱衰静，无冲无并者，其病自愈，不用服药。若二爻俱动，此非药不对症，乃是神祟作祸，故曰无功，必须祈祷服药，方得病痊，俗所谓外修内补也。

卦动两孙，用药须当间服；

卦有二爻子孙发动，用药不必连服，以其分权故也。或用两般汤药，间服之则效矣。

鬼伤二间，立方须用宽胸。

官鬼动来冲克间爻，或鬼在间爻动，必然胸膈不利，须用宽胸之药。逢兄弟发动，则是气逆，治宜调气。

父合变孙，莫若闭门修养；

卦中福官衰静，若有父母动来生合世身主象者，不须服药，宜居僻静，闭门修养。

五兴化福，可用路遇医人。

如卦中第五爻变出子孙，不须选医服药，不如路遇草医能治。若子孙不现，而日辰临子孙生合者，意外自有医生可治也。

世应比和无福德，须用更医；

世应比和，卦无福德，此药无损无益，无益须更换医人，方可得痊。

财官发动子孙空，徒劳服药。

财官俱动，其势已凶，子孙又空，服之无益。

凡占医药者，须诚心默祷，用何人药，有效无效，不必说明姓氏。卜家据此章而断，自无荐医之弊，则诚无不格，卦无不验矣，岂非彼此心安乎？

鬼　神

徼福鬼神，乃当今之所尚；祷尔上下，在古昔而皆然。不质正于易爻，亦虚行乎祀典。先看卦内官爻，便知鬼神情状。

官鬼能为祸福，故观此可知其情状也。

旺神衰鬼，方寓乾巽堪推；阴女阳男，老幼旺衰可决。

凡鬼爻旺相是神，休囚是鬼，阳为神为男，阴为鬼为女。乾宫西北方，巽宫东南方之鬼也。

若在乾宫，必许天灯斗愿；如居兑卦，定然口愿伤神。

坎是北朝，艮则城隍宅土；离为南殿，坤则土地坟陵。

震恐树神，或杖伤之男鬼；巽必缢死，或颠仆之阴人。

八卦仔细推详，诸鬼自能显应。

此以八卦推之，乾象为天神，在此宫属火，宜许点天灯斗愿类。

更值勾陈，必有土神见碍；如临朱雀，定然咒诅相侵。白虎血神，玄武则死于不明之鬼；青龙善愿，腾蛇则犯乎施相之人。

此以六神推之。勾陈职专田土，鬼爻临之，乃是土神为祸类。

金乃伤司，火定灶神香愿；木为枷锁，水为河泊江神。

此以五行推之。金乃刀兵所伤之鬼，旺是伤神，衰是伤鬼类。

若见土爻，当分厥类。

土鬼阴爻是阴土，阳爻是阳土，或从木化是树头土，临应冲世是飞来土，若日月动变者，五方土类也。

鬼墓乃伏尸为祸，财库则藏神不安。

鬼爻属金，卦有丑动是金墓；妻财属木，卦有未动是木墓。余仿此。

修造动土，必然煞遇勾陈；口舌起因，乃是土逢朱雀。

此亦土鬼也，如勾陈，必因修造动土，以致不安。

或犯井神，水在初爻遇鬼；或干司命，火临二位逢官。

若在门头，须犯家堂部属；如临道上，当求五路神祇。

四遇世冲，鬼必出门撞见；六逢月合，神须远地相干。

水鬼临于初爻断井神，火鬼临于二爻断司命，如鬼临三爻断家堂，如临五爻断路头五圣，临四爻断出门撞祟，临六爻断远处染邪。

鬼克身冤家债主，身克鬼妻妾阴人。

我去生他，卑幼儿童僧道；他来生我，祖宗尊长爹娘。

若无生合克刑，必是弟兄朋友。

此以卦身推之。鬼生卦身为父母，卦身生鬼为子孙，鬼克卦身为冤仇，卦身克鬼为妻妾，二者比和为兄弟朋友姊妹之鬼。

刑不善终，绝则无祀。

鬼带刑爻，必非善终之鬼，当以五行所属，推其何死鬼。不上卦，看伏何爻下，便知是何鬼祟；如伏父下为家先，伏福下为小儿类。

如临日月，定然新死亡灵；

卦无官鬼，而日辰是鬼者，必然新死亡灵为祸。若日辰是鬼，而卦中又有鬼，是近日新许之愿未酬也。

自入墓刑，决是狱中囚犯。

如未日占卦，得木爻官鬼入墓，必是死于囹圄囚狱之鬼。旺相发动，则是庙神。

旁爻财合，必月下之情人；应位弟生，乃社中之好友。

财爻动合鬼爻，或财化鬼、鬼化财，自相作合者，必与病人私通之人为祸。

化出鬼爻临玄武，则穿窬之鬼；变成父母遇螣蛇，则魇魅之精。

鬼动化出六亲，即以化出者断。如化兄为朋友、兄弟、姻娌类。若化鬼加玄武，必是盗贼。化父母，是伯叔六亲；加螣蛇，乃其家因匠人造作魇魅，以致人口不安。父化官，虽非螣蛇，亦是匠人作弊。

太岁鬼临，乃祖传之旧例；日辰官并，是口许之初心。

若太岁日辰俱官，则目下许酬祖先例未完。

持世则未酬旧愿，伏为有口无心；变财乃不了心斋，空则有头无尾。

鬼爻持世，有旧愿宜酬类。

鬼在宅中，住居不稳。官临应上，朝向不通。

内卦第二爻为宅，若动鬼临之，住宅不安，常有疾病；若应爻临鬼，其宅朝向不利，宜改作为喜。

兑卦金龙千佛像，坎宫木动犯划舟。

金在兑宫发动，金身佛像；木在坎宫发动，舟辑之象。

水土交加在乾宫，则三元大帝；火金互动于兑卦，为五道伤官。

三官，天地水三官。乾宫土水互化，遇官爻者是也。五道乃刀剑之神，在兑宫互相发动，而遇官鬼者是也。

三空无香火之堂，怪动有不祥之祸。

三爻空，其家不奉香火。怪爻四季月，初六爻是仲月，二五爻是孟月，三四爻是季月。临父母必有怪器，加玄武是盗人之物，凡遇此爻动，虽非鬼爻，必是怪事。螣蛇又动临鬼爻，然后可言妖怪。

龙遇文书独发，经文可断；

如父母独发，乃祖宗求祀，临青龙则有善愿经文。

蛇逢官鬼属阴，梦寐当推。

鬼临螣蛇，必有虚惊怪异，若在阴宫阴象则有梦寐，冲克世爻用爻，必梦中所见神祟。

动入空中值鬼，恐失孝思之礼；

官爻动空化空，皆主先亡中有失祀礼。若在他宫外卦，则是眷属中曾有祀礼，不设其位。

静居宅上临木，家停暴露之棺。

木爻官鬼静临二爻，或木鬼伏于父母下，其家必然停柩不安。

校正全本卜筮正宗卷之八

种 作

农为国本，食乃民天；五谷不同，孰识异宜？而布种一年关系，全凭卦象以推详。旺相妻财，丰登可卜。

妻财为农之本。凡占种作，先看财爻现与不现，有伤无伤，便知吉凶。然此一爻，虽不可无，亦不宜动，动则官鬼有气，终有损耗。若变出福爻则吉。

空亡福德，损耗难凭。

子孙为原神，最喜生旺发动为吉，若遇空亡，则财无生气，官鬼当权，定多损耗。

父母交重，耘籽徒知费力；

父母为辛勤劳苦之神，动则必主费力，收成亦减分数。

兄爻发动，年时莫望全收。

兄弟劫财，大怕发动。倘得子孙亦动，反许全熟年时。如子孙之爻衰静，莫望全收，又主工本欠缺。

鬼在旺乡，遇水神而禾苗淹腐；

鬼爻发动，若临水爻冲克身世，禾苗必为淹腐，更逢月建日辰动爻生扶，当有洪水横流之灾。

官居生地，加火煞而稼穑焦枯。

鬼在生旺之地，而临火爻动者，必主缺水；冲克刑克，恐有焦禾杀稼之祸。若有制伏，虽旱无妨。

土忌克身，水旱不调之岁；

土鬼发动，必主水旱不调，又主里社兴灾，否则田禾欠熟。

金嫌伤世，螟蝗交括之年。

金鬼发动克世，主有蝗虫，若不伤身伤世，财爻静旺者不为害也。

木则风摧，静须谷粃，生扶合世，方许无虞。

木爻发动伤克世身，所种之物，必遭恶风摧挫。若化水爻，或与水爻同发，当有风潮颠没之患。木鬼不动。亦主虚粃，盖木爻乃五谷主星。更若福静财衰，必主秀而不实，财福动空化空，俱是虚粃，空好看之象。

二爻坐鬼，必难东作于三春；五位逢官，定阻西成于八月。

二爻为内卦之主，五爻为外卦之主。内卦有官，种作时多阻，外卦有官，收成时多阻。若二五爻日辰刑伤，更看何爻受伤，便知何事阻节，如兄弟为口舌，如官爻为官讼疾病。

初旺则种籽有余，四空则耕牛未办。

初爻旺相，种籽有余，空则欠少。四爻旺相，牛必强壮，衰空则无。动空化出子孙，或化丑爻而与应爻作合，俱佃租他人之牛也。

应爻生合世，天心符合人心；

当以应为天，以世为地。应爻生合世爻，治田遇好天；冲克世爻，则凡有所作，非风即雨。

卦象叠财爻，多壅争如少壅。

卦中财爻重叠太过，不宜多加壅壅；财爻不空、兄弟不动、而遇子孙发动者，多壅则多收也。

日带父爻，一倍工夫一倍熟；

父母若临日辰，或坐世上，必主辛勤劳苦。若非勤作，决然少收，盖一倍工夫则有一倍熟也。

财临帝旺，及时耕种及时收。

凡遇财在生旺爻上，不宜种作太迟，迟则少收。

要知始终吉凶，但看动爻变化；

动爻变财福吉，变兄鬼凶。父化兄鬼，辛勤不熟；父化财福，辛勤有收。财化兄、子化官，始则畅茂，终则空虚。兄化财、官化子，先遭伤损，后必如意。若然财旺化子孙，五谷丰登也。

欲识栽培可否，分详子位持临。

凡卜种植，当指实种籽分占。得子孙持临身世，财爻无刑伤克害者，此种是必多收。如官鬼持身世，或父动，或财爻动变兄鬼，定主此种无收。

世值三刑，农须带疾；

世为治田之人，被日辰动爻刑冲克害，最为不利。若带白虎三刑，农夫必然带疾，世持官爻亦然。如朱雀恐涉是非，持兄弟必欠工本，或种作不精。持财福，或得财生福合，皆大吉。

爻逢两鬼，地必同耕。

凡卦有两鬼出现，或鬼临应上动来作合，或日辰带鬼爻合世，或被兄弟合并，皆是包揽与人合种也。

父在外爻水辅地，虽高而潮湿；父居内卦日生田，固小而膏腴。

父母为田，在外卦其田必高，在内卦其田必低。生旺田肥，墓绝田瘦。临木田形必长，临土田形必短。临火是干旱地，临水是潮湿地，临金是白沙地。日辰冲克，人不顾恋；日辰生合，必是好田。

父化父一丘两段；

卦有两父，或化出父爻见两重，或卦身出现重叠，皆出两处耕种。

冲并冲七坎八坑。

日辰动爻冲克父爻，其田必不平坦，非七高八低，或六畜伤损，或行人践踏。

阳象阳爻，此地必然官科则；

父母在阳宫阳爻，是官田科则也。

或空或动，其田还恐属他人。

父母空亡，田种不成，否则必非己产。临世发动，其田必有变更，化入空亡，或空合应爻，当卖与人。世临勾陈动，亦主田有更变。

坐落胎养，开辟未久；

胎养言其衰弱也。如父母安静，若遇衰弱之爻动来冲者，乃是新辟之田，父爻自值衰弱动者亦然，或是新置者。若父持太岁月建，乃是祖遗产业。卦无父母，从世化出，自己续置。若财化出者，乃妻家奁田。从兄弟化出，合户之田。从鬼化出，官家田地，不然乃官科则也。应爻化出，必是他人之田。

变成福德，沟洫分明。

父母化出福财，必然沟洫分明，其地亦善，必得高价。化兄田不值钱，或未分析，或与他家之田合段。若系卦身，则是与人合种。化官其田不美。

若是坎宫，必近江湖之侧；

父在乾宫，其田必高，纵在内卦，亦非洼下低田。父在坎宫，田必傍江湖。父在离宫，田边遭旱。父在震巽宫，田边必有树木。父在坤宫，田在郊外，田心之田也。父在兑宫，田边有官沟，或近池沼。

若伏兄弟，乃租乡邻之田。

此指租种而言。若父爻出现，看父爻，则知何人家之田。卦无父母，须看伏在何爻，如伏兄下，是邻家之田。若无父而动爻有化出者，是即其人之田也。如财爻化出，是妇人之田。余仿此。

蚕　桑

既言种植，合论蚕桑。采饲辛苦，只为丝绵而养育；吉凶悬惑，因凭卜筮于蓍龟。

诸家以水爻为忌，以火爻为用。孰知卜蚕以子孙为蚕，卜丝以财爻为丝，卜叶以财爻为叶价，至于水火，何喜何忌之有？倘财爻临应，或合应，或与动爻相合之财，皆为养蚕妇女，非丝非价也。宜通变。

初论子孙得地，则蚕苗必利；

凡占蚕，独以子孙为用，如子孙旺相得地，无刑冲克害，必蚕苗盛利也。

次凭财位当权，则丝茧多收。

凡占丝茧，独以财爻为用，如财爻旺相，有生合无冲克，自然丝茧多收。

福德要兴，更喜日辰扶助；

子孙为蚕身，旺相发动，蚕必兴旺。若衰弱，偶得日辰动爻生扶拱合，大吉之象。惟怕父爻及日辰伤克，蚕必有损。

妻财怕绝，尤嫌动象刑克。

凡占丝绵，如财爻休囚死绝，或日辰动爻刑冲克害，必无好茧亦无好丝。得生旺有气，不受伤克，大吉也。

兄弟临身，叶费而丝还微薄；

卦身如临兄弟，必主多费桑叶；克世伤世，必然缺饲，丝绵少收。

父母持世，心劳而蚕必难为。

父母为子孙之忌神，若临身世，虽或安静，必费收拾，倍加勤劳，然后可望，故言蚕必难为。日月不宜值之。

五行如遇官爻，必遭伤损；

官鬼发动属金，主有雾露，以至蚕多僵死。属木，主门窗不谨，蚕冒风寒。属水，主食湿叶，以致蚕泄。属火，克世，须防火灾，不然火仓太热，不通风气。属土，寒暖失宜，饲叶不匀，眠起不齐，或分台迟缓，致蚕沙发热蒸伤等类。

一卦皆无鬼煞，方始亨佳。

凡卜蚕一事，一卦无官，眠起无变，故云"亨佳"。

日主冲身，切忌秽人入室；

遇日辰相冲身世，或应爻动克，须防秽污人带魇入室，解犯蚕花，以致变坏。

妻财合应，必然污妇临蚕。

妻爻为养蚕妇，临太岁财爻，必是惯家，化子孙必然精制，化父母难为蚕苗，化官鬼有病。财爻化兄弟墓绝，蚕姑当有大难；临子孙胎或化子孙胎，必有孕。若与鬼爻应爻作合者，蚕妇必与外有情，遇有冲克，其事已露。

子受暗冲，每遇分台须仔细；

子孙为蚕身，出现不动，而被日辰动爻暗冲者，主分台时不加仔细，蚕恐伤损。

财无伤克，凡占叶价必腾增。

独占叶价贵贱，惟重财爻。若遇动爻日辰相生，后必叶贵；或财衰无气，或化入墓绝，皆主叶贱。

兄弟入空亡，丝翻白雪；

如遇兄弟死绝空伏不动，利有所望。独占丝必好，独占叶必贵，独占蚕反不旺也。

福身临巳午，茧积黄金。

凡养春蚕，在清明后收蚕苗，立夏后收丝茧，此时春末夏初，最宜子孙临巳午二爻。巳午者，言其旺相也。若子孙兴，财会局，大吉之兆。

父动化财，不枉许多辛苦；

父动克子，此非吉兆，如化财爻回头克制，不能伤克子孙矣，故曰不枉许多辛苦。

官兴变福，亦遭几度虚惊。

官鬼发动，育蚕必有损耗，若化子孙回头克制，庶几无事，然亦有虚惊。如买出火蚕，养比自收蚕苗更好。

卦出乾宫，若养夏蚕偏吉利；

蚕有春蚕、夏蚕。春蚕者，俗名头蚕也，清明后收蚕苗，立夏后收丝茧；夏蚕者，俗名二蚕也，芒种后收蚕苗，夏至后收丝茧。此时夏火炎炎，如得子孙爻属水反吉，因乾兑二宫子孙属水，故曰若养夏蚕偏吉利。

母居刑地，如言蚕室定崩摧。

蚕房以父母论，生旺有气，修治整齐；死绝刑害，崩摧破败；带水自刑，蚕室必漏。水化父、父化水，皆作前断。

蚕茧献功，三合会财局而旺相；卦宫定位，六爻随动静以推详。

卦有三合，最怕会成父官局，大为不利，盖会局之爻不论四时，皆为旺论。如会父局则伤子孙，如会鬼局则伤兄弟，兄弟乃子孙之原神也。故占蚕得三合财福二局，可作十分吉断。

六　畜

道形万物，理总归于一心；易尽三才，占岂遗乎六畜？惟能精以察之，自得明而著矣。

凡占六畜，不可以其本命论之，当以指实一畜而卜，以子孙爻为用神，以财爻为身价断之。

命在福神，若遇兴隆须长养；

禽虫六畜之命，皆属子孙。旺相有气不空，必然长养易大；休囚墓绝，决然不济；若不上卦，或落空亡，皆不可畜养。

利归财位，如逢囚死定轻微。

大抵此占，惟牛马为力，其他为利而占。然力与利同归财爻，如逢休囚墓绝，财利必薄，气力不多，旺相方为大吉。

二者不可相无，一般皆宜出现。

无福则难养，无财则利少，财福不空俱出现，六畜相宜。

财旺福衰，虽瘦弱而善走；财空福动，纵迟钝而可观。

凡占牛马等物，子孙爻旺相主肥，休囚主瘦，动则强健。财爻旺相，则主有力，又主善走，后亦有力。

财若空亡，虽利暂时无远力；

财爻发动，但不宜化入空亡，必无久远力。

福临刑害，若非齾鼻定凋疤。

子孙爻带刑败等爻，其畜主有破相。齾音叶，缺齿也。

相合相生，必主调良且善；相冲相克，定然顽劣不驯。

子孙生合世爻，六畜驯善，于我有益；若来刑冲克害，必主性劣不驯。

要知蹄足身形，须看临持八卦；欲别青黄白黑，须参生克六神。

乾为头，坎为耳，震为前足，艮为后足，巽为腰，离为目，坤为腹，兑为口。青龙色青，白虎色白，朱雀色赤，玄武色黑，勾陈、螣蛇色黄。凡占以子孙所临为本身颜色，以他动来生克者断别处有异色。如子孙临玄武在乾宫，而被坤宫动克之，乃是黑身黄足；若被艮宫白虎动克，可言黄身白足，他仿此。凡克处多于生处，衰处少于旺处，自宜通变。

阴阳有雌雄牝牡之分；

禽曰雌雄，兽曰牝牡。以子孙属阴属阳，如阳爻子孙，占牛为牡，占马为雄之类是也。

胎养为驹犊羔雏之类。

马子曰驹，牛子曰犊，羊子曰羔，鸡鸭子曰雏。凡遇子孙之胎养临于世爻上，必是此类。

身坐子胎，必是受胎之六畜；

如子孙之胎爻临于身爻上，则是有胎之畜，化出胎爻亦是。

福临鬼墓，须知有病于一身。

福临鬼墓，畜必有病，或被鬼冲，皆主有病也。

父动有伤，子绝则徒为劳碌；

父母发动，则伤子孙，六畜必有损失，更子孙墓绝无气，必主死亡，牧养亦徒劳碌。

兄兴不长，福兴则反有生扶。

兄弟发动，六畜不长；若得子孙亦动财爻，则反叨其生扶，主易养利厚。

世若空亡，到底终须失望；

世爻空亡，必不称意，畜之亦有始无终。

鬼如发动，从来弗克如心。

鬼爻发动，占畜大忌，或六畜自有疾病，或因事而起祸端，日后必不如愿。详具于下。

逢金生旺当虑啮人，值土交重须忧病染。

金鬼发动，有蹼脾之患，若克世爻，必难触犯，世爻更绝，必被伤人。木鬼发动，主有结草之病；水鬼发动，主有寒病；火鬼发动，必主畏热；土鬼发动，须防瘟病。

官加蛇雀，必因成讼成惊；

官带螣蛇发动，异日此畜必有怪异惊骇；若临朱雀，必致口舌争讼；临玄武防偷盗，临白虎防跌蹼。

子变兄财，可验食粗食细。

子孙化出兄弟，主口娇食细；化出财爻，主食粗口杂。

财连兄弟，乃刍荄之失时；

子化兄是口娇不食，财化兄乃人之豢养失时，以致饥饿，非不食也。

子化父爻，必劳心之太过。

子孙发动，其畜必良，若化父回头来克，是人不爱惜，过劳其力，以致于伤。

福连官鬼，须防窃取之人；鬼化子孙，恐是盗来之畜。

子孙化鬼，日后必被人盗，否则病死；若官化子，恐人盗来者。生合世必有利，冲克世必有害。

官兄交变，难逃口舌之相侵；

卦中鬼变兄，或官兄俱动，必因此畜起是非口舌。

日月并刑，岂免死亡于不测。

日辰、月建、动爻，俱来刑克子孙，不免病死。

若占置买，亦宜福动生身；

凡占置买六畜，子孙发动，出产必多。要来生合世爻，必然好买易成，与世冲克，定难置买。

或问利时，最怕财兴化绝。

财爻出现，不空有气，持世生合世，不受伤克，不变兄鬼，即为有利。或化绝化克，皆主无利。

或赌或斗，皆宜世旺财兴；

北人好斗鹌鹑鸡羊，南人促织黄头。凡遇占此，要世爻有气克应，子孙发动，即是我胜；得月建、日辰、动爻刑克，应爻亦胜；若世被应克，子孙空伏，官鬼发动，日月动爻反来刑克，必是他胜。

或猎或渔，总怕应空福绝。

凡占猎渔，要应生世，福神旺相，生合世身为吉，倘或空绝，不能得意。

乳抱者宜胎福生旺而无伤；

凡占畜养母猪羊，要胎福二爻生旺，不受刑克，便无损害。

医治者要父官衰绝而有制。

六畜有病占医治疗，要子孙旺相有气，不遭刑克，而父母官鬼休囚墓绝，或虽动而有制者，无妨。

求 名

书读五车，固欲致身于廊庙；胸藏万卷，肯甘遁迹于丘园？要相国家，当详易卦。父爻旺相，文成掷地金声，鬼位兴隆，家报泥金喜捷。

凡占功名，以父爻为文章，鬼为官职。二者一卦之主，伤一则不成。若父爻旺相，文章必佳；官鬼得地，功名有望，泥金喜报。总言金榜题名，功名成就之意，非以鬼为音信也。

财若交重，休望青钱之中选；福如发动，难期金榜之题名。

惟卜功名，以财福反为恶煞。盖财能克父，子能克鬼故也。如财爻持世，若得官动来生，而财无忌也。子孙固为忌客。

兄弟同经，乃夺标之恶客；

同类者为兄弟，求名见之，乃是与我同经之人。如遇发动，或月建日辰俱带兄弟，则同经者多，必能夺我之标。纵大象可成，名亦落后。

日辰辅德，实劝驾之良朋。

如父母官鬼无气，若得日辰扶起，克制恶煞，仍旧有望，故曰辅德。或世爻衰静空亡，得日辰生扶冲实，主有亲友资助盘费，辅其前往求名也。

两用相冲，题目生疏而不熟；

以官父为用爻，喜合而不喜冲。若见官父相冲，主出题生涩不熟也。

六爻竞发，功名恍惚以难成。

六爻皆喜安静，只要父母官鬼有气不空，月建日辰不来伤克则吉。凡动则有变，变出之爻又有死墓绝空，刑克等论，皆为破败。故凡乱动卦，其大概不吉可知矣。

月克文书，程式背而不中；

父旺而得动爻日辰生合，其文字字锦绣。妻财伤克，必多破绽；月建冲克，其文必不中试官之程式也。

世伤官鬼，仕途窒而不通。

世乃求名之人，若持官鬼，或得官鬼生合，功名有望。若临子孙，则克制官鬼，是仕途未通，徒去求谋无济。

妻财助鬼父爻空，可图侥幸；

父母空亡，若得财爻发动生扶官鬼，侥幸可成。若财官两动，而父爻旬空，反不宜也，父爻不空可望。

福德变官身位合，亦忝科名。

正卦无官，若得子孙变出官鬼，与世身生合，得文书有气，功名有望，但不能高中也。

出现无情，难遂青云之志；

卦中官父若不临持身世，而反临应爻，或发动而反生他爻，不来生合世身，或破坏墓绝，皆谓出现无情。虽在卦中，与我无益，所以难遂青云之志也。

伏藏有用，终辞白屋之人。

官爻不现，但观其所伏何处，如得有用之官爻，俟值年当辞白屋矣。

月建克身当被责，财如生世必帮粮。

月建若在身爻，发动刑克世爻，而官爻失时者，必遭杖责。卦中官爻持世，而财爻发动生合世爻者，必有帮粮之喜。

父官三合相逢，连科及第；

卦有三合，会成官局者，必主连科及第。会成父局亦吉。

龙虎二爻俱动，一举成名。

青龙白虎俱在卦中，动来生合世爻，必中魁选。若持官父，或持身世尤妙。

杀化生身之鬼，恐发青衣；

以子孙为煞，乘旺发动，必遭斥退；若得化鬼爻生世，终不脱白，无过降青衣而已。卦有财动合住子孙，可用资财谋干，能复旧职。

岁加有气之官，终登黄甲。

太岁之爻，最喜有情。若临鬼爻，是人臣面君之象，更得生旺有气，必然名姓高标。

病阻试期，无故空临于世位；

动爻日辰来伤世爻，而世爻落空，大凶之象。试前占，去不成，强去终不利，轻则病，重则死。

喜添场屋，有情龙合于身爻。

若大象既吉，更得龙动生合世身，不但名成，必然别有喜事。空动，出空之月日见喜。

财伏逢空，行粮必乏；

六爻无财，伏财又居空地，必乏行粮，盘缠欠缺。

身兴变鬼，来试方成。

卦遇不成之兆，而得身世爻变官鬼有气，而父母不坏者，下科可中也。

卦值六冲，此去难题雁塔；爻逢六合，这回必占鳌头。

占功名得六冲卦必难求，得六合卦必易得也。

父旺官衰，可惜刘蕡之下第；父衰官旺，堪嗟张奭之登科。

父母官鬼，皆宜有炁无损，功名可成。若父爻旺相，官鬼空亡，或不上卦，文字虽好，不能中式。如刘蕡之锦绣文章，竟不登第。若父爻衰弱，得官爻旺动，扶起文书，文字虽平常，可许成名。如张奭之文章，虽欠精美，反登高第也。

应合日生，必资鸦荐。动伤日克，还守鸡窗。

父官化绝，名必不成。若应爻、动爻或月建日辰扶起官鬼，必须浼人推荐，或用财资买可成。

世动化空用旺，则豹变翻成蝴蝶；

若得必中之卦，如遇世爻发动变入墓绝，恐成名之后不能享福。游魂死于途中，归魂卦到家而死。墓绝是太岁，逾年而死也。

身官化鬼月扶，则鹏程连步蟾宫。

卦身为事体，功名尤宜见之，怕临财福。如得官爻临之，必有成望。更若发动化官爻，而得月建生合者，必主连科及第。

更详本主之爻神，方论其人之命运。

本主者，本人之主爻也；自占以世爻论，占子侄看子孙爻类。此爻最怕伤克变坏。如此搜索，吉凶自应。

虽赋数言，总论穷通之得失；再将八卦，重推致用之吉凶。

仕 宦

为国求贤，治民为本；致身辅相，禄养为先。旺相妻财，必得千钟之粟；兴隆官鬼，定居一品之尊。

未仕求名，不要财父；已仕贵人，要见财爻。盖有爵必有禄，未有无俸而得官者。故凡占官员，得此爻旺相，俸禄必多；若财爻休囚，或空或伏，未得俸禄；财动逢冲，因事减俸；或日辰月建冲财，而刑害世爻及官爻者，恐有停俸罢职之患。官鬼旺相，官高爵大；休囚死绝，官小职卑。若发动生合世爻，得月建日辰生扶，必有升擢。

子若交重，当虑剥官削职；

子孙若在卦中发动，所谋必不遂意。已任者，恐有褫职之祸。

兄如发动，须防减俸除粮。

兄如发动，不免费财，多招诽谤。如与子孙同发，或化子孙，必有除粮减俸之事。持身临世，皆不吉利也。

父母空亡，休望差除宣敕；

父母爻为印绶文书、诰牒宣敕、奏书表章，卦中不可无，宜旺不宜衰，扶世最吉。若持太岁，有气生合世爻，主有朝廷宣召；如加月建，乃上司奖励之类；若空亡则休望也。

官爻隐伏，莫思爵位升迁。

官爻临持身世，或动来生合世爻，不受月建日辰冲克者，凡有谋望，必能称意。

月建生身，当际风云之会；岁君合世，必承雨露之恩。

太岁乃君象，月建是执政之官，若得生合世身，必有好处。惟怕冲克世身，必遭贬谪。如月建扶出官爻世爻者，必是风宪之职。太岁加父母，扶出官爻及世爻者，必有天恩，更得生旺尤美。

世动逢空，居官不久；

若是出巡之职，世动逢空，反利己任。遇日辰动爻相冲，必不久任政事。

身空无救，命尽当危。

世临无救之空，不拘已任来任，必有大难，甚至死亡。若欲求谋干事，则主不成。

鬼化福冲当代职，

出巡官宜鬼爻发动，牧守官宜官爻安静，若鬼动化子，必有别官替代。

财临虎动必丁忧。

凡占官不可无财，亦不可发动，若鬼爻无气而得财动扶起，必须用财谋干，方得升迁；若父母衰弱，而遇此爻加临白虎旺动者，必有丁忧之事。

日辰冲克，定然诽谤之多招；

日辰刑冲克世，必遭诽谤。依五类推之。如带兄弟，因贪贿赂或征科太急；带财爻，因财赋不起；带子孙，嗜酒好游，怠于政事；带父母，因政事繁剧，不能料理；带官鬼，非酷刑则同僚不协。若世临月建，虽有诽谤，不能为害。

鬼煞伤身，因见灾殃之不免。

官鬼动来生合世者为用神，如动来克伤世爻者为鬼煞。生扶合世，必有进取之兆，刑冲克世，必有凶祸。

兄爻化鬼无情，同僚不协；

兄弟为僚属。卦中鬼动，化出兄弟，冲克世爻，主同僚不和，或兄弟刑害伤世皆然；世克兄爻，是我欺他也。

太岁加刑不顺，贬责难逃。

太岁动伤世爻，必遭贬谪，更加刑害虎蛇，必有锁拘钮拿之辱也。

卦静世空，退休之兆；身空煞动，避祸之征。

已任，世爻空亡，若六爻安静，日月岁君未伤，乃是休官之象。若动鬼同日月岁君伤克世爻者，如世爻旬空，急宜避之，可免祸也。

身边伏鬼若非空，头上乌纱终不脱。

或得鬼爻临身持世，或本宫鬼伏世下，虽见责罚，官职犹在。若不临持身世，或不伏于世下，或虽伏仍遇空亡者，必遭黜革。

财空鬼动，声名震而囊箧空虚；

凡得官动，生合世爻，日月动变又无冲克者，为官必有声名闻望；更得财爻生扶合助，则内实贪赂，外不丧名；若财爻空伏死绝，声名虽有，贿赂却无也。

官旺父衰，职任高而衙门冷落。

父母旺相，衙门必大，休囚则衙门必小。若官旺父衰，又非小职，乃闲静冷落衙门；官父俱衰，职卑衙小。

职居风宪，皆因月值官爻；

官鬼不临月建，定非风宪之职；若临月建，又得扶出世爻，决是风宪之任，必非州县之官。如带白虎刑爻，主镇守边陲，职掌兵权。

官在贰司，只为鬼临傍位。

官临子午卯酉是正印官也，官临寅申巳亥乃佐贰职官，临辰戌丑未乃杂职官，如临月建日辰乃掌印之官也。

抚绥百姓，兄动则难化愚顽；

凡任牧民之官，要财爻旺而不动，父母扶而不空，方是善地。若财爻空绝，父爻受制，则地脊民贫；父母动临世上，政必繁剧；兄弟持世，财赋不起，或贫民难冶。

巡察四方，路空则多忧惊怪。

钦差出巡，怕世爻逢空。若世在五爻空，须防日月刑克，恐途中有患难莫测之祸害耳。

出征剿捕，福德兴而寇贼歼亡；

凡任将帅之职或征讨之官，平居卜问，不宜子孙发动，主有降调贬谪。如临卜问，则喜子孙发动，必成剿捕大功；更得岁君月建生合世爻，主有升赏。官鬼不作爵位，当作寇贼论。世克应亦吉。

镇守边陲，卦爻静而华夷安泰。

镇守地方，不拘文武官职，皆宜六爻安静，日辰月建不相冲克，则安然无惊。若遇官鬼发动，世应冲克，必多骚扰，宜通变推之。

奏陈谏诤，哪堪太岁刑冲；

凡遇奏对陈疏、上章谏诤及赴召面君类，皆忌动爻冲克，亦忌太岁刑克世爻。若太岁月建生合世爻，必见谕允；如来冲克，须防不测之祸。

僧道医官，岂可文书发动。

僧道医官皆以子孙为用，如父动则伤僧道，医官则用药不灵，反为不美。克冲须防是非。

但随职分以推详，可识仕途之否泰。

校正全本卜筮正宗卷之九

求　财

居货曰贾，行货曰商，总为资生之计；蓍所以筮，龟所以卜，莫非就利之谋。要问吉凶，但看财福。

财为本，福为利，二者不可损坏。卦中子孙之爻，称曰福。

财旺福兴，无问公私皆称意；财空福绝，不拘营运总违心。

财爻旺相，子孙发动，不拘公私之谋，皆得称意；或伤克，或临墓绝无救，不拘买卖，皆违心所愿。

有福无财，兄弟交重偏有望；

有者言其发动之意，无者言其伏藏之意。凡卜求财，卦中子孙爻动而无伤，则财源丰厚固吉。如再见兄弟爻发动，生扶子孙，则财愈加根深蒂固，故曰"兄弟爻交重偏有望"，皆为子孙亦动也。

有财无福，官爻发动亦堪求。

子孙藏伏，财无生气，一遇兄弟，便被劫夺，须得卦中官爻发动，或日辰是鬼，克制兄弟，亦可求谋。如有子孙而官鬼动，则有阻滞，反不易矣。

财福俱无，何异守株而待兔；

有财无福，财必艰难，岂可财福俱无？守株待兔，喻妄想也。

父兄皆动，无殊缘木以求鱼。

父母能克子孙，能生兄弟，父兄皆动，犹如缘木求鱼，言必不可得也。

月带财神，卦中无而月中必有；

月建为提纲，若带财爻，虽正卦无财，而伏财亦叨，月建拱扶所伏之神值日，必有得也。

日伤妻位，财虽旺而当日应无。

财爻旺相，生合持世，乃是必得之象，若被日神克制，须过此日，然后可得。

多财反覆，必须墓库以收藏；

卦中财现三五重为太过，其财反覆难求，须有财之库爻持世身，谓之财有收藏，必得厚利也。

无鬼分争，又怕交重而阻滞。

无鬼，兄必专权，财虽有气，亦多虚耗，兄更发动，必有争夺分散财物之患；官鬼又不宜动，动则必有阻隔。

兄如太过，反不克财；

兄弟乃占财之忌煞，日月动变俱带兄弟，重叠太过，一见子孙发动，反不克财，其利无穷。子孙安静多不吉。

身或兄临，必难求望。

卦身一爻，占财体统，若持兄，不拘作何买卖，问何财物，皆无利益，兄弟持世亦然。

财来就我终须易，我去寻财必是难。

财爻生合世爻，持世克世，皆谓财来就我，必然易得。若财爻而与世爻不相干者，谓我去寻财，必难望也。

身遇旺财，似取囊中之物；世持动弟，如捞水底之针。

世为求财之人，若临财爻，虽或无气，必主易得，旺相更美。若临兄弟，虽或安静，亦主难得，发动尤甚。

福变财生，穰穰利源不竭；

占财得子孙发动，利必久远，更兼财爻生合世身，乃绵绵不绝之象，尽求尽有。财化子亦然。

兄连鬼克，纷纷口舌难逃。

旧注言兄弟变官鬼来克世，是有口舌纷纷，予以为谬。大凡卦中兄弟动克世爻，化官鬼回头克制，则不能口舌耗损矣。予之屡验者，卦中官鬼兄弟皆发动，固有口舌是非。兄连鬼克者，此谓兄弟与官鬼也，非谓兄弟化官鬼也。

父化财，必辛勤而有得；

父化财不能自然而得，必勤劳可有。兄化财先散后聚，或利于后不利于前。官化财爻生合世身，最利公门谒贵，及九流艺术之人，求财十分有望；如官来克世，谓之助鬼伤身，公私皆不吉也。

财化鬼，防耗折而惊忧。

财化官或化兄最凶，主损折驳耗，更见世爻有伤，恐因财致祸。

财局会福神，万倍利源可许；

卦有三合会成财局，而在卦中动来生世，主财利绵绵不竭，更得财旺，可许万倍财利。会成福局，动来生合世爻者亦然。

岁君逢劫煞，一年生意无聊。

凡占久远买卖，最怕太岁临持兄弟，主一年无利。持官鬼一年惊忧，持父一年艰辛，持财福一年顺利也。

世应二爻空合，虚约难凭；

世空有财难得，应空难靠他人，世应俱空，谋无准实。空动带合，谓之虚约，化空亦然。

主人一位刑伤，往求不遇。

主人，如求贵人鬼为主、求妇人财为主类。若主爻遇日辰动爻刑伤，或自空、或化空，皆主不遇，遇亦不利。

世持空鬼，多因自己迟疑；

鬼爻持世，财必相生，凡求必易；若遇空亡，乃自不上前，迟疑退怯，故无成也。世持空财亦然。

日合动财，却被他人把住。

财爻动来生合，固是易得之象。若被动爻日辰合住，其财必有人把持，不能与我。要知何人把持，以合爻定之，如父母合住，为尊长把持类。要知何日到手，必待逢冲之日方有也。

要知何日得财，不离旺衰生合；

财动入墓或被合，皆待冲日得。或动财遇绝，必待生日得。逢冲，合日得。动逢月破填实，逢合日得。或安静，逢冲日得。旬空，出旬得。伏藏，出现日得。

欲决何时有利，但详春夏秋冬。

凡占货物何时得价，不可概以财临五行断之，如木财断春冬得价。又宜以冲待合、合待冲、绝逢生、墓待开等法断，又宜以子孙爻断。又如财坐长生之地，一日得价一日。若坐帝旺，目下正及时，迟则贱而无利。

合伙不嫌兄弟，

凡占合伙买卖，若世应俱财爻，必然称意。兄临卦身，必至分财故也。静者无嫌，动则不宜。

公门何虑官爻。

占财皆忌官动，主有阻隔。惟求公门之财，必然倚托官府，必得旺相生合世身则吉，刑克世爻，祸害立至。

九流术士，偏宜鬼动生身；

九流求财，以鬼爻为主顾，出现发动，生合世爻，必然称意，忌刑克世爻。

六畜血财，尤喜福兴持世。

凡卜贩卖牲口、蓄养六畜，皆要子孙旺相，持世临身则吉；父母发动，则有伤损；化出土鬼，须防瘟死；福旺财空，六畜虽好而无利。

世应同人，放债必然连本失；

凡放私债，最忌世应值兄弟，必无讨处；财爻更绝，连本俱无，世应值空亦然。

日月相合，开行定主有人投。

开行人占财，世应要不空，财福要全备，官鬼要有气，父兄要衰静，斯为上吉。更得月建、日辰、动爻生合世爻，则近悦远来，财利必顺。动出官兄，常有是非口舌，应空主开不成。

应落空亡，索借者失望；

求索假借，不宜应空，空则不实，必得物爻不空，缓图庶可有望。如衣服经史看父母，六畜酒器看福爻，其余财物、食物，皆看财爻。

世遭刑克，赌博者必输。

凡占赌博，要世旺应衰，世克应我胜，应克世他胜。兄鬼动来刑克世爻，或临兄弟，或世爻空，皆主不胜。世应静空，赌博不成。世坐官爻，防他合谋骗我。间爻动出官鬼兄弟，多致争斗。

鬼克身爻，商贩者必遭盗贼；

买卖经商，若遇官临玄武动来克世，必遭盗贼之祸。

间兴害世，置货者当虑牙人。

买货要应爻生合世位，必然易成。刑克世，必难置。物爻太过货多，物爻不及货少，空伏货无。物爻者，六畜看子，五谷看财爻类。最怕兄鬼交重，须防光棍诓骗在。间爻伤克世爻，当虑牙人谋劫财物。出路买货应空，多不顺利。

停塌者喜财安而鬼静；

积货不宜财动，动恐有变；亦不宜空，空恐有更。官鬼若动，兴灾作祸莫测；即如父母化官鬼刑克世爻，货被雨水淹腐。故塌货者宜六爻安静，惟子孙喜动。

脱货者宜财动而身兴。

财动则主易脱，世动主易卖也。如财在外动生世，宜往他处卖；如在内动生世，就本地脱之可也。倘财爻持世，有子孙爻在外动，亦宜往他处脱。学者宜通变。

路上有官休出外，

五爻为道路，临官发动，途中必多惊险，不宜出外。要知有何灾咎，以所临六神断，如白虎为风波，玄武为盗贼类。

宅中有鬼勿居家。

二爻为住宅，在家求财，鬼动此爻，必然不利，以所临五行断，火鬼忌火烛类。得子孙持世发动，庶几无害。如无子孙发动，迁移店铺可解。

内外无财伏又空，必然乏本；

动变必无财，又伏空地，其人虽欲经营，必无赀本。

父兄有气财还绝，莫若安贫。

父兄二爻有气，恐防折本，故不若安贫守分为高也。

生计多端，占法不一，但能诚敬以祈求，自可预知其得失。

家　宅

创基立业，虽本人之经纬；关风敛气，每由宅以肇端。

故要知人宅之兴衰，当察卦爻之内外。

内为宅，外为人，详审爻中之真假；

内者内卦也，内卦第二爻为宅舍；外者外卦也，外卦第五爻为人口。凡占家宅，最重者宅舍、人口、财官父兄子、世应、日辰、月建、岁君。凡内卦二爻克五爻，谓宅去克人，凶；或外卦五爻克二爻，谓之人来克宅，吉。或内卦二爻生五爻，谓宅去生人，吉。

合为门，冲为路，不论卦内之有无。

合二爻为门，冲二爻为路，卦爻内不必明现冲合。且如天风姤卦，二爻辛亥水为宅，寅与亥合，以寅为门，巳亥相冲，以巳为路，卦内本无寅巳二爻。姤属金，寅木为财，巳火为鬼。寅为财，即是门利；巳为鬼，即是路，不吉。余仿此。

龙德贵人乘旺，岳岳之侯门；官星父母长生，潭潭之相府。

龙者青龙也，德者年月日建谓之德，官星即官鬼也，贵人即天乙贵人也。如青龙、文书、官鬼、贵人临年月日建、临宅、临身、临命，主有官职之象也。

门庭新气象，交重得合青龙；

交重青龙不空，在日辰旬内得生旺，主鼎新创造；倘值休囚，主修旧合新门之象。临财新修旧厨，临父新修旧堂，临兄新修门户，临子新修房舍，临官新修厅堂屋宇。

堂宇旧规模，宅舍重侵白虎。

白虎交重，休囚空绝，主远年迁造，破旧不整。

土金发动，开辟之基；父母空亡，租赁之宅。

土化金、金化土，为开辟之基。父母为房屋，逢空无气，更逢应爻、日辰、动爻化文书，与宅相生相合，主是租赁之地。

门庭热闹，财官临帝旺之乡；

财、鬼、龙、德、贵人，乘旺长生之位，临宅生合世爻，主家庭热闹。

家道兴隆，福禄在长生之地。交重生克，重新更换厅堂；

福即子孙，禄即妻财，在生旺之位，临宅临人，生身生世，主家道兴隆。第二爻发动，或生或克，主改造厅堂。

世应比和，一合两般门扇。

比和者，兄弟也。或临兄弟，或世应化兄弟，或临宅爻，或合宅爻，主一合两般门扇。

门路与日辰隔断，偏曲往来；

宅基与世应交临，互相换易。

且如巽卦，辛亥水为宅，以寅合为门。日辰与动爻如临子，子与寅虚有丑字隔之；如临辰，辰与寅虚有卯字隔之，谓之隔门。又如巳冲亥为路，日辰与动爻临卯，卯与巳虚有辰字隔之；如临未，未与巳虚有午字隔之，谓之隔路。如遇隔断者，门路曲折也。宅临之爻在世，世临之爻在日，宅并日辰、动爻，主换易宗族之家基地。应临之爻在宅，宅临之爻在应，并日辰、动爻，主易换外人基地。

世与日辰克宅，破阻不宁；

世爻与日辰同去克宅爻，主破阻不宁。

宅临月破克身，生灾不已。

月破之爻动克世爻及身命之爻，主生灾不已。

应飞入宅，合招异姓同居；

应临之爻与宅爻相同，谓之应飞入宅，主有异姓同居。

宅动生身，决主近年迁住。

宅爻动来生世生身，必主近年迁住。

门逢三破，休败崩颓；

三破，谓年月日冲破也。如临兄弟，主门户破，墙壁毁；临子财，主房舍、厢廊、烟厨破坏类也。

宅遇两空，荒闲虚废。

如宅爻在日辰旬之空，又在当家本命旬之空亡，主荒闲虚废，或是逃亡死绝之屋。

世临外宅，离祖分居；

宅爻与正卦世临之爻相同，或与变卦世临之爻相同，如明夷卦，二爻己丑为宅，世临四爻，为世临外宅。余仿此，动则离祖分居，不动则主偏宅也。

应入中庭，外人同住。

应临之爻与宅临之爻相同者是，又如剥卦、井卦。应临宅爻，亦为应入中庭，主外人同居，日辰同临为寄居也。

宅合有情之玄武，门庭柳陌花街；

木临无气之腾蛇，宅舍茅檐篷户。

宅爻合玄武，又临沐浴爻动，主女人淫欲，如花街柳陌人也。腾蛇木爻死气临宅，主瓮牖绳枢之地也。

鬼有助而无制，鬼旺人衰；

如纳音木命人，占乾兑卦，以火为官，木能生火，谓之本命助鬼；若卦体无水生命，又谓鬼无制，主人衰鬼旺。若金命人助离宫水鬼，水命人助坤宫木鬼，火命人助坎宫土鬼类。

宅无破而逢生，宅兴财旺。

岁、日、月三破不临宅爻，更逢三件动爻生宅爻，与财爻旺相有气，为宅兴财旺。

有财无鬼，耗散多端；

若无鬼爻，则兄弟无制，恐兄弟当权之时，财爻破散，妻宫亦有驳杂也。

有鬼无财，灾生不已。

鬼不宜动，财不可无，若官鬼动克世爻克宅爻，主连生灾咎。

有人制鬼，鬼动无妨；

且如木命人占得坎卦，以土为鬼。木命人克土鬼，金命人则制坤宫木鬼。但以本命克鬼为制，乃无害也。

助鬼伤身，财多何益。

如金命人占得乾卦，以火为鬼，以木为财，木能生火，火能克金，有财为助鬼伤身，总然财多无益。

忌鬼爻交重临白虎，须防人眷刑伤；

忌鬼爻并白虎发动，冲克何纳音命，即指其人有灾殃。

催尸煞身命入黄泉，大忌墓门开合。

鬼动克人命为催尸煞，人命逢死绝为黄泉路。忌人命爻冲合墓爻。日辰动爻合墓爻为墓门开合，凡卦中必见鬼墓爻便是。

木金年命，最嫌乾兑卦之火爻；

木金年命人，占得乾兑卦之火鬼，木命生火，谓之助鬼。火鬼克金为伤身。金爻木命皆然。

水火命人，不怕震巽宫之金鬼。

凡本命纳音是水火，占得震巽卦金鬼，金能生水，火能克金，故水火命人，不怕震巽二宫之鬼也。

官星配印居玉堂，乃食禄之人；

若有官有贵、有禄有印，并太岁生身命，登金门而步玉堂之人。

贵刃加刑控宝马，必提兵之将。

贵，贵人；刃，羊刃；刑，三刑。贵人同吉星相辅，刃加三刑临贵人之位，受太岁之生，旁爻有马，乃提兵将帅也。

财化福爻，入公门多致淹留；

官爻持世财来生，吉也。化福乃财倍有力，更吉也。倘财爻持世化子孙，反生他爻之鬼，凡仕官公门之人反不利也。

贵印加官，在仕途必然迁转。

官父带贵人临世，并日辰旬中发动，在仕途必有迁转之喜兆。

子承父业，子有跨灶之风；

子命爻临五爻之位，相生相合，主子有跨灶之风；相克相冲，主悖逆不肖，不克绍箕裘之业。

妻夺夫权，妻有能家之兆。

妻命临夫五爻之上，与夫相生相合，得内助能家之兆；若妻克夫爻，主妻凌夫，或破夫家也。

弟紾乃兄之臂，身命相伤；

弟爻起临兄之命爻，或兄爻起临弟之命爻，若刑克，主不友不恭；若生合，主兄弟怡怡如也。

妇僭姑嫜之爻，家声可见。

二为媳妇之爻，与姑之命爻相刑相克，主凌上悖逆不孝；相生相合，主能敬顺，尽妇道也。

妻犯夫家之煞，妻破夫家；

妻命临月破，兄弟加白虎发动，主破夫家。

夫临妻禄之爻，夫食妻禄。

如妻年甲子，生禄在寅，夫命临之，生旺有气者，主夫食妻禄；若逢羊刃空鬼耗破，虽食妻禄，亦无用矣。

交重兄弟克妻身，再理丝弦；

兄弟之爻发动，克伤妻命，或夫命临兄弟发动，主琴瑟再续也。

内外子孙生世位，多招财物。

内外子孙发动，生合世之财爻，必多招财物也。

世为日辰飞入宅，鸠踞鹊巢；

世并日辰与鬼飞入宅爻，主他人之屋，或租赁之宅。如大过卦，内巽辛亥为宅，外兑丁亥持世发动是也。

应临父母动生身，龙生蛇腹。

应临父母之爻，占者命爻临之，得应爻生之，或动生子命，主婢生庶出，或前后父母所生。身命俱临父母，必主重拜双亲。

世应隔异，兄弟多因两姓。

如晋卦，己酉兄弟持世，乙未临应隔申字。又如遁卦，应临壬申金，世持丙午火，有未间断，但申爻是本宫兄弟，是真兄弟。或日月建动爻隔断，亦依此断。余皆仿此。

应爻就妻相合，外人入舍为夫；

应爻飞入宅，与妻命生合，主招外人入舍为夫。

假宫有子飞来，异姓过房作嗣。

假如子孙在假宫，飞来伏在身命爻下，主有异姓过房之子。本宫飞动应爻，过房与人也。

妻带子临夫位，引子嫁人；

妻命带子孙，动临夫位并日辰，主妻引子嫁来是也。

夫身起合妻爻，将身就妇。

世爻动临妻命爻，或自命爻动临合妻命爻，定然将身就妇也。

本命就中空子，见子应迟；

子孙在命旬之空，主得子迟。

身爻合处逢妻，娶婚必早。

夫身爻起合妻之命爻，娶妻必早；妻身爻起合夫之命爻，妇嫁无迟。

夫妇合爻见鬼，婚配不明；

夫合之爻、妻合之爻见鬼，主婚配不明，但有合爻见鬼是也。

子孙绝处刑伤，儿多不育。

子孙逢绝，更受刑伤克害，主子多不育难招。

夫妻反目，互见刑冲；兄弟无情，互相凌制。

夫身爻并日辰动刑妻命，主夫不和妻；妻身爻并日辰动刑夫命，主妻不合夫。或妻命冲夫身，或夫命冲妻身，主夫妻反目。兄带日辰克弟身命爻，或弟带日辰克兄身命爻，主兄弟不和，互相凌虐。

日将与世身相生，当主双胎；

身命与世应同爻，多应两姓。

身世日辰动爻同位两生合者，必主双胎；命临应上，世亦临之，主有两姓。

妻财发动，不堪父值休囚；

父母交重，最忌子临死绝。

上有父母，不堪财爻发动，主有克害之患；父动则克子也。

妻克世身重合应，妻必重婚；

财爻动克夫命，或妻命动克夫爻，并日辰又与应相合，主妻再嫁。若带咸池与应爻相合，克夫身命爻，主妻与外人谋杀夫主。若临父爻，主未来之事。

夫刑妻命两逢财，夫当再娶。

夫刑克妻命，或刑克财爻，更逢克处两财，主夫克两妻；并日辰合旁爻之财，主再娶；并日辰动爻，带刃刑等煞，伤妻命爻，主遭夫毒手也。

妻与应爻相合，外有私通；

妻命财爻与应相合咸池、玄武，主妻有外情；夫并日辰克妻与应爻，主获妻奸。

男临女子互爻，内多淫欲。

男命爻起合女命爻，女身爻起临男命爻，为互合，尊卑失序，主有淫乱之事。若夫妻互相合，主先奸后娶。

青龙水木临妻位，多获奁财；

如财临水木有气，夫命临之，主得妻财。

玄武桃花犯命中，荒淫酒色。

身命带玄武咸池，主贪酒色。男女同论。

世应妻爻相合，当招偏正之夫；

为世应财爻三合，逢两鬼合妻命，主有偏正之夫。

财爻世应六冲，必是生离之妇。

妻命值鬼爻，与世应并日辰破合，重重相冲，与财两合，或妻命爻与世应动爻相冲，或日辰相冲，主是生离之妇。

世应为妻爻相隔逢冲，必招外郡之人；

世应在日辰旬中隔断妻爻，与夫爻相隔，在日辰旬外逢冲，主夫是外郡之人。

夫妻与福德相逢带合，必近亲邻之女。

夫妻二命爻俱在本宫，就中合见子孙，主因亲致亲。

命逢死气，最嫌忌煞当头；

主象逢死绝，若日辰动爻临忌煞来克或克本命，主有死亡之祸。

鬼入墓乡，尤忌身爻灭血。

命爻带鬼入墓，怕身爻再带煞受制，最不吉之兆。

恶莫恶于三刑迭刃；

刑无刃不能伤人，刃无刑祸亦不大。若刑刃两全，克身临官，主犯官刑。临玄武劫煞，盗贼图财劫命。世并日辰动爻克应，主我杀他人；应并日辰动爻带煞克世，主他人伤我。若是遇子孙发动，凶中有吉。

凶莫凶于四虎交加。

四虎者，年月日时建也。若带鬼煞重重，举家遭祸死亡；若卦中福德动，主悲喜相伴之象。

四鬼贴身，防生灾咎；

四鬼者，亦谓年月日时值官鬼持世，临身临命，主有灾咎。

三传克世，易惹灾危。

三传，年月日也。若带煞克世身命，主宅丁人眷灾危。太岁主一岁之祸，月建主数月之灾也。

劫亡两贼伤身，青草坟头之鬼；

身命两空遇煞，黄泉路上之人。

身命逢绝，在旬中空亡，遇鬼伤身克命，主有死亡之患。

勾陈伤玄武之妻财，女多凶祸；

白虎损青龙之官鬼，夫忌死亡。

新增家宅搜精分别六爻断法

初爻非水休言井，酉金干涉道鸡鹅。

初爻如临亥子水爻，方可以井断。值财福以吉论，值官鬼忌神以凶推。若初爻与酉爻刑冲克害生合，即是干涉也。如有干涉，方可言蓄养鸡鹅鸭之吉凶，不可混而言也。

临土逢冲基地破，

初爻临辰戌丑未土爻，被日月冲破者，其宅基必有挖开破缺之象。

无官无鬼小儿和。

初爻临官鬼，白虎父母发动，其家主伤小口。若非官鬼忌煞临持，小儿必平和无恙也。

宅边若有坟和墓，须知鬼墓值爻初。

鬼墓者，指卦中官鬼之墓库爻也。如得震巽宫卦，金为官鬼，金库在丑，如丑爻临于初爻，则宅边必有古墓也。

水临白虎将桥断，

如初爻临子亥水，附临白虎，主有桥梁。临财福则吉，逢冲桥必坏也。

寅木猫良鼠耗无。

如初爻临寅木吉神，主其家有好猫能捕鼠。

玄武水乘沟利瀹，木爻官鬼树为戈。

如初爻临亥子水，附玄武，不可论桥论井，当以沟渠之通塞断；如木爻官鬼值此，主其家左近有树根穿破宅基。

二爻木鬼梁横灶，

言二爻如临木爻官鬼，主灶上有横梁。

父母持之主堂奥。

如二爻临父母爻，不论金木水火土，皆以房之堂奥推断。如临旺相安静则吉，如逢休囚克破，主房屋破漏不堪。

雀火官持虑火灾，土金变化宜兴造。

如朱雀并火官在二爻，主有火灾；如二爻土化金或金化土，主有兴造。

木被金冲锅盖摧，金局摧残锅破坏。

如二爻临木爻，被金日金爻冲之，知其锅盖破碎。摧者坏也。倘二爻会金局被冲，其灶上必有破锅也。

玄武土乘灶不洁，土逢冲克灶崩败。

如二爻玄武同土持之，主灶前不洁；如二爻值土，被日月动爻冲克，则灶必坍颓。

世鬼并临非祖屋，福财遭克苦相逐。

世临官鬼在二爻，此屋决非祖产。如福德财爻在二爻，旺相有气，主其家安亨丰足；倘遭休囚破克，主其家穷苦相逐也。

戌土干连以犬言，

如二爻与戌爻生克冲合，当以防家犬断，临财福吉，临忌煞凶。

应飞此地人同宿。

如应临之爻飞入二爻，主有外人同住。同宿者，言同住也。

此爻不独断宅母，各分名分安危卜。

古以二爻为宅母之位断其吉凶，予以为谬。凡人家祖母、母、嫂、弟妇、姊妹、妻女，同居一室，各有名分，宜以用神观其生克、卜其吉凶也。

三爻亥水断猪牲，兄弟临爻方论门。

第三爻非临亥爻，不可便断猪牲吉凶；如兄弟爻临于三爻上，方可以门户断。如临财官父子，不可概推。

兄弟卯爻床榻论，

如兄弟是卯爻，不可言门户，当以床榻论之。大凡卯爻兄弟临第三爻，必神堂前有床榻，或楼上做房，关碍神堂。

无官莫妄断家神。

第三爻若临官爻，方可实指神堂。若非官爻临持，不可便断神堂也。

金官临主香炉破，木鬼青龙牌位新。

如三爻临金官，主香炉破损；或值木鬼青龙旺相，神牌自然新彩画也。

四爻若动来冲克，门门相对似穿心。

若第四爻冲克三爻，主家中门门相对。或穿心走破，不利。

三四互临兄弟位，门多屋少耗伤金。

如三四爻俱临兄弟爻，主其家屋少门多，耗散金银之象。

若被动爻冲本位，出入不在正门行。

如本爻被日月动爻冲克，主其家旁门出入，不走正门。

爻临卯木主床帐，木临蛇鬼妇虚惊。

如第三爻临卯木，是床帐也，临财福则床帐新鲜；若临螣蛇官鬼，其妇女在床，有意外虚惊。

三爻不是弟兄位，官摇父陷始难宁。

古以第三爻为兄弟之位，谬也。如官爻发动，克害兄弟爻，又遇父母空陷，不来救护，方可论兄弟之有患难，不安宁也。

四爻兄弟方言户，四二相合主大门。

三门四户是古法，然无兄弟临之，不可便言门户，如临兄弟，当以户断。第四爻或动或静，与第二爻相合者，当以大门决断。

未变鬼临第四位，畜羊不利见灾迍。

未爻临于第四爻上，当以羊断，如变鬼爻，畜羊有损。

玄武官鬼门破漏，青龙财福喜更新。

四爻上如临玄武官鬼，门主破陋。如临青龙财福，与二爻生合者，可知其门楼有更新之象。

朱雀临官主狱讼，

朱雀临官爻在四爻上，主有官非讼事。

玄武乘兄有水侵。

如玄武临兄弟，不可以兄弟为户论，必有池潭水浸住宅，如冲克二爻，有碍住居也。

兄弟腾蛇临爻位，邻人坑厕碍家庭。

四爻兄弟临腾蛇，不可以兄弟为户论，当主邻家有破坑相碍。

旬空月破当爻见，不是无门是破门。

若第四爻值旬空月破，当以无大门或破门断之。

冲克相乘旁出入，外族不应将此论。

如遇冲遇克，必主旁门出入，至于外族之论，系《易林》之谬，不可为凭也。

财克子临伤父母，阴阳两断内中分。

财动克父，若再得子孙爻动，而助财来克，主父母有伤。如父母爻临阳象，则克父，阴象则克母，卦中六爻内见之皆如此。古以四爻为母位，而论克其母，此说大谬。

五爻克二人口宁，

五爻为人口之爻，克二爻则人口安宁，如动来克宅，亦不宜也。又宜以六亲生克论之。如二爻动来克五爻，此屋居之不安稳也。

官连蛇鬼长房迍。

五爻为长房长子，如官鬼同蛇虎持之，主长房长子多悔也。

若遭白虎刑冲克，主有惊痫不得生。

倘五爻被白虎爻动来刑冲克害，又不可以长子长房断，主其家有惊痫之疾者不能医治而难生也。

世临阴位女为政，财爻持世赘为姻。

如世居五爻，爻是阴位，主其家内阃为政，主持家事。财爻持世居此位，其人赘去为婚，又非女人主事也。

若是二爻冲克破，当家夫妻少恩情。

二爻如逢冲破，主夫妇乖张，又非赘婚之论也。

水临世合水浇屋，兄弟临时墙有坑。

五爻临水，与二爻生合，或与世爻生合，主宅边有水环绕；如临兄弟，主墙内有坑碍。

丑土克冲牛不利，椿庭休咎父爻寻。

如丑爻发动克五爻，或与五爻刑冲，畜牛不利。若以五爻为父，谬矣。欲问其父之吉凶休咎，应向父爻论其生克可也。

六爻财位论奴丁，父母相临祖辈人。阳木栋梁阴是柱，官库侵之乃是坟。

第六爻若临财位，方言奴仆。如遇旬空月破，则奴仆无力；倘遇日冲爻冲，主有逃亡之事。若临父母，当论祖辈的休咎；倘阳爻临木父，不可以祖辈言，当以栋梁断；如阴临木父母爻，当以庭柱论。如官爻之库临于六爻上，当以坟墓论。其生克合冲，分别吉凶。

父临属土主墙壁，

如父母属土，当以墙壁断。

卯木藩篱定吉凶。

如临卯木，不论阴阳，当以藩篱断之。以生克合冲，定其吉凶。如卯爻旬空，向有藩篱。如动来克世，当以凶推；如逢生合，当以吉断。

身世相临第六爻，离祖成家断可必。

如卦身临于第六爻，或世爻临之，主来卜之人必离祖业，方可成家。

位临于酉动爻冲，锅破悬知在此中。

如第六爻临有酉金，被日月动爻冲之，主家中有破锅不安。

雀鬼临爻颠女断，爻爻分别不相蒙。

如朱雀官鬼临爻，主有女人染风颠之疾。蒙者，蒙昧不明也。

校正全本卜筮正宗卷之十

坟　墓

　　葬埋之理，乃先王之所定。风水之因特后世之所兴。虽为送死而然，祸福吉凶攸系。故坟占三代，穴有定爻。一世二世，子孙出王侯将相之英；三世四世，后嗣主富贵繁华之茂。绝嗣无人，端为世居五六；为商外出，只因世在游魂。八纯凶兆，归魂亦作凶推。吉兆相生相合，凶兆相克相冲。

　　内卦为山头，外卦为朝向，世爻为穴场。世临初、二爻，穴场乃得山头之生气，后代当产王侯将相之英；世临三四爻，穴场乃得山头之余气，故后嗣不过富贵繁华；世临五六两位，乃山头生气已脱，是不合山形地势，故主绝嗣。游魂好动为商，归魂气滞不吉。世得相生相合，自然环绕多情；若遇相克相冲，自然沙飞水背。

　　穴骑龙，龙入穴，穴嫡龙真；

　　以亡人本命纳音为穴，或世临穴爻，或世穴相生相合，或动爻月日生合世爻穴爻，谓之穴骑龙，龙入穴，穴嫡龙真。

　　山带水，水连山，山环水抱。

　　山者内宫也，水者亥子水也。如亥子水临财福吉神在内宫，与世爻相合相生，或与穴爻相合相生，谓之山环水抱。

　　爻重逢旺气，闻鸡鸣犬吠之声；

　　旺相之爻发动，临水火，穴近民居，故曰闻鸡鸣犬吠之声。

　　世应拱穴爻，有虎踞龙蟠之势。

　　世应生扶拱合于穴爻，或龙虎生合于穴爻，或穴居于世应之间，或穴叨世应龙虎扶拱，皆是虎踞龙蟠之势。

三合更兼六合，聚气藏风；

世为主山，应为宾山，世爻与穴爻三合成局，或得六合卦，或龙虎二爻与穴爻三合成局者，皆聚气藏风之地也。

来山番作朝山，回头顾祖。

来山者，内卦之世爻也；朝山者，外卦之应爻也。如世临之爻与应爻同，谓之回头顾祖也。

死绝之鬼，边有荒坟。长生之爻，中有寿穴。

卦中官爻休囚死绝，知穴旁有荒坟古塚。如鬼爻遇长生于日，或化长生者，知有寿穴也。

合处与应爻隔断，内外之向不同；

亡人本命纳音为穴，纳音之墓为墓，合纳音之爻为向。假如己未纳音属土，即以土为穴；土库于辰，即以辰为墓；午与未合，即以午为向；辰与酉合，酉亦为向。如辰申二日，或应临辰申，谓之隔断午。或未亥二日，或应临未亥，谓之隔断酉。当知金井墓门之向不同也。

穴中为世日冲开，左右之穴相反。

穴临巳未二爻，世并日辰临午爻，午居巳未之中，谓之分开巳未二穴，知左右之穴相反也。余例仿此。

穴道得山形之正，重逢本象之生；

穴即亡人本命纳音，临内宫世爻，皆得山形之正。如穴爻临水，遇内属金，或水爻在于金宫内，皆谓之本象之生也。

世应把山水之关，宜见有情之合。

第六爻为水口之爻，应爻临之，若带合，则有关锁，或第六爻与世相合亦是。

坐山有气，怕穴逢空废之爻；

且如坎山属水，坎山者，坎居内宫也，得穴逢申爻，而水长生于申，最怕申爻逢旬空与月破耳。

本命逢生，忌运入刑伤之地。

凡占生墓，要看本人年命，亦将本人年命纳音为穴。运即穴爻也，忌穴爻与内宫及卦爻刑克。如穴爻得生有气为吉，若遇旬空，而亡人且忌，生人却不畏空，反吉。

青龙摆尾，就中逢泄气子孙；白虎昂头，落处逢生身父母。

若青龙子孙有气生穴，谓之摆尾多情；如白虎临父母爻生穴者，谓之昂头有势。

后来龙余气未尽，有玄武吐舌之形；前朝案动爻逢冲，为朱雀开口之象。

日辰入穴临玄武，谓余气未尽，有吐舌之形；后者玄武也。世前一位为案，被日辰月建冲破，朱雀临之，有开口之象；前者朱雀也。

世坐勾陈之土局，破坎田园；应临玄武之水爻，沟坑池井。

世坐穴爻，并临勾陈值辰戌丑未之土局，或被冲克，乃破坎田园之所也。应临亥子水爻，加临玄武或会水局，乃沟坑池井之所也。

白虎在破耗之位，古墓坟茔；螣蛇临父母之爻，交加产业。

若白虎再加月破持世、持穴、持身者，知是古墓坟茔也；在归魂卦或鬼飞入穴，谓还魂之地。螣蛇为勾绞之神，父母为文书契字，非重埋叠卖，即众分交加之产业也。

勾陈土鬼，塚墓累累；

勾陈临戊己辰戌丑未土鬼，逢死绝之爻，为古墓。游魂鬼动逢冲空，旁有改墓之地；日辰去克白虎穴爻，有崩颓之墓；青龙临土鬼，主有新坟；若归魂卦或土鬼飞入穴爻，主有改墓之地。

玄武金神，岩泉滴滴。

金为石，玄武为水，主淋漓自出之泉；临穴爻，或伏穴爻之下，或白虎临金，皆主有石有水。

青龙发动临子孙，决主新迁；朱雀飞来带官鬼，必然争讼。

若青龙发动，或值子孙，必主迁移；朱雀官鬼并动爻日辰飞入穴，主夺地争讼。

应爻加木临玄武，前有溪桥；日辰冲土镇螣蛇，边通道路。

若应爻并木爻临玄武，主墓前定有溪桥。螣蛇为路，临辰戌丑未之爻，与日辰动爻冲克，主近道路。螣蛇土爻飞入穴爻，或与穴爻相冲，主有道路穿坟。

朱雀火爻发动，厨庭炊爨之旁；青龙财库相生，店肆仓库之畔。

朱雀火爻发动临财，必近厨庭烟灶之所。青龙临四墓，逢财相生有气，必近店铺酒肆；若遇庚申癸酉丁酉金，为仓库之畔。

玄武世龙入穴，暗地偷埋；勾陈土动落空，依山浅葬。

玄武世爻并日辰动飞入穴，主偷埋盗葬，或者暗地瞒人出殡；勾陈土动或空或发动，必是依山浅葬也。

日合鬼爻有气，近神庙社坛之旁；

鬼旺有气，或临青龙贵人与日辰相合，主近神庙或古迹灵坛之所。

动临华盖逢空，傍佛塔琳宫之所。

华盖穴爻并鬼动逢空，乘旺有气，主近寺观，不然为匠艺人家，有响应之声。

世应逼左右之山欺穴，龙虎磕头；

世应逢青龙辰爻、白虎寅爻，为龙虎碰磕头，克穴则凶。

交重并旬内之水伤身，沟河插脚。

水爻动在日辰旬中，居穴之前，主有沟河插脚之水。

生生福合三传上，百子千孙；重重墓在一爻中，三坟四穴。

三传即年、月、日三建也。或福德逢穴爻，更在三传之位相生相合，主百子千孙。六亲、世应、日辰、动爻，重重墓在一爻之内，主有三坟四穴；应爻鬼爻墓归一爻之内，主有外人同葬。

神不入墓，游魂之鬼逢空；鬼已归山，本命之爻逢合。

亡命并鬼爻逢空，穴爻化鬼逢空，及临游魂卦，皆主鬼不入墓。游魂世居外卦，空穴空墓，主无埋葬之地或葬他乡。若带凶煞克卦身者，必主恶死。亡命穴爻相生相合，或鬼爻逢墓，谓鬼已归山。若在外卦应爻，亦主附葬也。

日带应爻劫煞入穴，劫塚开棺；用并世象动爻克应，侵人作穴。

日辰并玄武、应爻带煞飞入穴，或动爻破穴破墓，主劫塚开棺；冲克亡命，主暴弃尸骸。世应并日辰之煞，动破穴爻，主自家起墓开棺，盗财移葬；若克亡命，主暴露不葬。用为世爻并日辰动爻克应，主侵人坟地作穴；动与应爻并日辰克世克穴，主他人侵自己坟地而埋葬。

客土动而墓爻合，担土为坟；朝山尊而穴法空，贪峰失穴。

客土者，外卦土、应土是也，与穴爻墓爻发动相合相生，主是担土为坟。或旁土为左右臂，朝山在长生贵人位，主前有贵峰耸秀。若穴空，主有贪峰失穴之象。苟或不空，却朝山耸秀之。

子孙空在日辰之后，穴在平洋；兄弟爻落世应之间，坟迁两界。

子孙在日辰之后逢空，或勾陈亲戊、己、辰、戌、丑、未爻，或爻在明堂宽大之地，多主平地作穴。世应同临穴爻，更临兄弟之爻，或在世应之间，皆主坟迁两界。若在日辰前后，两间之爻亦然。

日辰与动爻破穴破墓，定合重埋；世应并穴道冲尸冲棺，当行改葬。

日辰发动冲破墓爻，世应冲尸冲棺，或父化父、兄化兄、鬼化鬼、财化财，皆主重埋改葬。又云"金为尸首"，木为棺，土为墓兮仔细看。

重交生穴，经营非一日之功；龙德临财，迁造为万年之计。

交重二爻发动并日皆生穴爻，主加工用事，非一日之可成。青龙临财爻，子孙生旺有气，与穴相合相生，主所造之坟美丽悠久。

应飞入穴，必葬他人；煞动临爻，凶逢小鬼。

如应爻飞入穴爻，主外人同葬，或是他人旧墓之旁。凶煞犯亡人本命，或亡人本命临死绝之地，主亡人不得善终，或不得善疾而死。

犯天地六空亡之煞，骸骨不明；穴遇三传刑刃之空，尸首有损。

六空，即六甲旬空也；三传，乃太岁、月建、日辰也。刑刃，即三刑羊刃。且如己卯日占得坤卦，甲子亡命，穴临上六癸酉金，乃甲戌旬中空金，并甲寅旬之空甲子。三传带刑刃凶煞，伤克本命穴爻，或有在日辰旬之空亡，主骸骨不明，尸首有损。

逢冲逢克，怕犯凶神；相合相生，真为吉兆。

用爻逢凶神相克、相冲、相刑，为凶恶之兆；青龙福德为吉神，生合拱扶，为吉祥之兆。

爻生之子孙，逢官逢贵，临三传必作官人；

穴生之爻临子孙，逢官星贵人，临三传生本命，作印绶，主官职之荣。

穴中之象数，合禄合财，若两全当为财主。

穴临旺气，有子孙财官爻在五爻之下，若子孙相生相合，如财禄两全，乃富家之子也。

游魂福德空冲，主流荡逃移；恶鬼凶神变动，见死亡凶横。

子孙逢空冲在游魂卦，主逃离之人；空亡主流荡不回乡；白虎螣蛇凶神并鬼克身世，主有死亡横祸。

损父母子孙之财鬼，鳏寡孤独；

卦内父受损兼不上卦，主出孤儿；子孙受伤兼不上卦，主绝嗣；财爻受伤兼不上卦，出鳏夫；鬼爻受伤兼不上卦，出寡妇。要指引明白，不可概论。

叠刃刑鬼破之劫亡，疲癃残疾。

鬼临月破，兼三刑六害，同克用爻或乾宫；主头面、喘息、嗽咳、小肠之疾。坎宫主臂面、两耳、小便、气血、腰痛、胁心之疾。艮宫主鼻疮、手指、腿足之疾。震宫主骨、足、肝、腿、三焦、颠狂之疾。巽宫主额、鬓、膝、血气、风邪之疾。离宫主脾胃、痛疽、眼目、心痛、热症、汤火之疾。坤宫主肚腹、呕吐、衄血、泻痢、黄肿之疾。兑宫主口齿缺、唇揪、皮肤之疾。金鬼痨嗽，木鬼风邪，火鬼热症，水鬼吐泄，土鬼黄肿之疾。中间不可尽述，依理推详。

玄武遇咸池之劫煞，既盗且娼；青龙临华盖之空亡，非僧则道。

玄武岁破月破共位临世爻在坎，出奸盗，或因盗致死；玄武咸池带合，主女堕风尘，或淫奔败化。世爻并胎神受克，主有堕胎产难之厄。青龙华盖孤神值空亡有气，是为僧道之类。

月卦勾陈之土鬼，瘟疫相侵；阳宫朱雀之凶神，火灾频数。

月卦是月将勾陈土鬼临世身爻，主时灾瘟疫相侵；朱雀怕逢火，更在火位，主有火灾。

父母临子孙之绝气，后嗣伶仃；福德临兄弟之旺宫，假枝兴旺。

父母以为孤煞，且如子孙爻属火，火绝在亥，若父母临亥爻动，主后嗣伶仃。若子孙爻临亡命，或在兄弟爻临旺相，自假宫来，故假枝兴旺也。

动并旬中之凶煞，立见灾危；穴临日下之进神，当臻吉庆。

劫刃、刑害、月破等煞，在日辰旬中发动，若被刑冲伤克身命，主见灾危劫杀之事。穴逢日辰进神值财福，主臻吉庆康宁。例如戊寅日占得己卯穴爻逢财福星也。

看已形知既往，察过去知未来。

看已往可见之形察吉凶，过去未来之兆无不验也。

事与世应互同，可见卦中之体用；

世为体，应为用，有体用发动，系于事体如何也。

动与日辰相应，方知爻内之吉凶。

事与日辰生合者吉，日辰与事冲克者凶。

求　师

捐金馔食，教养虽赖乎严君；明善复初，启发全资于先觉。凡求师傅，须究文书。

文书即父母爻，为书籍，为学馆，为学分。

用居弱地，必不范不模；若在旺乡，则可矜可式。

所请之师，无尊卑称呼者，以应爻为用神也。如有尊卑名分，不可看应爻，当以名分论之。如门人卜投师，不论老幼，皆以父母爻为师长。如用神休囚，其师必然畏惧局促，不能为人之模范；旺相有气，则魁梧雄伟，堪为学者矜式仪。

临刑临害，好施榎楚之威；

榎楚，儆顽之杖也。若带刑害白虎，其师性暴少慈，必好笞挞，旺动尤甚。

逢岁逢身，业擅束修之养。

用爻卦身或持太岁，其师专以严训为业，务得束修以养家者。

兑金震巽，杂学堪推；离火乾坤，专经可断。

凡推师之专经杂学，当以父母在震、巽、艮、坎、兑五卦为杂学，离、乾、坤三宫为专经。

本象同乡，在内则离家不远；他宫异地，在外则隔属须遥。

用象在本宫而居外卦，是本处人，其住居必远；在他宫而居内卦，是外郡人，其居住却近。

与世相生，非亲则友；

与世爻生合，必有亲道；若与世爻不同宫者，是相识朋友。

与官交变，不贵亦荣。

用化官爻，其师异日必贵。加白虎带刑害，则是有病之人。如持月建更加青龙，必有前程在身。

静合福爻，喜遇循循之善诱；动加龙德，怕逢凛凛之威严。

用神与子孙作合最吉，必能博文约礼，循循善诱，甚得为师之道，必主师徒契合。惟怕父动则克子孙，更加白虎刑害，必然难为子弟，主其师严毅方正，凛然不可少犯。

父入墓中，边孝先爱眠懒读；

父爻入墓，其师惟爱安逸，懒于教训，学分欠通，逢空化墓皆然。若日辰冲破墓爻，又主聪察。

文临身上，李老聃博古通今。

凡求师，以父为师之才学。六爻无父，必欠学问。若得静临卦身，或居生旺之地，其师才学非常。

母化子孙，必主能诗能赋；

父化福，其师善作杂文。带刑害病败等爻，虽能作文，必多破绽。子带月建又加青龙，必然出口成章。与父作合，其师或有小儿带来。

鬼连兄煞，定然多诈多奸。

凡遇兄动化鬼，鬼动化兄，皆主奸诈；刑克世爻，必有是非口舌。

口是心非，临空亡而发动；

用爻宜静不宜动，宜旺不宜空，动空不诚实，静空懒教训，化空亦然。

彼延此请，持世应而兴隆。

世应俱动，主有两家延请；两爻俱空，皆不能成。

应值母而生世，须知假馆；

父临应上，而世爻动来生合者，必馆于他家而欲附学也。

父在外而福合，必是担囊。

凡卜求师，若子弟自占，以世为徒，不看福爻；父兄来占，以子弟为徒，不看世爻。若父在外卦，又系他宫安静，而子孙动去相合，必游学他方，担囊从师也。

鬼化文书克世，则讼由乎学；

鬼动若化出父母，刑克世爻，异日必主争讼；父化鬼爻，或官父皆动，有伤世者亦然。

月扶福德日生，则青出于蓝。

须得子孙有气不空，又遇日月动爻生合，则学有进益；若用爻反衰，则弟子反胜于师，如青出于蓝也。

刑克同伤，父子必罹其害；合生为助，官鬼莫受其扶。

父卜延师训子，以世为自，以子孙为儿，以应为师。如世与子孙皆受刑克，日后父子必遭其害。如官爻动来刑克世爻子孙，不可又加财动生合助之。

或击或冲，父母逢之不久；

父母虽要有气，然不宜动变，动变则伤克子孙，必不能久。

或空或陷，世身见之不成。

世应身爻空亡冲克，皆见难成之象。

财化父爻，妻族荐之于不日；

若卦有父母，遇本宫财爻又化出一重者，不日间妻家又荐一师来也。兄弟化出，则朋友来荐。动爻是重，已荐过矣；动爻是交，将荐来也。

母藏福德，僧家设帐于先年。

如父爻伏在子孙爻下，其师必前年设帐于僧房道观；父伏世下乃是旧师。

搜索六爻，无过求理；思量万事，莫贵读书。

凡求师，不可专指道学之师，如欲投学百工技艺及拜僧道为师类皆是。但师之主象，自占不异父母；而学者主象，自占当以世爻看之。如隔手来占，须问是何人，如朋友兄弟则以兄弟为主之类。皆要师弟相生相合则吉，相冲相克则凶。

学　馆

学得明师，可继程风于满座；师非良馆，难期谷粟之盈仓。故欲笔耕，先须著筮。世为西席，如逢父母必明经；

凡占书馆，以世爻为西席之位。如临父母，自必明经，在离、乾、坤三宫亦然。临官带鬼，或本宫官伏世下，多是秀才。

应乃东家，若遇官爻须作吏。

应爻为占馆东家主人。若临官，必是官吏户役人家。加白虎，则是病人。应临父母勾陈，种田人家；加朱雀，读书人家；加白虎，宰杀人家；加螣蛇，工艺人家。应临子属金，僧道作主；应临财在阴宫阴爻，而卦无官鬼者，必是妇人作主；若应爻临官又带贵人，则是富贵人家；财化财、财化子，做买卖人家。

临官今少壮，休囚则贫乏之家；墓库今高年，旺相则富豪之主。

应爻临旺爻，主人必然强壮；如临墓库，必是老年。临财福，必然富贵。若论其德性，当以五类六神参断。

值土火空无父母，逢金水绝少儿孙。

卦得坤艮属土，如火爻旺空、动空、冲空，主父母不全，衰空必无父母。若卦得乾兑属金，如无水爻，水又绝于飞爻，或绝于日辰，则主无子孙。余皆仿此。

不拱不和，决定主宾不协；相生相合，必然情意相投。

世应刑冲克害，异日宾主不和；若得生合比和，情意相投；生而化克，始和终不睦；冲而化合，始疏后密。世与子孙生合，师弟则多恩义；若见冲克，亦多不睦也。

财作束修，不宜化弟；

占馆以财爻为束修，独怕兄弟发动或财爻化兄，主束修有名无实。财爻无气而遇日辰动爻生扶拱合者，束修虽则不多，而四季节礼反周备也。

父为书馆，岂可逢空。

占馆以父母爻为书馆。旺相则有好书馆。卦无父或落空，必无书馆，事亦难成。

鬼动合身，须得贵人推荐；

官鬼发动，当有间阻。若来生合世身，必得贵人推荐可成。

兄兴临应，决多同类侵谋。

凡应持兄动，必有同道之人争谋其馆，兄临卦身亦然。若在间爻动来

160

冲克世爻，主有人破说也。

官如藏伏，应无督集之人；

鬼能生扶父母，故占馆以此爻为纠率子弟之人。皆不出现，或出现旬空，主无人聚生徒以成学馆也。

应若空亡，未有招贤之主。

应爻空亡，无人延请，更若父不出现或落空，必难成就。应爻动空化空，是假言作主也。

动象临财难称意，

文书为占馆用神，若遇财动，则被克坏，未成者不能成，已成者不能遂意。

空爻持世岂如心。

卦中父母出现，应来生合，而世爻空亡者，求馆不成。

身位受伤，虽成不利；

世身被日建、月建、动爻刑克，虽成而日后有官非疾病。

间爻有动，纵吉难成。

间爻动克，事多阻隔，故难成也。

鬼或化兄，备礼先酬乎荐馆；

凡遇鬼爻动出兄弟，必得礼物先酬荐馆之人则可成就。兄临世身亦然。

世如变鬼，央人转荐于东家。

鬼爻出现而世又化出者，再得推荐可成；卦无官而动爻有化出者，初无人荐，亦必央人荐之可成也。

世无生合，漫看白眼之纷纷；

应不克世，父母不空，兄鬼不动，而月日动爻并不生合世爻者，其事纵成，但主人不钦敬，故白眼待之也。

福或兴隆，会见青衿之济济。

占馆以福爻为门生，旺相多，休囚少。

衰逢扶起，日加负笈之徒；

子孙衰弱，得日辰动爻生合扶起，学徒始虽不多，开馆后日渐增益也。

动遇冲开，时减执经之子。

子孙爻动，若被日辰动爻冲散，其徒必有背师而去者。如被世冲，是先生叱退其徒也。

逢龙则俊秀聪明，遇虎则刚强顽劣。

子孙临青龙，逢月建生合，而又临金水，必有颖悟非常之徒；若临白虎，则多顽劣之徒。

阳卦阳爻居养位，座前有刘恕之神童；阴宫阴象化财爻，帐后列马融之女乐。

子孙在阳宫阳爻，而临金水旺相不空，有拱扶者，其徒必有出类拔萃，如刘恕之神童在门；若在阴宫阴爻，主有女徒受学。

两福自冲，鬼谷值孙膑庞涓之弟子；子孙皆合，伊川遇杨时游酢之门生。

卦有两爻子孙俱动相冲，弟子中必多不合。若来伤世，必然责及先生。如遇二爻俱来生合世爻，则门生自尽弟子之礼。

世动妻爻，决主亲操井臼；

世临财动，乃自炊爨，非供膳也。

应生财值，定然供膳饔餐。

财爻临应，生合世身，定主供膳；月建、日辰、动爻俱带妻财，乃诸生轮流供膳；旺相款待厚，休囚款待薄。

如索束修，可把妻财推究；若居伏地，还求朋友维持。

凡占取索束修，以财爻为主，若不出现，必须浼求朋友取讨可有。

出现不伤，旺相生身名曰吉；入空无救，休囚死绝号为凶。

占束修，得财爻出现旺相，而月建日辰动爻不来伤克，则不缺欠。若财出现被克，或绝，或空，或墓，皆不遂意。

变出父爻，书债必然偿货物；

财动化父，或父动化财，主束修以货物准折。

化成兄弟，砚田必定欠收成。

财爻化兄，有名无实。

身空应空福财空，必然虚度；

凡占束修，遇卦身应爻及子孙妻财皆空，或不上卦者，主束修无得。

月克日克动变克，恐受刑伤。

月建日辰动变，诸爻皆来刑克世爻者，占馆有不测之凶。

鬼化财生，非讼则学金休矣；

卦中无财，而遇兄、鬼、文书化出财爻，生合世爻者，必须讼诉公庭，束修可有。

子连父合，因学而才思加焉。

世若衰绝无气，而遇子孙动化生合世爻者，主子弟之才日加进益也。

词　讼

小忿不惩，必至争长竞短；大亏既负，宁不诉枉申冤？欲定输赢，须详世应。

卦中世应，即状中原被，看此则两边胜负可知。

应乃对头，要休囚死绝；世为自己，宜帝旺长生。

不拘原被告，占以世为自己，应为对头。应旺世衰，他强我弱，世旺应衰，他弱我强。

相冲相克，乃是欺凌之象；

世爻刑克应爻，未为我胜，乃是欺他之象。必得鬼克应爻，方为我胜。动爻与月建日辰克之亦然。

相生相合，终成合好之情。

世应生合，原被有和释之意。世生应，我欲求和；应生世，他欲求和；应世动空化空者，俱是假意言和也。

世应比和官鬼动，恐公家捉打官司；

世应比和是和释之象，倘官鬼动克，主官府捉打官司，不依和议；子孙亦动，终成和议也。

卦爻安静子孙兴，喜亲友劝和公事。

六爻安静，世应虽不生合，而子孙发动者，必有亲邻劝和也。

世空则我欲息争，

世空则我欲息争，应空则他欲息争，世应俱空，两愿销息。

应动则他多机变。

世动则我必使心用谋，若化官兄，回头克制，反为失计。应动则他必有谋，若加月建，必有贵人依靠，克世则为不吉。

间伤世位，须防硬证同谋；鬼克间爻，且喜有司明见。

间爻为中证之人。生世合世必然向我，生应合应必然向他。与世冲克，与我有仇；与应冲克，与彼有隙。若旺爻生应，衰爻合世，是助彼者有力，助我者无功。或静生应动克世，是向彼者虽不上前，怪我者偏来出面。若冲克我之爻反去生应合应，须防证人同谋陷害；若得鬼爻克制，或被日辰冲克，是官府不听其言，我得无事。间爻若受刑克，中证必遭杖责。近世必是我之干证，近应为彼之干证也。

身乃根因事体，空则情虚；

卦身系词讼根由，旺则事大，衰则事小；动则事急，静则事缓；如空伏，皆是虚捏事故；飞伏俱无，毫厘不实。

父为案卷文书，伏须未就。

卦无父母，文书未成，带刑临败病，必多破绽。化财亦然，化兄有驳。月建作合，上司必吊卷。有冲皆不依允。

鬼作问官，克应则他遭杖责；

鬼为听讼官，动去克应，讼必我胜，克世我败。

日为书吏，伤身则我受刑名。

日辰能救事，能坏事。如鬼动克世，自必有刑；得日辰制鬼冲鬼，必得旁人一言解释，问官必宽宥于我也。

逢财则理直气壮，

以财为理，临世我有理，临应他有理；鬼来刑害，虽有理而官府不听，兄动不容分辩。如下状，则财为忌爻。

遇兄则财散人离。

兄弟若在世身爻上，事必干众，动则广费资财；或加白虎，必主倾家荡产。临应爻，则以赔断之。

世入墓爻，难免狱囚之系；

世爻入墓、化墓、或临鬼墓，卦象凶者，必有牢狱之祸；临白虎，在狱中有病。

官逢太岁，必非州县之词。

官居第五爻，若值太岁，此事必干朝廷。逢月建，必涉台宪。

内外有官，事涉一司终不了；

官不上卦，无官主张；内外有官，权不归一，主事体反覆，必经两司，然后了事。

上下有父，词兴两度始能成。

官父二爻不宜重见，主有转变不定之象，其事必主缠绵，卒难了结。如占告状，遇此象，必再告方成也。

官父两强，词讼表章皆准理；妻财一动，申呈诉告总徒劳。

凡欲上表申奏、申呈告诉等事，皆要官父两全，有气不空，则能准理；最怕财动伤父，必不可成。

父旺官衰，雀角鼠牙之讼；

父母旺相，官鬼休囚，情词若大，事实细故，乃雀角鼠牙之讼。

变衰动旺，虎头蛇尾之人。

凡世应旺动，是有并吞六国之势；若变入墓绝空亡，乃先强后弱，虎头蛇尾之象。世以己言，应以彼言也。

世若逢生，当有贵人倚靠；应衰无助，必无奸恶刁唆。

世爻衰弱，遇月建日辰动爻生合，必有贵人扶持，彼亦无可奈何。应爻遇之反是。

无合无生，纵旺何如独脚虎？有刑有克，逢空当效缩头龟。

应爻旺动无生合者，彼虽刚强，是独脚虎不足畏；世无生合，又遇日月动爻刑克，当效缩头龟，勿与对理。

兄在间中，事必干众；

兄弟在间爻，词内干犯众多；动则中证人贪索贿赂，克应索彼之财，克世须用财托为妥。

父临应上，彼欲兴词。

父母为文书，临世我欲告理，临应他欲申诉；动则欲行，静则未举。

父动而官化福爻，事将成而偶逢兜劝；父空而身临刑煞，词未准而先被笞刑。

凡占告诉，遇官父两动，讼事可成。若父有气或官化子孙，则主身到公门，将投词而有人兜劝。若父化空亡墓绝，官鬼刑克世爻，或被日辰刑冲克害，告状且不准，先遭杖责也。

妻动生官，须用赀财嘱托；

若讼已成，卦有财动，必须用财嘱托官府；如遇子孙冲官，虽费赀财，亦无所益。

世兴变鬼，必因官讼亡身。

世持鬼我失理，应持鬼他失理。世变鬼恐因官事而丧身，应变鬼以彼断之。

子在身边，到底不能结证；官伏世下，讼根犹未芟除。

卦身临福德出现发动，随即消散。惟怕官鬼伏世下，则讼根常在，日下虽不成讼，至官旺出透时举发也。

墓逢日德刑冲，目下即当出狱；岁挈福神生合，狱中必遇天恩。

世墓、鬼墓爻动，皆是入狱之象，若得日辰刑冲克破，目下即当出狱。在狱占卦，最喜太岁生合世爻，主有天恩赦宥；月建生合，上司审出；日辰生合，有司饶恕；父母生合，必须申诉可得免也。

若问罪名，须详官鬼；

凡卜罪名轻重，以官爻定之，旺则罪重，衰则罪轻。加刑白虎旺动克世，火受极刑，金主充军，木主笞杖，水土徒罪。须以衰旺有制无制断之，不可执滞。

要知消散，当看子孙。

若福动鬼静，以生旺月日断；鬼动福静，以官墓月日断。

卦象既成，胜负了然明白；讼庭一部，是非判若昭彰。

校正全本卜筮正宗卷之十一

避 乱

人有穷通，世有否泰。自嗟薄命，运当离乱之秋；每叹穷途，聊演变通之《易》。因录已验之卦爻，为决当今之贼寇。

官鬼之方并官鬼所克之处休往，子孙之方并生我之处宜去。如占守旧处，得子孙独发生我，终无惊恐，占往他方亦然。此注是一篇之大旨也。

鬼位兴隆，贼势必然猖獗；官爻墓绝，人心始得安康。

官鬼旺相发动，贼必猖獗；若得休囚安静日辰动爻制他，则安卧无惊。

路上若逢休出外，宅中如遇勿归家。

内卦为宅，外卦为路。鬼在外动，出外必遇，宜守家中；若在内动，宜避于外。

动来刑害，纵教智慧也难逃；变入空亡，若被拘留犹可脱。

若鬼动不伤世，任彼猖獗，不遭其祸；如被刑冲克害，必难逃避。若官爻变入死墓空绝，则是虎头蛇尾，虽凶无咎之兆。

日辰制伏，何妨卦里刑伤；月建临持，勿谓爻中隐伏。

官鬼动来刑克世爻，固是凶兆，若得日辰动爻克制冲散之，皆谓有救，必不为害。惟怕月建日辰带鬼刑克世爻，虽卦中无鬼，不免遭害。

所恶者提起之神，所赖者死亡之地。

鬼爻伏藏固吉，若被动爻日辰冲开飞神，提起伏神，仍被其害；如鬼爻真空真破，方许无灾。

自持鬼墓，坟中不可潜藏；或值水神，舟内犹当仔细。

官鬼墓库之爻，动来刑克或持世身是也。凡遇此象，不可避于坟墓内。木鬼不可避于草木丛中，水鬼不可避于舟船，金鬼不可避于寺观，火鬼不可避于窑冶。

子爻福德北宜行，午象官爻南勿往。

官鬼所临之方，乃寇出入之处，宜避之；子孙所临之方，乃贼不到之处，宜往之。

鬼逢冲散，何须克制之乡；福遇空亡，莫若生扶之地。

子孙之方固吉，以其制鬼故也，若发动则取之。若福静官动，而卦内有冲散官爻者，即以冲散之方为吉，以其为得用之神故也。若子孙空伏，衰静受制，而鬼爻又无冲散者，宜取生世合世之方为吉。

旺兴内卦，终来本境横行；

凡占倭寇来我境否，若官在本宫内卦发动，必来；在他宫外卦，则不侵境也。若持世临内宫，直到我家；临外卦持应，虽来不入我室。卦身亦忌临之。

动化退神，必往他乡摽掠。

官爻发动，若化退神将往他处劫掠也；如化进神倭必速到，宜早避之。

官连旺福合生身，反凶为吉；

官爻发动克世，必遭毒手。若得化出子孙制鬼，或动子财，反来生合世身者，必然因祸致福。

阳化阴财刑克世，弄假成真。

官爻发动不伤世爻，而被动财反伤世爻者，必因贪得财物而惹祸也。

贼兴三合爻中，必投陷井；

最怕动会鬼局，必主倭寇四边合来，虽欲避之，前遭后遇不能脱离。卦有两鬼俱动克世亦然。三合兄局，身虽无事，财物失散；三合父局，小儿仔细；三合财局，生合世爻，反主得财。刑克世爻，则主父母失散；三合子局，克制鬼爻，为最吉也。

身在六旬空处，终脱樊笼。

身世空亡，避之为吉。

官鬼临身，任尔潜踪犹撞见；

官爻持世，乃是倭贼临身，如何可避？如被捉去而占，亦不能脱彼而回。

子孙持世，总然对面不相逢。

子孙持世，不动亦吉，发动尤妙。若临月建，或带日辰，或在旁爻旺动，皆吉。卦中虽有鬼动，不足畏也。

兄变官爻，窃恐乡人劫掠；

卦中无鬼，而遇兄动变出者，须防邻人乘机劫盗财物，非真贼寇也。兄在内卦是近邻，在外卦远方人也。

财连鬼煞，须防臧获私藏。

卦中无鬼，财变官爻者，是奴婢假籹贼寇劫物，或在乱中被其藏匿也。若在外卦，乃邻里妇人。

日辰冲克财爻，妻孥失散；动象刑伤福德，儿女抛离。

官动必有惊险，不拘日辰、动爻，被其伤处，即不太平。如冲克财爻，主妻孥失散；冲克子孙，主儿女抛离。

火动克身，恐有燎毛之苦；水兴伤世，必成灭首之凶。

卦中火鬼动来克世，主有火烧之祸；若水鬼克世，主有水患。

父若空亡，包裹须防失脱；妻如落陷，财物当虑遗亡。

父爻空亡，非包裹失脱，则须防父母有不测之祸；财空防失财物，否则妻妾有殃；子孙空则忧小口。类推之。

五位交重，两处身家无下落；

凡遇五爻发动，东奔西走，避乱不暇，身宅两处。更遇日辰动爻冲散世爻，必无安身下落之所。

六爻乱动，一家骨肉各西东。

六冲卦及六爻乱动者，主父母、兄弟、夫妇、骨肉各自逃命，不能聚于一处。

福临鬼位刑冲，带煞则官兵不道；

子动固是吉兆，若带刑害虎蛇，而又变出官鬼者，乃是官兵乘乱劫掠。

官变兄爻克合，伤财则妻妾遭淫。

官动刑克世爻，合住财爻，则身被擒，妻遭淫污。如不伤世，而但合财爻者，自身虽无事，妻必被辱也。更化兄爻，被奸而难望放回。

妻去生扶，只为贪财翻作祸；

鬼动最喜衰绝，若有财动生扶，必因贪财惹祸。世以己言，应以人言。

子来冲动，皆因儿哭惹成灾。

鬼静最吉，若被子孙冲动，必有小儿啼哭，因而知觉，乃被其害。福旺官衰不妨。

得值六亲生旺，虽险何妨；如临四绝刑伤，逢屯即死。

用爻遭克，必有灾咎。若受伤之爻，如值生旺，不致伤命。惟怕临于绝地，若遇衰弱，一克即倒，必致丧命也。

世遇乱离，既已逐爻而决矣；时遭患难，亦当随象以推之。

平居无事，何暇占卜？或刑罚所加，户役所累；或官府捉拿，仇家报复；或祸起于无辜，殃生于不测，苟不避之，终为所害，是以不能无避害之占也。然大概与避乱相似，故并附列于此。

最怕官爻克世，则必难回避；

凡脱祸避祸，遇鬼动伤世，皆不能避，持世亦然。若鬼空绝静，如伏于世下者，目下无事，后当令，恐复发觉。

大宜福德临身，则终可逃生。

子孙能制鬼，为解神。若临身世，或在旁爻发动，或值月建日辰，虽遇官鬼，亦不妨事。大怕空亡墓绝受制。

官化父冲，必有文书挨捕；

旺父发动，名已入册，或有官批在外。鬼爻亦动，事体紧急。父化官、官化父，刑克世爻者，必着公差挨捕。

日冲官散，必多亲友维持。

官动固难逃避，若得日辰动爻冲散克制之，必有心腹亲友与我周旋解释。

鬼伏而兄弟冲提，祸由骨肉；

官伏而被兄弟冲飞提拔者，或兄弟冲动官鬼来刑克者，是自家骨肉搜踪捕迹，恐难逃避也。

官静而旁爻刑克，事出吏书。

鬼静而卦中动爻刑克世爻者，乃是下役及仇家陷害也。若化兄爻，彼欲索诈财物。

应若遭伤当累众；

官鬼伤克应爻，必然累及他人，月建日辰亦然。

妻如受克定伤财。

如遇兄动，必主破费财物。

偏喜六爻安静;

六爻不动，官爻无冲并者，患难可避，户役可脱。

又宜一卦无官。

无鬼则无官主张，事必平安，空亡亦吉。

或身世之逢空;

世身空亡，百事消散，纵有鬼动，亦不妨事。

或用神之得地。

用神旺相，而无刑冲克害，不化死墓空绝，皆为吉兆。

天来大事也无妨，海样深仇何足虑。

此二句总结上文四节而言，卦中有一吉神，决然无事也。

事有百端，理无二致。潜心玩索，若能融会贯通。据理推占，自得圆神不滞。

逃 亡

宽以御众，侮慢斯加。严以治人，逃亡遂起。故虽大圣之有容，尚谓小人之难养。须察用爻，方知实迹。

用爻者，如占奴婢妻妾逃亡，看财爻类是也。

若临午地，必往南方;或化寅爻，转移东北。

用爻安静，以所临之地为逃去之向，故云"临午是南方"。如用爻发动，以变爻定方向;转移者，转往一方也。即如午变寅爻，定然先往正南，后往东北也。

木属震宫，都邑京城之内;金居兑象，庵院寺观之中。

用神如临震宫木爻，必在郡邑;如临九五，必往京城。若用临兑宫金象，必避在庵院寺观之中。

鬼墓交重，庙宇中间隐匿;休囚死绝，坟陵左右潜藏。

用持鬼墓，其人必隐庙宇之中;用临死绝，必藏身于坟墓左右也。

如逢四库，当究五行;

四库，即辰戌丑未四支。如用爻属木，卦有未动类。如辰为水土库，必在水边；戌为火库，在寺庙侧；丑为金库，在银铁匠家；未为木库，在园林柴草间，或木工蔑匠之家。凡占逃亡盗贼，若遇墓爻，决难寻见，直待冲破墓爻日月，方可得见也。

倘伏五乡，岂宜一类。

卦无用神，须看伏在何爻下，便知其人在于何处。如伏鬼下，在官仓、官库之中；旺加月建，在官户家；休囚无气，在公吏家。伏父母下，在叔伯父母家，不然在手艺家。伏兄下，在兄弟姊妹及相识朋友家。伏财下，在奴婢妻妾阴人处。伏子下，在寺观及卑幼处也。又如伏于鬼墓下，不在庙宇中，则在寺庵内。又如伏于财库爻下，不在仓库中，则在富豪家也。

木兴水象，定乘舟楫而逃；

用爻属木，在坎宫动者，必乘舟逃去；木化水，水化木，或木在水宫动，水在木宫动者皆然。

动合伏财，必拐妇人而去；

用爻动来与本宫财爻作合，其人必拐妇人逃去。财若伏于世下，必是妻妾；在应爻下，乃是邻家妇女。

内近外远，生世则终有归期；

用爻在本宫内卦，人在本地；在本宫外卦，在别府别县。他宫内卦，外县交界处；他宫外卦，外府州县；如在六爻，远方去矣。最喜生世合世持世，其人虽去，日后当自归来，寻亦易见也。

静易动难，坐空则必无寻路。

用爻不动，其人易寻，动则迁移无常，指东言西，或更名改姓，必难寻获。若落空亡，杳无踪迹。

合起合住，若非容隐即相留；

用静逢合则合起，用动逢合则合住；若日辰动爻合起用神，必有窝藏容隐相留。要知相留容隐之人，以合爻定之。如在子孙为僧道，父母为尊长类。合爻与世冲克，决不来报。

冲动冲开，不是使令当败露。

静爻逢冲为冲动，动爻逢冲为冲开。用爻遇动爻日辰冲动，家中必有人使令逃亡者，如父母是尊长类。

动爻刑克，有人阻彼登程；日建生扶，有伴纠他同去。

用爻逢冲，被人喝破；遇克，被人捉住；有扶有并有生，有人纠他同去。已上刑克等爻与世有情，必来报我。

间爻作合，原中必定知情；

间爻为原保人，无保以邻里断之。如与用爻相合，必知其情。更与世爻冲克，必是此人诱去。

世应相冲，路上须当撞见。

世应俱动相冲，在途撞见，用爻与世动冲亦然。世爻动克用爻，或世旺应衰，必然擒拿；应旺世衰，或用爻克世，虽能遇见，不能捕之。

无冲无破居六位，则一去不回；有克有生在五爻，则半途仍走。

用爻不受刑冲克害，又不生合世爻，而世爻不克用爻者，是逃者不思归，寻者不得见，乃一去不回之象。若动爻日辰克制用爻，是可擒之兆；若遇变出之爻，反生合用爻者，主捕后仍被逃走。

主象化出主象，归亦难留；

卦有用爻，不宜化退神，谓之化去，必难捕获。若被世爻、动爻、日辰克制，纵捉回之后，亦难久留。

本宫化入本宫，去应不远。

本宫仍化本宫卦者，譬如乾卦化入姤、遁、否、观等本宫卦也，主其人逃在本处地方，必不远出。若用爻在他宫动，而又化入他宫者，远去又转方也。

归魂卦用仍生合，不捕而自回；游魂卦应又交重，能潜而会遁。

得归魂卦，彼意归切，若生合世爻者，彼必自归，寻之易见。遇游魂卦，其人必无归意，能潜会遁，寻必难见。

世克应爻，任尔潜身终见获。应伤世位，总然对面不相逢。

世克用，是我制他，去不甚远，寻之易见。

用克世，是他得志，自由之象，寻之难见。

父母空亡，杳无音信；

父母主信，逢空则无信，如动来生世合世，定有报信人来也。

子孙发动，当有维持。

子孙临身世，自然去必顺利；如得日辰生合世爻，必有维持，纵有逆事，不能为害。此言逃人自卜也。

众煞伤身，窃恐反遭刑辱；

动变日月刑冲克害世爻者，谓众煞伤身也，反遭刑，不逃者吉。

动兄持世，必然广费赀财。

兄弟持世，费财可寻，费财可逃。若加玄武旺动克世，须防有人劫骗。

父动变官，必得公人捕捉；

父化官、官化父，或官父俱动，必须兴词告官，差捕可获也。

世投入墓，须防窝主拘留。

凡遇世爻入墓者，反被拘留人之辱，或后有灾病。

世应比和不空，必潜于此；

凡卜逃人在此处否，须得世应生合比和，用爻出现不空，必然潜于此也。

世应空亡独发，徒费乎心。

世空则去寻不成，用空则寻亦不见，世应俱空，必主无可寻处空回。兄弟独发，虚诈不实，亦寻不见也。

但能索隐探幽，何处深潜远遁？

失　脱_{附盗贼捕盗捉贼}

居民饥寒，每有穿窬之辈；勿忘检束，亦多遗失之虞。要识其中之得失，须详卦上之妻财。

财爻为所失物之主，如得冲中逢合，失必可得；如合处逢冲，既失不能复得矣。

自空化空，皆当置而勿问；日旺月旺，总未散而可寻。

用爻自空，或动化空，皆难寻见；若财值月令，或在日辰生旺之地，此物未散可寻也。

内卦本宫，搜索家庭可见；他宫外卦，追求邻里能知。

财在本宫内卦，其物未出家庭，可见；财在他宫外卦，物已出外，难得。在间爻，邻里人家可寻。

五路四门，六乃栋梁阁上；

此指六爻，言其大略。用神在五爻，道路可寻；在四爻，门户可寻；

在第六爻，梁阁上可寻。学者不可执泥，宜当活泼。

初井二灶，三为闺闱房中。

如用临初爻子亥水，井中可寻；在二爻，灶前可寻；在三爻，房内可寻；如伏三爻官鬼下，神堂内可寻。

水失于池，木乃柴薪之内；土埋在地，金为砖石之间。

财临水爻，物在池沼。财临木爻，竹木树林柴薪内。财临金爻，旺相在铜铁锡器中，休囚缸瓮罐瓶内。外卦旺相砖石内，休囚瓦砾中类。

动入墓中，财深藏而不见；

倘用爻入墓化墓，或伏墓下，必在器物中。要知何日见，须待冲墓之日。

静临世上，物尚在而何妨。

凡占失脱，用爻不宜动，动有更变。若得安静持世，生世合世，其物皆主未散，必易寻得，生旺不空尤妙。

鬼墓爻临，必在坟边墓侧；

用临鬼墓，其物必在寺庙中，无气则在坟墓内。如系本宫内卦，则在枢旁，或在座席上。更加腾蛇，恐在神图佛像之前。在三爻，香火堂中类。

日辰合住，定然器掩遮藏。

用爻发动，遇日辰合住，必然有物遮藏。冲中逢合必得，合处逢冲难寻。

子爻福变妻财，须探鼠穴；酉地财逢福德，当检鸡栖。

财化福、福化财，其物必在禽兽巢窟中。如值子爻，是鼠衔去；更在初爻，在地穴。寅是猫衔，丑在牛栏，午在马厩，未在羊牢，酉在鸡栖，亥在猪圈是也。有合则在内，无合则在旁。

鬼在空中，世动则自家所失；

卦无官或落空，而世爻动者，乃自遗失，非被人偷去也。

财伏应下，世合则假贷于人。

官鬼或空或伏，或死绝不动，而财临应上，或伏应下，乃自借于人也。要知何人假借，以应临六亲定之，如临子为卑幼类。

若伏子孙，当在僧房道院；如伏父母，必遗衣箧书箱。

用不上卦，须寻伏于何处。若伏子孙爻下，物在寺院或卑幼处。如伏父母下，物在正屋中，或在尊长处。无合，衣服书卷中；有合，衣箱书箱内。若伏兄下，本宫兄弟姊妹处，他宫相识朋友处。

在内则家中失脱，在外则他处遗亡。

用爻在内卦，失于家中；用爻在外卦，失于他处。

财伏逢冲，必是人移物动；

财伏卦中，遇动爻日辰暗冲者，若鬼爻衰静，其物被人移动，非人偷也。

鬼兴出现，定为贼窃人偷。

鬼不上卦，或落空亡，或衰绝不动，皆不是人偷；游魂卦，多是忘记；若鬼爻变动，方是人偷。

阴女阳男，内卦则家人可决；生壮墓老，他宫则外贼无疑。

鬼爻属阳男子偷，属阴女人偷。阴化阳，女偷与男；阳化阴，男偷寄女。生旺壮年人，墓绝老年人，胎养小儿偷，带刑害有病人偷。本宫内卦家中人偷，他宫内卦宅上借居人偷，或家中异姓人偷。

乾宫鬼带螣蛇，西北方瘦长男子；巽象官加白虎，东南上肥胖阴人。

此指八卦以定方向，六神以定贼形。如鬼在乾宫，西北方人；在巽宫，东南方人。带螣蛇，身长而瘦；加白虎，旺相贼必肥大，休囚瘦小。余皆仿此。

与世刑冲，必是冤仇相聚；与福交变，必然僧道同谋。

鬼爻与世刑冲，其贼向有仇隙者；与世生合，乃是兼亲带故之人；鬼化子、子化鬼，必有僧道杂在其中。

鬼遇生扶，惯得中间滋味；

鬼爻无气，又临死绝，若遇动爻日辰扶起者，此贼惯得其中滋味。带月建是强盗，加太岁是官贼。

官兴上下，须防里外勾连。

卦有二鬼，偷非一人。俱动，是外勾里连。内动外静，是家人偷与外人；外动内静，家中人有知情。

木克六爻，窬墙而入；金伤三位，穿壁而来。

木爻克土，窬墙掘洞；金鬼克木，割壁钻篱；火鬼克金，劈环开锁；水鬼克火，灌水灭灯；土鬼克水，涉溪跳涧；木火交化，明灯执仗。要知何处可进，以鬼克处定之。如木鬼克六爻，踰垣而入；克初爻，后门掘洞而进也。

世去冲官，失主必曾警觉；

世冲鬼爻，失主知觉；应冲鬼爻，他人知觉；旁爻冲鬼，旁人知觉。

日来克鬼，贼心亦自惊疑。

鬼被日辰动爻刑克，彼时贼心惊疑，贼必捕获。

子动丑宫，问牧童必知消息；福兴酉地，是酒客可探情由。

子动必有人撞见，询之可知消息。如在子爻，可问科头男子，或捕鱼人。在丑爻，可问牧童筑墙等人。在寅爻，是木客木匠、担竹木器等人。在卯爻，问织席卖履、挑柴䓍草等人。在辰爻，问开池凿井、傍河锄地等人。在巳爻，问穿红女子，或弄蛇乞丐人。在午爻，问烧窑、乘马、讨火、提灯等人。在未爻，问挑灰、耕种、牧羊者等人。在申爻，问铜铁匠，或弄猴人。在酉爻，问针工、酒客、捉鸡等人。在戌爻，问挑泥、锄地、牵狗等人。在亥爻，问担水、踏车、洗衣、沐浴等人。

兄动劫财，若卜起赃无处觅；

卜起赃及寻物，若见兄动，皆主财物失散，终难寻觅。

官兴克世，如占捕盗反伤身。

凡占捕盗，要世旺鬼衰，世动鬼静，则易于捕获。若鬼爻乘旺，动来刑克世爻，须防反被其害。

世值子孙，任彼强梁何足虑；

子为捕盗之人，若旺动或临世，或日月临之，则鬼有制，贼必可获，纵凶恶强盗，不足畏也。

鬼临墓库，纵能巡捕亦难擒。

鬼爻入墓及化入墓或伏墓下，皆主其贼深藏难捕。得动爻日辰破墓可获。

日合贼爻，必有窝藏之主；

鬼为贼爻。捕盗遇合，贼必有人窝藏，不能得见，待冲合之日可获也。

动冲鬼煞，还逢指示之人。

鬼爻逢冲动及受克，必有人指示贼隐之处。

卦若无官，理当论伏；财如发动，墓处推详。

捕盗无官，贼必隐迹，须看伏在何爻之下，便知贼在何处，如伏财下在妻奴家类。若动爻有化出者，即以变爻论之，不须看伏。若卜起赃，见财爻发动，看其墓在何处，便知藏匿何方。

伏若克飞，终被他人隐匿；飞如克伏，还为我辈擒拿。

此伏只论鬼爻，此飞只论世爻。如鬼伏世下克飞，终难擒获；如世克伏，必可擒拿。

若伏空爻，借赁屋居非护贼；

鬼伏空爻下，赁屋居住，非是窝藏。或潜住他家，亦非容隐，后终败露。

如藏世下，提防窃盗要留心。

凡占防盗，最要鬼爻衰静及空，或日辰冲散，或子孙克制，皆为吉兆。若鬼爻无制，动克世爻，当受其害。若鬼伏世下，目下虽无事，至其出透时，宜提防累及。

倘失舟车衣服，不宜妻位交重；或亡走兽飞禽，切忌父爻发动。

失脱不可专以财为用神。若失舟车、衣帽、文书、章奏，则以父母为用爻，故忌财动。若失飞禽走兽，则以子孙为用爻，故忌父动受克，则难寻觅。学宜通变。

卦爻仔细搜求，盗贼难逃捉获。

新增痘疹

六气司天，寒暑灾祥之感应；五行迭运，痘疹疮疹之流行。欲问安危，须凭易卦。先察用象旺衰，次究忌神动静。生扶拱合，痘长灵根；克害刑冲，花遭妬雨。父动则护持乎兄弟，儿孙安得云宜；兄兴则为难于妻孥，子侄喜其相遇。最吉者官安用旺，最凶者鬼旺忌兴。

凡卜痘疹，必先分别用神、原神旺衰，次究忌神、仇神动静。如卜兄弟出花，以兄弟爻为用神，父母爻为原神，动而生之，是吉。倘卜子侄，以子孙爻为用神，父动则克子，是凶。如卜妻孥婢妾，以财爻为用神，兄动则克财矣。凡卜子侄，喜遇兄弟动也。官鬼为痘花，不宜伤损，亦不宜动，动恐变坏。如遇刑冲克害伏藏等象，是险逆之症也。即勉强起发，亦难收功。如用神旺相，官鬼安静，而得生扶拱合者，是顺症而无忧虑也。

用得长生，百年之内保无虞；

用神长生于日辰，或化长生者，虽百年之内无忧，目下何必虑之。

原临死绝，一月之外终有害。

如用神休囚，再受伤克，又遇原神临于死绝之处，旦夕难延。若用神出现旺相，而原神静逢天绝，或动化伤克者，目下得令，虽见收功，出月退炁，仍有不测之害也。

官强而痘难开朗，福旺则花必稀疏。

官鬼爻为痘症，宜静不宜动，动则有变。静而衰者痘稀，旺而动者痘密。福神为痘花之主，亦宜安静有气，最忌动化伤克。若得福旺官衰，痘花定然稀朗，必好收功也。

墓库不宜临用，

痘喜起发，既发又喜神清。若用神入墓库，初难起发，后必神思昏倦，主难收功也。

休囚岂可持身。

出花之人，宜于体旺，则易收功。如用神休囚，必是体弱，再无原神日月生扶者，后亦有变。

卦现官多，防贼痘之为祸；

官鬼不宜多现，多则痘分粗细。如无子孙出现，恐痘密之中，间有毒痘，其名曰"贼痘"，如不去之，则害一身痘矣。

爻临福众，虑进补以招殃。

子孙之爻，不宜多现，只要旺相有气。如多现，不宜用补药，食补物，若用补反恐有害也。

乱动皆非吉，伏吟亦是凶。

诸卦皆怕乱动，何况于痘花？凡占皆畏伏吟，岂独于痘症乎？

子孙发现，当勿药而自痊；父母交重，纵延医而难治。

如子孙发动，不遇日月动变伤克者，倘卜用药，当许立效，故喻之不药而能愈也。

财动卦中，宜调脾胃；

财为饮食，宜旺不宜空，空则不思饮食；宜静不宜动，动则生助官鬼。恐因多食而伤脾胃，故须调养。

兄兴象内，须理胸怀。

财为调理之物，兄为气闷之神。如遇兄弟爻发动，动则伤克财爻，主饮食少进，或乏于调理。如在间爻，宜宽胸理气。如临朱雀，必感怒而不思饮食。

贪口腹而增忧，多为帮官伤世；

财爻发动则生官鬼，若卦中又见官鬼发动而克世身主象者，必因贪口腹以致增病，或未出痘之前已停食也。

爱滋味而进食，定因助福生身。

兄弟本是克财，动则不思饮食。若得子孙亦动，动来生世身用象者，谓之助福生世，主出痘之人，初不思食，因爱一味，引开胃口，始能进食也。

卦遇六冲难起发，爻逢六合好收功。

凡卜近病，喜遇六冲，谓之冲散灾殃。惟卜痘症则不然，谓之花逢冲则败，犹如妬雨侵花，初难起发，后不收功。如遇六合卦，或用神逢生合，则易起发，必好收功也。

闷而不发，皆缘用伏加伤；发而不浆，只为官空增制。

用神出现，不遇日月动爻刑冲克害，是大吉之兆。如用神伏藏，再受日月动爻刑冲克害者，必是闷症，难过四五朝者，屡验。如官爻旬空月破，又遇日辰动爻克害者，痘纵起发，在七八朝，恐不灌浆，难于收功也。

原神若坏，纵用现兮不祥；主象受伤，得救护兮无碍。

原神者，生用神之爻也。如原神旬空，若伏藏而无伤克者，主症虚体弱，非补不能起发；既起发，主无力灌浆。若原神值真空真破，或伏而受伤太过，或化回头克伤，谓之原神受伤，用神无根，焉能得生？非吉祥之兆也。如主象逢伤克，而遇原神临月建、日辰、动爻救护者，痘症虽险，可断不妨。学者宜变通。

福鬼若值青龙，方宜种痘；

或子孙爻临青龙，或官鬼爻临青龙，不遇日月动爻刑冲克害者，如卜种痘，为大吉之兆。如官爻旬空或伏藏，福神不值青龙，纵种痘亦不出也。

用煞如临白虎，且慢栽花。

或用神临白虎，或忌神临白虎，用神受日月动变爻刑冲克害者，不宜种痘，恐反被害耳。

玄武冲世冲身，污妇魇而作变；

玄武临财爻，动来冲世身用象者，主因污妇冲魇，以致痘花作变。如玄武临应爻，动来冲世身主象者，因外人闯魇作变也。

白虎临官临用，火毒甚而未清。

白虎是血神，如临官鬼，或临用神，而遇日月动爻刑冲克害，若非生痰，定是结毒。如在乾宫，毒结头面，坤腹、震足、巽股、艮手、离目、坎耳、兑口等类推之。

身上虎，须向五行言带疾；

大凡卦身一爻，主痘人始终之事。若临福德吉神，主无痘毒；如临官鬼，必有结毒成疾之处。如遇金鬼，系肺经火毒未清，鼻孔内生疮，或左耳带疾。如临木鬼，系肝经火毒未清，主两目内出痘，或右耳带疾。如遇水鬼，系肾经火毒未清，主两耳干枯，嘴唇带疾。如官鬼属火，系心经火毒未清，舌上干焦，主带目疾。如官鬼属土，系脾经火毒未清，主口如鱼口，鼻梁带疾。已上官鬼所属临持卦身，如值休囚，见福神发动者，用药可愈。如无福神克制，反加白虎附持，则有损矣，乃终身之疾也。

爻中煞，当凭八卦论周身。

如虎鬼居乾宫，则带疾在头；如居兑象，则带疾在面；如居震卦，带疾在足；如居巽宫，则带疾在股；如居坎卦，则带疾在耳；如居离卦，则带疾在目；如居艮卦，则带疾在手；如居坤卦，则带疾在腹。已上八宫所值鬼爻，如遇福神克制，则医治易愈；如再加白虎持临，定成终身之疾也。

金为肺腑，增疼增嗽非宜；火属心经，发疮发斑大忌。

官鬼属金，毒发肺部，主身体作痛或咳嗽，须防鼻搧；如官鬼属火，毒发心经，乃火毒之症，初起防发斑，继防发疮，及舌头缩硬。衰静者轻，旺动者重。

木鬼乃风邪未表，水宫而寒食尚停。

木能生风，故主风邪。如官爻属木，必因未表风寒，肝经受毒，防呛喘发痒及两目直视。如官爻属水，毒发肾经，防腰疼及两耳焦干，尚有寒食停积，发热缩浆。

　　麻面官乘四土，破碎位遇三冲。

　　官鬼为痘花，如临辰戌丑未四土，土属脾经，脾经主痘粗扁多密，故云"麻面"，防口如鱼口。如官爻遇年月日三建冲者，灌浆后防破碎泄气。

　　玄武主阴虚黑缩，勾陈应胀闷黄浮；

　　玄武临官爻，或临忌神，及阴虚之症，防缩浆黑陷。勾陈若附鬼爻，主胀闷黄浮。

　　螣蛇木摆似惊风，朱雀火炎真血热。

　　螣蛇临木爻官鬼，主初起未见点时似乎惊风。若卦中官鬼属火，又临朱雀，是血热火毒之症，须用大黄、黄莲等剂，必清火泻毒，方能有救。如迟服则斑甚，痘隐焦黑，不能挽回也。

　　白虎同忌煞交重，哭声将至；

　　白虎临忌神发动克伤用神，又无原神救护者，立见其危。

　　青龙会恩星发动，庆贺齐来。

　　青龙临原神发动，生合用神，痘必收功也。

　　定死活于五行生克之中，决轻重于六神临持之上。

　　生死全凭生克，轻重兼看六神，此节乃一章之大旨也。

　　儿孙满目未出花，耽许多忧虑；金玉满堂失教训，枉费尽心机。

校正全本卜筮正宗卷之十二

出　行

人非富贵，焉能坐享荣华？苟为名利，宁免奔驰道路？然或千里之迢遥，夫岂一朝之跋涉？途中休咎，若个能知？就里灾祥，神灵有准。父为行李，带刑则破损不中；妻作盘缠，生旺则丰盈足用。

出行以父母为行李，旺相多、休囚少类。旺空虽有而不多，带刑害破损旧物。妻财为财物本钱类，旺相充满，休囚微少。若从兄弟化出，必是合本，或是借来，非己之物也。

世如衰弱，哪堪水宿风餐；

世为自己，生旺则健，休囚则倦，所以不堪劳碌于风霜中也。

应若空亡，难望谋成事就。

应爻为所往之处，最怕空亡，主地头寂寞，谋事难成，不能得意而回。

间爻安静，往来一路平安；

间爻为往来经历所在，动则途中阻滞。若得安静，则往来平安无阻。临财福动，途中谋望胜如地头。

太岁克冲，行止终年挠括。

太岁发动，冲克世爻，其人出外，终年不利。更加白虎凶煞，尤非吉兆也。

世伤应位，不拘远近总宜行；应克世爻，无问公私皆不利。

世克应，是我制他，所向通达，去无阻节；应克世，所向闭塞，更遇动爻日辰刑克，更不吉利。

八纯乱动，到处皆凶；

八纯乃六冲之卦，六爻不和，又遇乱动，何吉之有？

两间齐空，独行则吉。

间爻若空，主无阻滞。又为伴侣，若二间皆值旬空，宜自独行，庶免同伴之累。

世动订期，变鬼则自投罗网；官临畏缩，化福则终脱樊笼。

世爻不动，行期不定，动则期已定矣。世应俱动，宜速行。若世动变出鬼爻，去后必遭祸患。或鬼持世，乃是逡巡畏缩，欲行不行之象。鬼化子孙，虽有灾患，不足畏也。

静遇日冲，必为他人而去；动逢间合，定因同伴而留。

世爻安静，遇日辰动爻暗冲者，他人浼去，非为自己谋也，日辰并起合起皆然。若世爻发动，遇日辰动爻合住者，是将行而有羁绊，未能起程；间爻方是同伴羁留。欲断行期，须逢冲日。

世若逢空，最利九流出往；

世空去不成，强去终难得意，徒劳奔走。若九流艺术及公门等人，是空拳问利，反吉。

土如遇福，偏宜陆地行程。

卦中火土爻乃是陆路，水木爻是水路。若临财福吉，兄鬼凶。

鬼地墓乡，岂宜践履。财方父向，却可登临。

鬼地墓乡，财方父向，如自占卜，皆以世位而言。官鬼之方，及鬼之墓方，世之墓方，并克世之方，此等凶方，不可践履。宜往财福之方，及生世之方，为大吉也。

官挈玄爻刑克，盗贼惊忧；

官鬼临玄武，本是盗贼。若与世爻刑克，不免盗贼之忧。

兄乘虎煞交重，风波险阻。

兄加白虎及忌神动，或鬼在巽宫，动来克世，皆有风波险阻。

妻来克世，莫贪无义之财；财合变官，勿恋有情之妇。

财动刑克世爻，恐因财致祸，故言勿贪无义之财。。若世与财爻相合，而财爻变出鬼来刑克者，恐因色招殃，勿恋可免。

父遭风雨之淋漓，舟行尤忌；

父为辛勤劳苦之神，动则跋涉程途，不能安利；刑克世爻，必遭风雨所阻。父为舟，克世行船不利，故尤忌。

福遇和同之伴侣，谒贵反凶。

子孙持世最吉，主逢好侣，行路平安。若为谒贵而出行，则为不宜。子动谓之伤官，反不利矣。

艮宫鬼坐寅爻，虎狼仔细；

艮为山，寅属虎，若艮宫见寅鬼，是虎狼也。若不伤世，与我无害；倘或伤应，即噉他人。

卦见兄逢蛇煞，光棍宜防。

兄主劫财，若加螣蛇动，必有光棍劫拐财物。无制宜防，有制无妨。

鬼动间中，不谐同侣；

鬼在间爻动，若非伴侣不和，即是伴中有病，克世主自有悔。

兄兴世上，多费盘缠。

兄弟爻主耗费赀财，持世则自多虚费。不临世上动，自他人损耗我也。

一卦如无鬼煞，方得如心；

官鬼主祸灾，故不宜见之。即如出现，或得安静，或有制伏，纵见无妨。

六爻不见福神，焉能称意。

子为福德，又为解神，若不上卦，或落空亡，不能制鬼，则鬼煞专权，恐有灾祸。

主人动遇空亡，半途而返；

隔手来占，须看何人出行，如卜子侄则看子孙。主人者，用神也。余仿此。如动遇空亡，行至半路复回；动化退神亦然。

财气旺临月建，满载而回。

出行若得财爻旺临月建，生合持世，不受刑克，定主满载归家。

但能趋吉避凶，何虑登高涉险。

行 人

人为利名，忘却故乡生处乐；家无音信，全凭《周易》卦中推。要决归期，但寻主象。

主象者，用神也。卜官员看官爻，幼辈看子孙爻，妻孥看财爻，兄弟朋友看兄爻，尊长看父爻，不在六亲之中者看应爻。

主象交重身已动，用爻安静未思归。

主象即用爻也，动则行人已行。如用爻安静，又无日辰动爻冲并者，安居异乡，未起归念。

克速生迟，我若制他难见面；

用动克世，或世落空亡，人必速至；生合世爻，人必归迟。最忌世爻动克用爻，乃未能归也。

三门四户，用如合世即还家。

三四爻为门户，临用爻动，归程已近；而用爻又无制伏，动来生合世爻者，可立而待也。

动化退神，人既来而复返；

用爻若化进神，行人急回，不日可望；化退神，行人虽来仍返，或又往他处。既来而复返者，总言不能归也。

静生世位，身未动而怀归。

六爻安静，人不思归。若用爻生合世爻，身虽未动，已起归意。

若遇暗冲，睹物起伤情之客况；

用爻安静，本无归意，若遇日辰冲动，必然睹物思乡，将欲回家。倘月建动爻克之，亦难起程也。

如逢合住，临行有尘事之羁身。

用神发动，本是归象，若遇动爻日辰合之，因事绊住，不得归来，须待月日冲之可到。远断年月，近断日时。

世克用而俱动，转往他方；

不宜世克用爻，若安静受克者，原在旧处；若发动，人已起程。如被动世克之，而用爻亦动者，则转往他处。

用比世而皆空，难归故里。

世爻旬空者速至，如用爻亦值旬空，纵世空而不能来也。不可一概而言，故曰"用比世而皆空，难归故里"。

远行最怕用爻伤，尤嫌入墓；

凡卜远行，若用神出现，不受伤克，不值真空真破，主在外吉利，归迟无妨。若逢墓绝，及日月动变刑克，皆主不吉。

近出何妨主象伏，偏利逢冲。

近出若用爻伏藏，必因事故不归，值日便到。如安静，至冲动日到；如旬空安静，至出旬逢冲日到。

若伏空乡，须究卦中之六合；

用神若伏不空之飞爻下，须待冲飞之日可来；如伏空爻之下，得日辰动爻合之即出。速则当日来，迟则值日到。

如藏官下，当参飞上之六神。

用爻伏于官爻下，必为凶事所羁。临勾陈跌仆损伤，临螣蛇勾连惊恐，临白虎或官鬼属土，卧病不归。临玄武盗贼所阻，或贪色不归。其余下文引证类推之。

兄弟遮藏，缘是非而不返；

用爻伏于兄弟下，必因赌博。加朱雀是口舌争斗，临白虎为风波所阻。

子孙把持，由乐酒而忘归。

用爻伏于子孙下，必为游乐饮酒，不然因僧道，或六畜，或子孙幼辈之阻，不得归也。

父为文书之阻滞，

用爻伏于父爻下，必为文书阻节，或因尊长、手艺人拘留。

财因买卖之牵连。

用爻伏于旺财下，必为经营买卖得利忘家。财若空亡，或遇兄动，多因折本。若加咸池，定然恋色而忘归。

用伏应财之下，身赘他家；

用爻伏于应位阴财之下，必赘他家。若临阳象生合世身，必代他人掌财不返。

主投财库之中，名留富室。

用爻伏于财库下，其人必在富家掌财。伏神如遇墓绝，则是依傍度日耳。

五爻有鬼，皆因途路之不通；

用爻伏于五爻官鬼之下，必因关津不通而阻也。

一卦无财，只为盘缠之缺乏。

卦中动变日月皆无财爻者，为无路费不归。

墓持墓动，必然卧病呻吟；

用爻入墓化墓，或持鬼墓，或伏于鬼墓爻下者，皆主卧病不回。若伏官爻下，或临白虎，必在狱中，非病也。

世合世冲，须用遣人寻觅。

用爻安静，而世动冲起之，合起之；用爻伏藏，世去提起；若用爻入墓，世去破墓，皆宜自去寻觅方回。

合逢玄武，昏迷酒色不思乡；

或用临玄武动而遇财爻合住，或用伏玄武财下，皆主贪花恋色不思乡也。待冲破合爻，庶可归来。若用伏玄武鬼下，而财爻不相合者，其人在外为贼不归也。

卦得游魂，漂泊他乡无定迹。

游魂卦用爻发动，行人东奔西走，不在一方。游魂化游魂，行迹不定；游魂化归魂，游遍方归。

日并忌兴休望到，身临用发必然归。

忌神临身世，或日辰克用，皆主不归。若得用临身世，出现发动，或持世动，立可望归。

父动卦中，当有鱼书之寄；

凡占书信，卦有父母爻动，主有音信寄来。

财兴世上，应无雁信之来。

独占书信，以父母爻为用神。若世持财动则克父矣，故无雁信之来也。

欲决归期之远近，须详主象之兴衰。

断归期，全在合待冲、冲待合、空待出旬、破待补合、绝待逢生、墓待冲开等法，当以如是推详。要知远近，兼决于兴衰。

动处静中，含蓄许多凶吉象；天涯海角，羁留多少利名人。

舟　船

凡卜买船，断同船户。

凡卜买船与雇船，断法相同。如舟子自卜，当以船家宅断之，又非此断法也。

六亲持世，可推新旧之由；

凡推船之新旧，当以六亲持世决之。财福是新，父母是旧，兄弟是半新旧，官鬼多灾惊。兼以衰旺决之。

诸鬼动临，可识节病之处。

金鬼钉少，土鬼灰少，木鬼有缝，水鬼有漏，火鬼有燥裂。

初二爻为前仓，要持财福；五六爻为后舵，怕见官兄。

初二爻为前仓，三四爻为中仓，五六爻为后舵。

父作梢公，不宜伤克；

卜船以父母为舟船，卜驾撑以父母爻为梢公。要旺相生合世爻为吉，如发动伤克世爻为凶。

龙为舟尾，岂可空刑。

青龙为船尾，临财福旺动，持世生合世，皆主利益称意。

螣蛇辨索缆之坚牢；

螣蛇为索缆，休囚值旬空则枯烂，旺相持吉神则坚牢。

白虎为帆樯之顺利。

白虎属风，故取为风帆。若生旺带财福吉神，动持生合世身，则船有好帆，使风顺快。若白虎带凶鬼恶煞，旺动克害世身，或卦得反吟，主遭失风倾覆之患。

六爻皆吉不伤身，四海遨游无阻滞。

六爻生合财福吉神，又生旺持世持身，动爻又不来伤克，则无往不吉，虽远游于四海五湖，亦皆顺利也。

娼　家

养身于花柳之家，曰娼曰妓；识祸福于几微之际，惟著惟龟。花街托迹，柳巷安身。门外纷纷，总是风流子弟；窗前济济，无非歌舞佳人。若要安宁，必得世无冲克；欲求称意，还须应去生扶。

凡娼家卜住居家宅生意类，皆以世为主娼之人，应为宿娼之客。若月建日辰动爻俱不刑冲克世，必主家宅吉利，人口安宁。更遇应来生合，十全之好，凡事遂意。

卦见六冲，往来亦徒迎迓；

冲者散也，如得六冲卦，或合处逢冲，不但往来之客无惠，更防驱逐不安。

爻当六合，晨昏幸尔盘桓。

得六合卦最吉，盖合则情分相投，必主人多顾恋，内外合同，家门雍睦。

财若空亡，钱树子慎防倾倒；

财为娼妓，若值真空，或衰绝受克，主妓女衰亡。财若重叠，妓女必多。旺相则颜色美丽，衰弱则容貌不妍，刑则有病。日月动爻无生无合，主人不眷恋。

官如墓绝，探花郎那得栖迟。

官为宿客之主，若动来生合世爻，必多商客下顾。更得日辰生扶，必有贵人招接。惟不宜空亡墓绝。

妻财官鬼二者，不可相无；

无财主无出色之女，无官主无贵客招接，钱财破耗。若财官俱无，或一空一伏，是时运不济也。

财鬼父兄子孙，皆宜不动。

常人占宅，宜子孙动，惟妓家动则伤官。若鬼动，子孙亦宜动也。最喜六亲安静，故曰皆不宜动也。

鬼煞伤身，火盗官灾多恐怖；

鬼爻生合世爻，是宿客顾恋之象，虽动亦吉。若冲克刑害，则是鬼煞为祸，重则官灾火盗，轻则是非口舌。

日辰冲父，住居屋宅有更张。

父母为住居屋宅，或被日辰冲克，或父母化出财爻，当有更变，必住不久。

兄弟交重，罄囊用度；

兄动主生涯冷淡，破耗多端，更有生扶，则罄赀用度无了日也。

子孙藏伏，麈额追陪。

子孙为福德喜悦之神，娼家虽不宜动，然不可空伏，主家宅不安，住居不稳，生涯不旺。

财化福爻，家出从良之妓；

不宜财动，动则妓女走失，若逢冲克，或空动皆然。化子合应，妓有从良之志；化子生世，可称钱树子也。

官居刑地，门招恶病之人。

鬼带刑爻生合世身，多招恶病之人来往。与世生合，与财刑冲，须防妓亦沾染。

忌动衰空，闲是闲非闲挠舌；

克世之神发动，衰空有制者，不过闲是闲非而已，无制不吉。

财兴克世，有财有利有惊忧。

凡财爻旺相，不宜动来伤克世爻。盖财乃生祸之端，必然因财致祸。

能将玄理以推详，真乃黄金而不易。

船家宅章

既明住宅之根因，再看船居之奥妙。青龙父母，祖代居船；

白虎妻财，初当船户。要识平居安稳，须观福德青龙。初是船头，必须子孙兴旺；六为后舵，定宜福德交重。父母刑冲，必主风狂浪急；妻财克陷，定然惹是招非。若逢兄弟交重，怪木必须重换；但遇鬼爻临用，魔祷急宜祈祥。二为猎木，须要坚方。若遇腾蛇，必生怪异。但逢朱雀，口舌灾殃。青龙利益加添，白虎损人招祸。玄武忧疑盗贼，勾陈耗散赀财。三为仓口，怕逢刑冲克害；四为桅杆，喜遇拱合生扶。五为毛缆，六为橹篷。若得相生，行船必定致富；如逢冲克，船居多主灾殃。世爻发动，宜弃旧而从新；应位兴隆，宜世居而迪吉。世临玄武，盗贼相侵；持世勾陈，翻船损货。白虎防坠水不虞，青龙主临危有救。腾蛇爻动，主暴病之忧。朱雀爻兴，有断桅之祸。初位逢空，船头破损；二爻遇鬼，绳缆损伤。三爻最忌刑冲，仓内平基作祟。四位怕逢凶煞，破篷发漏须防。五为毛缆，逢空必有忧疑；六是舵门，遇煞定当修换。若能依此而推，船居必无他事。

何知章

何知人家父母疾？白虎临爻兼刑克。

何知人家父母殃？财爻发动煞神伤。

何知人家有子孙？青龙福德爻中论。

何知人家无子孙？六爻不见福德临。

何知人家子孙疾？父母爻动来相克。

何知人家子孙灾？父母当临福德来。

何知人家小儿死？子孙空亡加白虎。

何知人家兄弟亡？用落空亡白虎伤。

何知人家妻有灾？虎临兄弟动伤财。

何知人家妻有孕？青龙财临添喜神。

何知人家有妻妾？内外两财旺相决。

何知人家损妻房？财爻带鬼落空亡。

何知人家讼事休？空亡官鬼又休囚。

何知人家讼事多？雀虎持世鬼来扶。

何知人家旺六丁？六亲有气吉神临。

何知人家进人口？青龙得位临财守。

何知人家大豪富？财爻旺相又居库。

何知人家田地增？勾陈入土子孙临。

何知人家进产业？青龙临财旺相说。

何知人家进外财？外卦龙临财福来。

何知人家喜事临？青龙福德在门庭。

何知人家富贵昌？临财旺福青龙上。

何知人家多贫贱？财爻带耗休囚见。

何知人家无依倚？卦中福德落空死。

何知人家灶破损？玄武带鬼二爻恓。

何知人家锅破漏？玄武入水鬼来就。

何知人家屋宇新？父入青龙旺相真。

何知人家屋宇败？父入白虎休囚坏。

何知人家墓有风？白虎空亡巽巳攻。

何知人家墓有水？白虎空亡临亥子。

何知人家无香火？卦中六爻不见火。

何知人家无风水？卦中六爻不见水。

何知人家两爨户？卦中必主两重火。

何知人家不供佛？金鬼爻落空亡决。

何知二姓共屋居？两鬼旺相卦中推。

何知一家有两姓？两重父母卦中临。

何知人家鸡乱啼？腾蛇入酉不须疑。

何知人家犬乱吠？腾蛇入戌又逢鬼。

何知人家见口舌？朱雀持世鬼来掇。

何知人家口舌到？卦中朱雀带木笑。

何知人家多争竞？朱雀兄弟推世应。

何知人家小人生？玄武官鬼动临身。

何知人家遭贼徒？玄武临财鬼旺扶。

何知人家灾祸至？鬼临应爻来克世。

何知人家痘疹病？螣蛇爻被火烧定。

何知人家病要死？用神无救又入墓。

何知人家多梦寐？螣蛇带鬼来持世。

何知人家出鬼怪？螣蛇白虎临门在。

何知人家人投水？玄武入水煞临鬼。

何知人家有吊颈？螣蛇木鬼世爻临。

何知人家孝服来？交重白虎临鬼排。

何知人家见失脱？玄武带鬼应爻发。

何知人家失衣裳？勾陈玄武入财乡。

何知人家损六畜？白虎带鬼临所属。

何知人家失了牛？五爻丑鬼落空愁。

何知人家失了鸡？初爻带鬼玄武欺。

何知人家无牛猪？丑亥空亡两位虚。

何知人家无鸡犬？酉戌二爻空亡卷。

何知人家人不来？世应俱落空亡排。

何知人家宅不宁？六爻俱动乱纷纷。

仙人造出何知章，留与后人作饭囊。

祸福吉凶真有验，字字句句细推详。

妖孽赋

乾蛇鬼，巳冲刑，蓬头赤脚夜惊人，化猪化马作妖精。多拮据，宅不宁，匿钗赖镜损人丁。

坎蛇鬼，午来冲，没头没尾成何用。黑而矮，又无踪，拖浆弄水空声闻。

艮蛇鬼，若遇申，妖声似犬夜狺狺。空中常拍手，家鬼弄家人。狗作怪，家业倾，抛砖弄瓦何曾定。

震蛇鬼，酉冲刑，空中椅桌动闻声。踢踏响，似人行，大蛇常出现，窑器响惊人，桶箱作孽人丁病。

巽蛇鬼，亥又冲，鸡声报炀火，鬼怪起狂风。缢死之鬼扰虚空，床下响，及房中。

离蛇鬼，子来刑，锅釜作妖声。空中忽见火光焰，红衣者，是何人，年深龟鳖已成精。

坤蛇鬼，冲遇寅，锅灶上，作妖精，似牛叹气似亡人。虚黄大肚鬼，出现不安宁。

兑蛇鬼，受卯刑，空中叹气重而轻。羊出现，嚾嘴瓶，骨殖苦暴露，刀石更成精，移南换北幼亡魂。

搜鬼论

子

作怪鼠咬屋，黄昏忌火灾。小儿夜里叫，檐前祸鬼催。

丑

古墓西北方，牛栏又接仓。开土有坟穴，伏尸夜作殃。

寅

蛇虎来作怪，六畜血财亡。人口有病患，急需保安康。

卯

隔墙带血鬼，作灾母病床。破伞并橱柜，及有死人床。

辰

鸡犬灶中死，神庙不烧香。秽犯神龙位，有祸小儿郎。

巳

买得旧衣裳，亡人身上物。作怪蛇入屋，防损豕牛羊。

午

作怪鼠咬屋，不觉火烧裳。急遣白虎去，人口却安康。

未

小儿奴婢走，甑叫沸锅汤。外来门与厨，在家作祸殃。

申

客亡鬼入屋，作怪在家堂。黄昏鸡啼叫，枯木被风伤。

酉

家有鼠咬柜，灯檠不成双。灶有三处损，咒咀一女娘。

戌

飞禽来入屋，遗粪污衣裳。灶破并锅漏，神灯被鼠伤。

亥

公婆归尘土，从来不装香。小儿秽触犯，引鬼作怪殃。

校正全本卜筮正宗卷之十三

十八问答附占验

第一问

第一问：三传年、月、日建克用，有一爻动来生，有一爻动来克，亦谓贪生忘克乎？答曰：寡固不可敌众也，即如一爻生、一爻克，又自化克，皆不宜也，何况三传助克乎？〇又问：或月克日生、日克月生，如何？答曰：匹也。再看动出一爻生，是生，动出一爻克，是克也。

001 **辰月丙申日，占弟病业已临危。得既济之革卦。**

水火既济

兄弟	应	▅▅ ▅▅		子水
官鬼		▅▅▅▅▅		戌土
父母		▅▅ ▅▅	×	申金化亥
兄弟	世	▅▅▅▅▅		亥水
官鬼		▅▅ ▅▅		丑土
子孙		▅▅▅▅▅		卯木

断曰：此卦亥水兄弟为用神，辰月克之、申日生之，又得申金动爻生之，临危有救。果于本日酉时得明医救治，亥日痊愈。

002 午月丁未日，占弟被讼吉凶如何。得困之恒卦。

泽水困

父母	▬▬▬		未土
兄弟	▬▬▬	○	酉金化申
子孙 应	▬▬▬		亥水
官鬼	▬▬▬	×	午火
父母	▬▬▬		辰土
妻财 世	▬▬▬		寅木

断曰：酉金兄弟为用神，午月克之、未日生之，似可相敌，但动出午火月建相克，大凶之象。彼云：凶在何时？答曰：今岁辰年，太岁相合，自是无妨，化退神于申，恐危于午年甲月。果至午年申月而被重刑。

003 午月戊辰日，占妹临产吉凶。得晋卦。

火地晋

官鬼	▬▬▬		巳火
父母	▬▬▬		未土
兄弟 世	▬▬▬		酉金合
妻财	▬▬▬		卯木
官鬼	▬▬▬		巳火
父母 应	▬▬▬		未土

断曰：酉金兄弟为用神，月克日生，许之无碍。明日卯时必生，母子平安。应卯时者，酉金与辰日相合也。《黄金策》云：若逢合住，必待冲开。此月克日生无增生克也。

004 巳月乙未日，一人占自病。得大过之鼎卦。

泽风大过

妻财	▬▬▬	×	未土化巳
官鬼	▬▬▬	○	酉金化未
父母 世	▬▬▬		亥水
官鬼	▬▬▬		酉金
父母	▬▬▬		亥水
妻财 应	▬▬▬		丑土

断曰：世爻亥水为用神，未土动来克世，酉金动来生世，是谓贪生忘克，化凶为吉矣。但不宜日辰来克。又逢月冲，虽有酉金原神发动相生，如树无根，生不起也。果卒于卯日，应卯日者，冲去原神之日，忌神共来克害也。

005 申月戊子日，占坟地得剥卦。

山地剥

妻财　　▬▬　　寅木
子孙　世　▬▬　　子水
父母　　▬▬　　戌土
妻财　　▬▬　　卯木
官鬼　应　▬▬　　巳火
父母　　▬▬　　未土

断曰：日辰子孙持世，月建生之，青龙戏水，水必从左绕穴，必近大水，不然长流之水到堂。白虎临卯木，子卯刑中带生，是临财爻，为无碍。应为朝山属火，被世克，朝山不高。世前戌土为对案，土克世，对案略高。彼曰：一一皆是。葬后未出三年，二子皆发科甲。

第二问

第二问：何以谓之回头克，克者有吉凶乎？答曰：土爻动而变木，木爻动而变金，金爻动而变火，火爻动而变水，水爻动而变土，此是爻之回头克也。乾兑卦之离、离之坎、坎之艮坤、艮坤之震巽、震巽之乾兑，此是卦之回头克也。凡遇回头克者，彻底克尽。原用二神遇之则凶，忌仇二神遇之反吉也。

006 卯月癸亥日，占家宅人口平安否。得需之乾卦。

水天需

妻财　　▬▬　　✕　子水化戌
兄弟　　▬▬▬　　戌土
子孙　世　▬▬　　✕　申金化午
兄弟　　▬▬▬　　辰土
官鬼　　▬▬▬　　寅木
妻财　应　▬▬▬　　子水

断曰：申金子孙持世，午火化回头之克，乃自身及子孙皆受克也。子水财爻化戌土回头之克，财为妻妾奴仆，一家受克之卦，后至午月火旺克世，助土克财，财逢月破，一家数口，被回禄俱死。

007 **寅月辛酉日，占开店。得艮之明夷卦。**

艮为山

官鬼 世	▬▬▬▬▬	○ 寅木化酉
妻财	▬▬ ▬▬	子水
兄弟	▬▬ ▬▬	戌土
子孙 应	▬▬▬▬▬	申金
父母	▬▬ ▬▬	午火
兄弟	▬▬ ▬▬	× 辰土化卯

断曰：世临寅木得令当时，目下开张可许，独嫌日主克世，又化回头之克，鬼临世爻，须防疾病，至六月世入墓时当防。果至六月病，至八月店中财物，被伙计盗尽，鸣之于官。

008 **申月戊午日，一人占自久病，问过得今年否？得遁之姤卦。**

天山遁

父母	▬▬▬▬▬	戌土
兄弟 应	▬▬▬▬▬	申金
官鬼	▬▬▬▬▬	午火
兄弟	▬▬▬▬▬	申金
官鬼 世	▬▬ ▬▬	× 午火化亥
父母	▬▬ ▬▬	辰土

断曰：世爻午火临日辰，可称旺相，但不宜申月建生助亥水回头一克。此人至亥月戊日而故。应亥月者，午火乃日辰之火，彼时亥水不得令，不敢克也。戊日者，火库在戌也。

009 **卯月乙未日，一人占卖货。得家人之小畜卦。**

风火家人

兄弟	▬▬▬▬▬	卯木
子孙 应	▬▬▬▬▬	巳火
妻财	▬▬ ▬▬	未土
父母	▬▬▬▬▬	亥水
妻财 世	▬▬ ▬▬	× 丑土化寅
兄弟	▬▬▬▬▬	卯木

断曰：丑土财爻持世，卯月克之，未日冲之谓之散，又化寅木回头之克，不独财被克而世亦遭伤矣。后至未月世值月破，回禄伤身而死。

010 酉月丙寅日，占何日雨。得升之师卦。

地风升

官鬼		酉金
父母		亥水空
妻财　世		丑土
官鬼	○	酉金化午
父母		亥水空
妻财　应		丑土

断曰：亥水父爻为用神，值旬空，酉金官鬼爻是原神，化午火回头之克，旬内不雨，至子日有几点小雨。应于子日者，冲去午火仇神故也。雨小者，旬空无根也。

011 卯月戊辰日，一人占父官事。得萃之同人卦。

泽地萃

父母	×	未土化戌
兄弟　应		酉金
子孙		亥水
妻财	×	卯木化亥
官鬼　世		巳火
父母	×	未土化卯

断曰：外卦未土，卯月克之，况土值春令气败，又会成亥卯未木局克之，全无救助，必至重罪。后果斩。

012 巳月丁亥日，一人占仆何日回。得夬之履卦。

泽天夬

兄弟	×	未土化戌
子孙　世		酉金
妻财		亥水
兄弟	○	辰土化丑
官鬼　应		寅木
妻财		子水

断曰：亥水财爻为用神，亥水虽是月建，不谓月破，但不宜重重土动伤之。谚云："双拳不敌四手"，不独难望归期，还要防途中不测。后至午月火旺合未助土时，中途遇害矣。

013 午月丙寅日，一人占自病。得离之坎卦。

离为火

兄弟 世	▅▅▅▅▅	○	巳火化子
子孙	▅▅ ▅▅	×	未土化戌
妻财	▅▅▅▅▅	○	酉金化申
官鬼 应	▅▅▅▅▅	○	亥水化午
子孙	▅▅ ▅▅	×	丑土化辰
父母	▅▅▅▅▅	○	卯木化寅

断曰：离火化坎水，乃卦变回头之克，巳火世爻化出子水回头之克，名为反吟卦。今午月火旺之时，日主生扶，近来无碍，冬令防之。后果死于戌月丁亥日。应戌月者，世入墓之月也，亥日者，克冲之日也。

014 卯月乙酉日，一人占索房价。得坎之坤卦。

坎为水

兄弟 世	▅▅ ▅▅		子水
官鬼	▅▅▅▅▅	○	戌土化亥
父母	▅▅ ▅▅		申金
妻财 应	▅▅ ▅▅		午火
官鬼	▅▅▅▅▅	○	辰土化巳
子孙	▅▅ ▅▅		寅木

断曰：坎卦变坤，亦是卦变回头之克。世爻虽得日生，不宜两重土动来伤，此卦甚凶。不但房价事小，宜防不测之祸。后果于午月覆舟而亡。应于午月者，辰戌土鬼出春令，遇火增威，世临月冲也。此占房价验在其命，乃神之预报其凶. 占此应彼，占轻应重也。

015 申月戊辰日，占具题。得中孚之损卦。

风泽中孚

官鬼	▅▅▅▅▅		卯木
父母	▅▅▅▅▅	○	巳火化子
兄弟 世	▅▅ ▅▅		未土
兄弟	▅▅ ▅▅		丑土
官鬼	▅▅▅▅▅		卯木
父母 应	▅▅ ▅▅		巳火

断曰：五位巳火生世，化子水回头克，不宜具题。问曰：有害否？予曰：巳火虽不能生，幸卦中无动爻克世，利害皆无，后题而果不准行。

016 **寅月丁巳日，占虑大计。得旅之明夷卦。**

火山旅

兄弟	▃▃▃▃▃	○ 巳火化酉
子孙	▃▃▃▃▃	未土
妻财 应	▃▃▃▃▃	○ 酉金化丑
妻财	▃▃ ▃▃	申金
兄弟	▃▃ ▃▃	午火
子孙 世	▃▃ ▃▃	× 辰土

断曰：子孙持世，化回头之克，但嫌世位临之，世为自己，不宜受克，虽有金局生扶，伏官难称无恙。后果削职。

第三问

第三问：生用神者为原神，本主吉，吉中亦有凶者乎？答曰：原神动来生用，用神出现旺相者，其吉更倍也。如用神旬空衰弱或伏藏不现，待用出旬得令值日，所求必遂也。如用神旺相，原神休囚不动或动而变克、变绝、变墓、月破、日冲，或仇神动克原神，或被日月相克，或化退神，皆不能生用，则用神根蒂被伤，不惟无益，而反有损矣。

017 **申月戊辰日，妻占夫近病？得同人之离卦。**

天火同人

子孙 应	▃▃▃▃▃	戌土
妻财	▃▃▃▃▃	○ 申金化未
兄弟	▃▃▃▃▃	午火
官鬼 世	▃▃ ▃▃	亥水
子孙	▃▃ ▃▃	辰土
父母	▃▃▃▃▃	卯木

断曰：世爻亥水夫星墓于辰日，其病若论随鬼入墓，岂不凶乎？幸申金原神动来生用，又化出未土生助原神，又戌土暗动生助原神，是夫星根蒂固深，所嫌亥水旬空，不受其生，必待巳日冲起亥水，即愈。果己巳全愈也。

018 寅月甲寅日，占风水。得困之节卦。

泽水困

父母		未土
兄弟		酉金
子孙 应		○ 亥水化申
官鬼		午火
父母		辰土
妻财 世		× 寅木化巳

余曰：占祖茔，必有他故。葬后因何事不亨，今日何事而问，明以告我方敢决断。彼曰：自葬后，被论而归，年近五旬，尚无子息，是以卜此坟有何碍否？余曰：六合化合，风藏气聚，但嫌亥水申金被日辰冲之，申乃水之原神，必然源流水不归漕之故耳。若使水归漕，不至旁流，巳年再拜丹墀，申年生子。后果验。应巳年起用者，世上寅木化出官星之年也，申年生子者，亥水子孙化出申金回头之生也。

019 丑月戊子日，一人自占近病。得同人之旅卦。

天火同人

子孙 应		戌土
妻财		○ 申金化未
兄弟		午火
官鬼 世		亥水
子孙		辰土
父母		○ 卯木化辰

断曰：自占病，世为用神，世爻亥水子日拱之，又得申金原神动来生世，乃不死之症。惟嫌申金化出未土，乃是月破旬空，则原神无根矣。目下无碍，恐危于春月。至立春日果死．应正月死者，申金原神亦逢月冲，春月木旺未土又被克也。

020 寅月乙丑日，子占父病。得升之师卦。

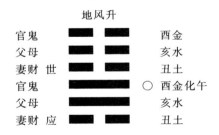

地风升

官鬼		酉金
父母		亥水
妻财 世		丑土
官鬼		○ 酉金化午
父母		亥水
妻财 应		丑土

断曰：亥水父爻为用，虽值旬空，有酉金原神动来生之，可许无碍。但不宜酉金化出午火回头一克，此乃原神被伤，用神无根矣。此人果死于卯日卯时，应卯日卯时者，生助午火克冲原神也。

第四问

第四问：三合入卦成局，何以断之？答曰：原用二神局则吉，忌仇二神局则凶，成局者结党也。卦中动爻谁敢制之，如三爻齐发合成用神局，必有一爻用神。合成原神局，必有一爻原神；合成仇忌局，必有一爻仇忌。宗其一爻有病关因者断之。或遇日冲者，曰暗动此言静而日冲，曰实此言动而逢空、日辰冲也，曰破此言月建冲也。但其冲破也，必待相合之期至而应事之吉凶。如一爻静，二爻发者，待一爻静者值日应事。如一爻静而逢空者，或动而逢空者，或化而逢空者，待其出空之期，应事之吉凶。如空而逢合，静而逢合，动而逢合者，必待冲期至，而应事之吉凶。如自化合或与日合，如自化墓或墓于日者，必待期冲，此言三爻齐发，二爻无病，指自化者言也，如自化绝或绝于日者，必待期生，亦指一爻有病者而言也。

021 卯月丁巳日，两村争庢水闹殴。得离之坤卦。

离为火

兄弟 世	▬▬▬	○ 巳火化酉
子孙	▬ ▬	未土
妻财	▬▬▬	○ 酉金化丑
官鬼 应	▬▬▬	○ 亥水化卯
子孙	▬ ▬	丑土
父母	▬▬▬	○ 卯木化未

断曰：内为我村，外为彼村。内卦亥卯未为木局，外卦巳酉丑为金局．金来克木，幸衰金不克旺木，又日主制金不足畏也。况六冲化冲，不至为非，其事即散。果验。合成内外两局，即彼我之分，不动不成局，即看世应，今且人众同心，彼我合局神之妙用也。

022 巳月丁酉日，占递呈图谋补缺。得乾之需卦。

乾为天

父母	世	▅▅▅▅	○ 戌土化子
兄弟		▅▅▅▅	申金
官鬼		▅▅▅▅	○ 午火化辰
父母	应	▅▅▅▅	辰土
妻财		▅▅▅▅	寅木
子孙		▅▅▅▅	子水

断曰：寅午戌三合官局生世，此缺必得。内少寅字发动，须待寅日递呈可也。后果验。此虚一待用也。

023 寅月丙辰日，占选期。得乾之小畜卦。

乾为天

父母	世	▅▅▅▅	戌土
兄弟		▅▅▅▅	申金
官鬼		▅▅▅▅	○ 午火化木
父母	应	▅▅▅▅	辰土
妻财		▅▅▅▅	寅木
子孙		▅▅▅▅	子水

断曰：此卦戌爻暗发，寅爻如明动者，必以午火官星化未土作合，合待冲开。今不然，以午火明动，戌土暗动三合官局，独少寅动，借寅月建补成三合，本月必选，果验。此虚一补用也。

024 辰月丁亥日，占辨复。得萃之革卦。

泽地萃

父母		▅▅▅▅	未土
兄弟	应	▅▅▅▅	酉金
子孙		▅▅▅▅	亥水
妻财		▅▅▅▅	× 卯木化亥
官鬼	世	▅▅▅▅	巳火
父母		▅▅▅▅	× 未土化卯

断曰：巳火官星持世，临驿马暗动，辨复在即。内卦亥卯未合财局，原神生世，因于未土旬空，必待未月定蒙题允，即得美缺。后果验。未月者，实空之月也。

025 丑月己卯日，占父急病。得乾之贲卦。

乾为天

父母 世		戌土
兄弟		○ 申金化子
官鬼		○ 午火化戌
父母 应		辰土
妻财		○ 寅木化丑
子孙		子水

断曰：世爻戌土父母为用，近病不宜日合，幸寅午戌合成火局生用，大象无妨。但戌爻被合，必待明日辰日，合逢冲而病愈也。果验。

026 丑月戊午日，占婶病。得离之明夷卦。

离为火

兄弟 世		○ 巳火化酉
子孙		未土
妻财		○ 酉金化丑
官鬼 应		亥水
子孙		丑土
父母		卯木

断曰：卯木父母爻为用神，外卦巳酉丑合成金局克之。目今丑土旬空，旬内无妨，乙丑日防之。果于丑日酉时卒。应于丑日者，出旬之日也。

027 未月戊申日，占子何日归。得睽之鼎卦。

火泽睽

父母		巳火
兄弟		未土
子孙 世		酉金
兄弟		× 丑土化酉
官鬼		卯木
父母 应		○ 巳火化丑

断曰：内卦巳酉丑合成金局作用神，丑土系月破，必待立秋后甲子日到家。后果验。此应立秋后者，丑土月破出月则出破矣。果于申子日归，此其破而逢合也。

028 **巳月丙申日，占父何日归。得大畜之乾卦。**

山天大畜

官鬼		寅木
妻财 应	✕	子水化申
兄弟	✕	戌土化午
兄弟		辰土
官鬼 世		寅木
妻财		子水

断曰：寅午戌三合父局，独有寅字日冲，又绝于申日，己亥日必归。果验。己亥日到者，此冲中逢合也，绝处逢生也<small>寅冲申遇亥合寅也</small>。

029 **丑月戊辰日，占防参劾。得井之中孚卦。**

水风井

父母		✕	子水化卯
妻财 世			戌土
官鬼			申金
官鬼		○	酉金化丑
父母 应			亥水
妻财		✕	丑土化巳

此公因新换抚军，防其参劾。予曰：此卦甚奇，世空逢日冲不为空矣，世不受克而暗动，虽无参论，离任不免。彼曰：既无参论，如何离任？予曰：世爻暗动必主动摇，内卦合金局生应，果知此位已属他人矣。后因裁他处缺。上台题留，他处官顶此公位，将此公赴京另补。此亦少见少闻之事，知我者，惟神明也。

030 **寅月戊午日，占地造葬可否。得颐之无妄卦。**

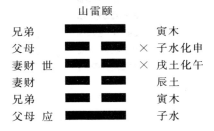

山雷颐

兄弟		寅木
父母		✕	子水化申
妻财 世		✕	戌土化午
妻财			辰土
兄弟			寅木
父母 应			子水

断曰：世爻戌土春天休囚，化午火子孙回头之生，日辰月建共成三合。青龙临水化申长生，水源极远，必从左首而来，但化月破，戌土克日辰冲散，此水有时干否？彼曰：正是。予曰：无妨。卦中日月世与子孙共

成三合，自然亡者安，生者乐，葬之必发。辰年下葬，酉年孙中亚魁，子年次孙又登乡榜。

031 巳月甲辰日，占何日雨止。得鼎之睽卦。

火风鼎

兄弟		巳火
子孙 应		未土
妻财		酉金
妻财	○	酉金化丑
官鬼 世		亥水
子孙	×	丑土化巳

若执古法，父伏空无雨，才福动晴明。今不然，巳酉丑合成财局克父，父若不空，受其克，是无雨也。今伏而又空，谓之避克，其雨不能止，必待卯日出透出空被克，方可雨止。后至甲寅日其雨更大，卯日大晴。其寅日虽出空，而寅未载卦中，不受其克，果大雨也。

032 酉月辛卯日，占妻去摇会可得否。得恒之蛊卦。

雷风恒

妻财 应		戌土
官鬼		申金
子孙	○	午火
官鬼 世		酉金
父母		亥水
妻财		丑土

若执古法，财动福生，此会必得也，今亦不然。应上之财非财也，乃邻友之妻也。寅午戌会成火局生应克世，卯月合应冲世，是谓出现无情于我．会局有情于建他，必邻人之妻会也。果验。

第五问

第五问：反吟之凶有轻重分别乎？答曰：凡得反吟卦，用神不变冲克者，事虽主反覆，亦主事就，最嫌用神化冲克者，凡谋大凶。

033 卯月壬申日，占随官上任如何。得比之井卦。

水地比

妻财 应	▆▆ ▆▆	子水
兄弟	▆▆▆▆▆	戌土
子孙	▆▆ ▆▆	申金
官鬼 世	╳	卯木化酉
父母	╳	巳火化亥
兄弟	▆▆ ▆▆	未土

断曰：世临卯木化酉金克冲，内卦乃爻之反吟也，此行不吉，不去为上，后因官府掣签得缺，近于贼营辞而不去，及至官府去后，又因他事而去，至七月城破与官府一同被害。盖与官同被害者，世上官爻同受酉金之冲克也，不去而又去者，此内卦反吟之故也。

034 卯月乙亥日，占升选。得临之中孚卦。

地泽临

子孙	╳	酉金化卯
妻财 应	╳	亥水化巳
兄弟	▆▆ ▆▆	丑土
兄弟	▆▆ ▆▆	丑土
官鬼 世	▆▆▆▆▆	卯木
父母	▆▆▆▆▆	巳火

断曰：世临卯木月建，官星得长生于日，世与官星同临旺地，许彼升任。果于本月闻报，由江西升任山东，未及一载，复任江西。此外卦之反吟去而复反也.

035 **未月丁巳日，占嫂复病吉凶如何？得剥之坤卦。**

山地剥

妻财		○ 寅木化酉
子孙 世		子水
父母		戌土
妻财		卯木
官鬼 应		巳火
父母		未土

断曰：外卦艮变坤，乃卦之反吟也，明是病愈而复病。但不宜寅木用神，化酉金回头之克，又墓于未月，日辰刑之，此病危于申日。果验。

036 **巳月戊申日，占往前处脱货有利否。得小畜之乾卦。**

风天小畜

兄弟		卯木
子孙		巳火
妻财 应		× 未土化午
妻财		辰土
兄弟		寅木
父母 世		子水

断曰：小畜卦变乾，是卦之反吟也，所喜世与财爻长生于日，指此处占，以应爻作地头，临午火回头生合，比前利息更倍。后此人往返三次，俱得倍利。

037 **卯月戊子日，占坟地。得巽之升卦。**

巽为风

兄弟 世		○ 卯木化酉
子孙		○ 巳火化亥
妻财		未土
官鬼 应		酉金
父母		亥水
妻财		丑土

断曰：世为穴，临月建，子日生之，是为吉地，但不宜爻变反吟，子孙与世皆化克冲，不可葬。彼曰：重价已成久矣，地师皆称美地。后竟葬之，四年内，二子一女并自身相继而死。

第六问

第六问：伏吟之凶，有轻重分别乎？答曰：伏吟者，忧抑呻吟之象，内卦伏吟内不利，外卦伏吟外不利。凡占皆不如意，动如不动，懊恼呻吟。占名，久困宦途，淹留仕路。占利，本利消乏。占坟茔宅舍，欲迁不能，守之不利。久病呻吟，婚姻难就，官事兜搭，出行有阻。如问行人，恐他在外忧抑。如占彼此之势，内则我心不遂，外则他意难安。欲问吉凶，研究用神生克，要知福祸，须详用忌伏吟。

038 申月乙卯日，占兵到，一家当避何处？得无妄之大壮。

天雷无妄

妻财	▬▬▬	○ 戌土化戌
官鬼	▬▬▬	○ 申金化申
子孙 世	▬▬▬	午火
妻财	▬ ▬	× 辰土化辰
兄弟	▬ ▬	× 寅木化寅
父母 应	▬▬▬	子水

断曰：内外伏吟，忧抑未解，所喜世爻午火子孙为自己，应爻子水父母作父母，月建生应，日辰生世，世应安静，父母与自己无碍。但嫌寅木兄弟爻伏吟，又是月破，昆仲有厄。彼曰：我父母在西方舍亲家，得无妨否？答曰：西方属金，生扶父母，万无忧疑矣。汝自己宜避于东方，东方木能生火，兄弟妻仆俱从汝走，子孙持世，可保无虞。彼回即领家眷往东去。后来覆我曰：平安，惟其弟牵念父母，往探之，行至半途遭害矣。

039 申月甲午日，占父在任平安否。得姤之恒。

天风姤

父母	▬▬▬	○ 戌土化戌
兄弟	▬▬▬	○ 申金化申
官鬼 应	▬▬▬	午火
兄弟	▬▬▬	酉金
子孙	▬▬▬	亥水
父母 世	▬ ▬	丑土

断曰：独嫌外卦伏吟，任上必有事故，不得意而呻吟也。彼曰：地方苗

獝之变可有碍否？答曰：日辰生父，他事无虞。又问：今年归否？答曰：伏吟欲归而不能，来年辰月平静当裁缺，午月覆补。此应辰月裁缺者，戌父伏吟又逢破也。应午月覆补者，日辰官星帮比生用，得时而旺也。

040 **寅月乙卯日，客在外占家中安否？得无妄之乾卦。**

天雷无妄

妻财	▬▬▬▬	戌土
官鬼	▬▬▬▬	申金
子孙 世	▬▬▬▬	午火
妻财	▬▬ ▬▬	╳ 辰土化辰
兄弟	▬▬ ▬▬	╳ 寅木化寅
父母 应	▬▬▬▬	子水

断曰：内卦为家中，已是伏吟，恐有变异呻吟之事出。彼曰：当主何事？答曰：寅月卯日，共来克辰土财爻，恐是妻妾奴仆事耳。

041 **是日，其人又占妻在家安否？得豫之否卦。**

雷地豫

妻财	▬▬ ▬▬	╳ 戌土化戌
官鬼	▬▬ ▬▬	╳ 申金化申
子孙 应	▬▬▬▬	午火
兄弟	▬▬ ▬▬	卯木
子孙	▬▬ ▬▬	巳火
妻财 世	▬▬ ▬▬	未土

断曰：戌土财爻又是伏吟，月日相克，令妻必有大厄。彼曰：应在何时？答曰：日辰合戌，目下虽寅卯皆克，可许无妨。交辰月伏吟，又逢月冲，必难逃矣。果于三月乃妻去世矣。

第七问

第七问：爻遇旬空，欲断为到底全空，却应乎填实。欲断作不空，却又到底空，何也？答曰：无生有克者，到底空也。有生无克者，待时用也。卦之最凶者，喜用爻之旬空，卦之最善也，忌用爻之旬空。

042 **巳月戊戌日，占求财。得益卦。**

风雷益

```
兄弟 应 ▬▬  卯木
子孙    ▬▬  巳火
妻财    ▬▬  未土
妻财 世 ▬▬  辰土冲空
兄弟    ▬▬  寅木
父母    ▬▬  子水
```

断曰：辰土财爻持世，因值旬空，戌日冲之，谓之冲空则起，本日即得。果验。应于本日者，戌日亦是财星冲我也，此冲空有用是也。

043 **亥月甲子日，占仆何日回。得革卦。**

泽火革

```
官鬼    ▬▬  未土
父母    ▬▬  酉金
兄弟 世 ▬▬  亥水  空
兄弟    ▬▬  亥水伏午火财
官鬼    ▬▬  丑土
子孙 应 ▬▬  卯木
```

断曰：伏午火财为用神，被日月之克，问其吉凶否？凶也。今问：何日回？世空者速至，忌神旬空，旬内必到。己巳日必回，后果验。验于巳日者，巳火亦是财星耳，冲其飞而露其伏也。《黄金策》云：空下伏神易于引拔，即此是矣。

044 **申月丁卯日，占见贵求财。得同人卦。**

天火同人

```
子孙 应 ▬▬  戌土
妻财    ▬▬  申金
兄弟    ▬▬  午火
官鬼 世 ▬▬  亥水  空
子孙    ▬▬  辰土
父母    ▬▬  卯木
```

断曰：亥水官星持世旬空，出旬亥日必见，月建财爻生世，财利如心。果验。此出空待用也。

045 **子月癸酉日，一人自占婚。得恒之鼎卦。**

雷风恒

妻财空 应		× 戌土化巳
官鬼		申金
子孙		午火
官鬼 世		酉金
父母		亥水
妻财		丑土

断曰：世官应财，乃云得地，今戌土财爻旬空，化巳火回头之生，动生不空，次日求之必允也。果于次日巳时允婚。

046 **午月癸丑日，占妻病何日愈。得萃之比卦。**

泽地萃

父母		未土
兄弟 应		酉金
子孙	○	亥水化申
妻财		卯木
官鬼 世		巳火
父母		未土 冲

断曰：卯木财爻为用神，值旬空，有亥水原神相生，次日必愈。有旁人曰：卯爻旬空，宜断卯日，何言寅日？予曰：汝不知其法，交甲寅日，卯木已出空矣，寅木亦是用星耳。果先愈一日，应甲寅日也。

047 **寅月庚戌日，占子病何时愈。得姤之无妄卦。**

天风姤

父母		戌土
兄弟		申金
官鬼 应		午火
兄弟	○	酉金化辰
子孙	○	亥水化寅
父母 世	×	丑土化子

断曰：亥水子孙化寅木旬空，近病逢空即愈。但嫌亥水化寅木旬空，则不能受酉金之生，必待寅日愈，果验。此化空出空也。

048 未月庚子日，占求财何日到手，得小畜卦。

风天小畜

兄弟	▬▬▬	卯木
子孙	▬▬▬	巳火
妻财 应	▬ ▬	未土
妻财	▬▬▬	辰土 空
兄弟	▬▬▬	寅木
父母 世	▬▬▬	子水

断曰：未月持财，月内必有。今问何日到手，卦中辰土旬空，必关因所现也。断其辰日得财。果验。此乃舍未土之不空而应辰土之空也。

049 酉月庚辰日，占岳母近病。得师之升卦。

地水师

父母 应	▬ ▬	酉金空合
兄弟	▬ ▬	亥水
官鬼	▬ ▬	丑土
妻财 世	▬ ▬	× 午火化酉
官鬼	▬▬▬	辰土
子孙	▬ ▬	寅木

断曰：酉金父母旬空，近病逢空即愈，日辰合之，近病逢合即死。但不宜世持忌神克之，此病必危。问曰：危于何日？答曰：午火自化旬空，旬内不能克之，近病逢空不死。旬内不死，乙酉日防之，果于乙酉日卯时而死矣。

050 酉月壬辰日，占子病。得大过卦。

泽风大过

妻财	▬ ▬	未土
官鬼	▬▬▬	酉金
父母 世	▬▬▬	亥水伏午火财
官鬼	▬▬▬	酉金
父母	▬▬▬	亥水
妻财 应	▬ ▬	丑土

断曰：午火子孙，伏世爻亥父之下，月建生助，亥水克之，目下用神旬空，不受其克，甲午日难逃矣。果死于午日午时，此谓伏无提拔也。

051 子月乙巳日，一人占弟死太湖，尸首可见否？得复卦。

地雷复

子孙	▬▬ ▬▬	酉金	
妻财	▬▬ ▬▬	亥水	冲
兄弟 应	▬▬ ▬▬	丑土	
兄弟	▬▬ ▬▬	辰土	
官鬼	▬▬ ▬▬	寅木	空
妻财 世	▬▬▬▬	子水	

断曰：凡占尸首，以鬼爻为用神，今寅木鬼爻旬空，而亥水乃得令之水，暗动合之。明明尸首在于大水之中矣。但寅木旬空被合，须待出旬逢冲，庚申日可见。后至庚申日不见，直至丑月甲子旬内，壬申日尸首浮起得见。此意何也？总之，寅鬼出旬，而亥水太旺，交丑建丑土制水，甲子旬亥水遇空，水空者如水退矣。木在水中，非冲不起，故验于甲子旬壬申日也。岂非神之奇报，学者不可不深究之。

052 丑月甲午日，一人占父近病。得复之噬嗑卦。

地雷复

子孙	▬▬ ▬▬	✕ 酉金化巳
妻财	▬▬ ▬▬	亥水
兄弟 应	▬▬ ▬▬	✕ 丑土化酉
兄弟	▬▬ ▬▬	辰土
官鬼	▬▬▬▬	寅木
妻财 世	▬▬▬▬	子水 冲

断曰：巳火父母为用神值旬空，日辰拱之，近病逢空不死，但不利于六合卦，六合即死。予想用空六合可以相敌，独不宜世上忌神暗动，外卦巳酉丑合成金局，助水克之，此病必凶。彼曰：凶在何日？答曰：己亥日克冲巳火，还在旬空不妨，恐危于出旬辛亥日也。果至其日而死，此应出旬又被冲克也。

053 未月戊戌日，因大旱占何日有雨？得观卦。

风地观

妻财	▬▬▬▬	卯木
官鬼	▬▬▬▬	巳火
父母 世	▬▬ ▬▬	未土
妻财	▬▬ ▬▬	卯木
官鬼 应	▬▬ ▬▬	巳火
父母	▬▬ ▬▬	未土

断曰：月建未土父母爻为用神，日辰帮比，有雨必大，但巳火官爻为原神，值旬空安静，静必待冲，空必待出旬。断辛亥日得大雨。果至其日申酉时得雨五寸。

054 未月戊戌日，占交疏之人何日来。得蹇卦。

水山蹇

子孙		子水
父母		戌土
兄弟 世		申金
兄弟		申金
官鬼		午火
父母 应		辰土冲起

断曰：凡卜至交朋友，以兄弟为用，今卜交疏之人，当以应爻为用。今应爻旬空，得日辰冲起，必待甲辰日到。果验。

055 未月甲辰日，占何日有大雨，得小过之革卦。

雷山小过

父母		戌土
兄弟	╳	申金化酉
官鬼 世		午火
兄弟		申金
官鬼		午火
父母 应	╳	辰土化卯

断曰：日辰辰土父母爻为用神发动，月建帮之，又值土王用事，其辰土旺莫胜言，得雨决不小也。但不宜化卯木旬空，化卯木回头之克，虽有申化酉金进神，克木救土，而卯木旬空，空则谓之畏避，避金之克，致辰土父爻终成病于卯木也。必至甲寅旬乙卯日，卯木出空值日，谓之出头难避，戌土暗动助金克之，而卯木已受金克，不能为害辰土，必待甲寅旬乙卯日有雨也，至期竟无。过立秋，辛酉日申时方雨。应于立秋后酉日者，何也？明现申化酉，即申月酉日也。卯木出旬值日，到底被克不尽，交申月克之，酉日又冲之，方可得雨。予因此卦，学问又进一层矣。

第八问

第八问：月破之爻，欲定其破为无用，却又应于破，欲谓之不破，却又到底破而无用，何也？答曰：神机现于破，祸福之基在于动，动而有生无克之破爻，有出破填实合破之法，安静有克无生之破爻，则到底破矣。

056 戌月丁卯日，占讼事。得泰卦。

地天泰

子孙 应	▬▬ ▬▬	酉金
妻财	▬▬ ▬▬	亥水
兄弟	▬▬ ▬▬	丑土
兄弟 世	▬▬▬▬	辰土
官鬼	▬▬▬▬	寅木
妻财	▬▬▬▬	子水

断曰：爻逢六合，官事必审，不宜戌建冲世，乃是月破．卯日克世，必输无疑。果被杖责，此应日克月破故耳。

057 亥月己丑日，占将来有官否？得兑之讼卦。

兑为泽

父母 世	▬▬ ▬▬	× 未土化戌
兄弟	▬▬▬▬	酉金
子孙	▬▬▬▬	亥水
父母 应	▬▬ ▬▬	丑土
妻财	▬▬▬▬	卯木
官鬼	▬▬ ▬▬	○ 巳火化寅

断曰：未土父母爻持世化进神，未土虽是旬空，日辰冲之曰实，不为空矣。巳火官星动而生世，化出寅木长生，显然有官。彼问：应在何年？答曰：巳年必然食禄王家也。果于巳年得县缺，应实破之年也。

058 辰月戊子日，占父近出何日回？得乾之夬卦。

乾为天

父母	世	———	○ 戌土化未
兄弟		———	申金
官鬼		———	午火
父母	应	———	辰土
妻财		———	寅木
子孙		———	子水

断曰：父母持世，破而化空化退。若执死法，其父不能归也。莫非转往他方也，来而复返也。予以朱雀临爻，动而持世，卯日有信，未日必归。果于卯日得信，乙未日到家。此应卯日得信者，破而逢合之日也，未日回家者，父化未土旬出空之日也。

059 午月癸卯日，占后运功名。得艮之观卦。

艮为山

官鬼	世	———	寅木
妻财		———	× 子水化巳
兄弟		———	戌土
子孙	应	———	○ 申金化卯
父母		———	午火
兄弟		———	辰土

断曰：寅木官星持世，申金动来克之，今年七月必有凶非。彼曰：看因何事？答曰：应动克世，必是仇家。又问：碍于功名否？答曰：若非子水动摇，去位必矣。幸有子水接续相生，本云是吉。嫌破而化空，降级不免。果于七月彼此揭参，结成大非，子月事结，降级调用。后至子年四月，原品起用，连官二任。此应子水原神，初时空破无力生世，有此祸端，后至填实之年月，仍复有用之验也。

060 寅月甲午日，占子病吉凶。得艮之蒙卦。

艮为山

官鬼	世	———	寅木
妻财		———	子水
兄弟		———	戌土
子孙	应	———	○ 申金化午
父母		———	× 午火化辰
兄弟		———	辰土

断曰：申金子孙为用临月破，不宜日建克之，动爻克之，又化回头之克，有克无生，可急回家，汝子死矣。此人未到家，一人报曰：令郎申时去世矣。此应填实之时受克而死也。

061 丑月庚申日，占坟地风水。得咸卦。

泽山咸

父母	应		未土
兄弟			酉金
子孙			亥水
兄弟	世		申金
官鬼			午火
父母			辰土

断曰：日辰临青龙持世，来龙由左而来，龙虎皆有气，必然环抱。但嫌应上未土临月破，应为照山，世前一位为朝案，喜亥水得申日生之，必有朝水，宜取水作朝，不宜取山作向。间爻为明堂，旺相必阔大。彼曰：——果然，葬可好否？予曰：依予取水作朝，弃山为向，许必大发，彼果依断，葬后即如所言。

062 申月辛卯日，占买宅吉否？得革之夬卦。

泽火革

官鬼			未土
父母			酉金
兄弟	世		亥水
兄弟			亥水
官鬼		╳	丑土化寅
子孙	应		卯木

断曰：月建生世，酉金暗动生世，但不宜化寅木子孙临月破，又受金克，惟防损子。彼竟得此屋，迁入不半月，其子出花而死，后执此卦问余曰：子果死矣，此屋自后可居否？予曰：宜再卜可决。

第九问

第九问：用神不现，看伏神在何爻之下，得出不得出，何以论之？答曰：伏神得出者有四：盖日月生者，日月持之者一也；飞神生伏，动爻生者二也；日月动爻冲克飞神三也；飞神空破休囚墓绝于日者四也。此四者皆有用之伏神也。伏神不得出者亦有四：休囚无气，日月克者一也；飞神旺相，日月生助飞神，克害伏神者二也；伏神墓绝于日月及飞爻者三也；伏神休囚兼旬空月破者四也。此四者，乃无用之伏神，虽有如无，终不得出，凡用神旺相，如遇旬空，出空之日则出矣。

063 卯月壬辰日，占候文书何日领？得贲卦。

山火贲

官鬼		寅木
妻财		子水
兄弟　应		戌土
妻财		亥水
兄弟		丑土伏午
官鬼　世		卯木

断曰：午火父母为用神，伏于二爻丑土之下，又值旬空，许甲午日出空必领。果验。此应出旬之日也。

064 辰月丁巳日，占逃仆。得蹇卦。

水山蹇

子孙		子水
父母		戌土
兄弟　世		申金
兄弟		申金
官鬼		午火伏卯
父母　应		辰土

断曰：占仆以财爻为用神，取兑卦二爻卯木伏于本卦二爻午火之下，午火为飞神，卯木为伏神。今申金持世克制卯木，终不能逃。但因伏去生飞名为泄气，盗去财物必尽费于炉火之家，许甲子日拿获。果于子日，得信窝赌铁匠之家，申时拿获。应子日者，冲克午火之飞神，生起卯木之伏

神也。黄金策云：伏无提挈终徒尔，飞不推开亦枉然。此卦应验是矣。

065 酉月丙辰日，占子病。得升卦。

地风升

官鬼		酉金
父母		亥水
妻财　世		丑土伏午
官鬼		酉金
父母		亥水
妻财　应		丑土

断曰：午火子孙伏于世爻丑土之下，丑土旬空易于引拔，午日必愈，果验。

066 卯月丙辰日，占父病。得复卦。

地雷复

子孙		酉金
妻财		亥水
兄弟　应		丑土
兄弟		辰土
官鬼		寅木伏巳
妻财　世		子水

断曰：巳火父母伏于二爻寅木之下，飞来生伏，伏遇长生，许次日愈。果验。

067 辰月庚申日，占大例桑叶贵贱。得既济卦。

水火既济

兄弟　应		子水
官鬼		戌土
父母		申金
兄弟　世		亥水伏午
官鬼		丑土
子孙		卯木

断曰：午火财爻为用，伏于世爻亥水之下，申日生扶亥水，午火财爻又绝在亥，叶价主贱无疑也。旁人曰：目今现价三钱，不为贱论，如先生之言，必以三钱价为贱论耶？予曰：非也，目下尚早，三钱之价人之虑贵，是年规定价也。今问大例价，必至大市断之。旁人曰：大市何日贵，何日贱？答曰：交甲子旬，亥水值空，惟巳午日好卖，交甲戌旬，亥水值

旬，午火财爻，永不得起，则渐渐贱矣。果验。

068 寅月戊辰日，占病有何鬼神为祸？得小畜卦。

风天小畜

兄弟	▬▬▬▬▬	卯木
子孙	▬▬▬▬▬	巳火
妻财 应	▬▬ ▬▬	未土
妻财	▬▬▬▬▬	辰土伏酉
兄弟	▬▬▬▬▬	寅木
父母 世	▬▬▬▬▬	子水

断曰：凡卜鬼神以官爻为用，今官鬼伏于辰爻之下，与飞神作合，又得日辰合之，予想伏合乃藏匿之象，酉金是正气之神，第三爻为房室，即断曰："汝家房中藏有神像作祟。"彼曰："仙哉。"果有观音轴藏于厨中，后送至寺内，病愈。七月庚辰日亦得此卦，予亦如前断。彼曰：有铜达摩祖师在匣中，命其送于寺内，其病亦愈。

校正全本卜筮正宗卷之十四

第十问

第十问：进退神乃动爻变出之神也，吉凶祸福有喜忌之分，何以论之？答曰：吉神宜于化进，忌神宜于化退。进退之法有三：旺相者乘势而进一也；休囚者待时而进二也；动爻变爻有一而逢空破冲合者，待期填补合冲而进三也。退神之法亦有三：旺相者或有日月动爻生扶，占近事暂时而不退者一也。休囚者即时而退二也。动爻变爻有一而逢空破冲合者，待期填补合冲而退三也。

069 申月癸卯日，占乡试。得恒之大过卦。

雷风恒

妻财 应	▬▬ ▬▬	戌土
官鬼	▬▬ ▬▬	╳ 申金化酉
子孙	▬▬▬▬▬	午火
官鬼 世	▬▬▬▬▬	酉金
父母	▬▬▬▬▬	亥水
妻财	▬▬ ▬▬	丑土

断曰：酉金官星持世，日冲暗动，又得九五爻官化进神拱扶，不独今秋折桂，来春定占鳌头。果登乡榜，即于次岁辰年联捷。盖化进神者，今秋也。联捷也，辰年者冲而逢合也。

070 酉月庚戌日占何年生子，得屯之节卦。

水雷屯

兄弟	▬▬ ▬▬	子水
官鬼 应	▬▬▬▬▬	戌土
父母	▬▬ ▬▬	申金
官鬼	▬▬ ▬▬	辰土
子孙 世	▬▬ ▬▬	╳ 寅木化卯
兄弟	▬▬▬▬▬	子水

断曰：寅木子孙持世化进神，寅木旬空，卯木空而且破，后至寅年卯

月，妻婢连生二子，此卯木虽为月破，得日辰合补，乃休囚待时而用也。

071 卯月乙丑日，一人自占求婚，得噬嗑之比卦。

火雷噬嗑

子孙		○ 巳火化子
妻财 世		× 未土化戌
官鬼		○ 酉金化申
妻财		辰土
兄弟 应		寅木
父母		○ 子水化未

断曰：财爻持世化进神，巳火子孙动而生世，但因巳化子水回头之克，必待午日冲去子水，此是锅底退薪之法也。午日又生合世爻，其婚必成。果于午日允婚。或曰：间爻酉金鬼动，岂无阻耶？予曰：月破化退神，虽有阻而无力也。

072 酉月甲辰日，因被论占自陈如何？得师之明夷卦。

地水师

父母 应		酉金
兄弟		亥水
官鬼		丑土
妻财 世		× 午火化亥
官鬼		○ 辰土化丑
子孙		× 寅木化卯

断曰：世化回头之克，官星化退，子孙化进，内三爻皆非吉兆。果于次年二月拿问。应卯月者，子孙出空填破之月也。

073 未月丁卯日，占功名终得出仕否？得同人之革卦。

天火同人

子孙 应		○ 戌土化未
妻财		申金
兄弟		午火
官鬼 世		亥水
子孙		辰土
父母		卯木

断曰：若以子孙动而克官，是终身无官也。予许辰年出仕。果于辰年得选，此理何也？戌土忌神化退神，不能克也。卯日合之，合待逢冲，辰也。此是有病有医之法也。

第十一问

第十一问：冲中逢合，合处逢冲，何以断其吉凶？答曰：合者，聚也，冲者，散也。冲中逢合先散后聚，先失后得，先淡后浓。合处逢冲，反是。

074 午月丙辰日，占出外贸易如何？得恒之豫卦。

雷风恒

妻财 应	▅▅ ▅▅	戌土
官鬼	▅▅▅▅▅	申金
子孙	▅▅▅▅▅	午火
官鬼 世	▅▅▅▅▅	○ 酉金化卯
父母	▅▅ ▅▅	○ 亥水化巳
妻财	▅▅ ▅▅	丑土

断曰：世上酉金化卯木相冲，正谓反吟卦也。而卯木有冲之能无克之力，得日辰辰土生合世爻，此谓冲中逢合也。况变卦六合，又得戌土财爻暗动生世，此为反吟主反覆觅利也。果验。

075 戌月甲辰日，占借银有否？得坤卦。

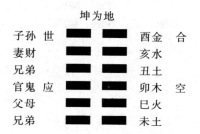

坤为地

子孙 世	▅▅ ▅▅	酉金 合
妻财	▅▅ ▅▅	亥水
兄弟	▅▅ ▅▅	丑土
官鬼 应	▅▅ ▅▅	卯木 空
父母	▅▅ ▅▅	巳火
兄弟	▅▅ ▅▅	未土

断曰：应落空亡，《黄金策》云：索借者失望。今应爻旬空，又是六冲卦，本主不肯。妙乎戌建合应生世，辰日合世，此乃冲中逢合，先难后易，去借必有。彼曰：前月去借，彼不允，今去再借允否？予曰：前月去借不允，明现六冲。今借必允，明现逢合。彼曰：应于何日有？答曰：卯木旬空，交甲寅应巳出空，寅日又合亥水财爻即允矣。果验。

076 寅月戊戌日，占失银物，可复得否？得巽之讼卦。

巽为风

兄弟 世		卯木
子孙		巳火
妻财		✕ 未土化午
官鬼 应		○ 酉金化午
父母		亥水
妻财		丑土

断曰：卦得六冲，未土财爻化午火回头生合，现失而复得之象。旁人曰：应持白虎金鬼，玄武临财，难言复得。曰：应是他人，被午火回头克制，财为用神，冲中逢合，日主合世，管许必得。彼问：应于何日？答曰：巳火青龙原神旬空，其病在巳，必待乙巳日原神出空值日，当许复得。果验。

077 辰月丁酉日，自占婚姻成否？得否卦。

天地否

父母 应		戌土
兄弟		申金
官鬼		午火
妻财 世		卯木
官鬼		巳火
父母		未土

断曰：卦得六合，婚姻最宜，今世被日冲，应爻月破，谓之合处逢冲，纵就不吉。彼曰：年庚已经送来，算命又说甚佳。答曰：予屡占屡验，故敢此断。果于本月自得大病，未月世财亦入墓，此女病故。

078 卯月乙卯日，自占谋望求财。得旅卦。

火山旅

兄弟		巳火
子孙		未土
妻财 应		酉金 冲
妻财		申金
兄弟		午火
子孙 世		辰土

断曰：此世应相生，卦逢六合，谋望本可成就，但不宜卯月日冲应上酉金财爻，恐他人之财，无缘失望耳。彼曰：有字来，约我明日去，岂有

不成之理。果次日去成议，至壬戌日悔议，复不成。应次日成议者，辰日合应也。戌日复不成者，世亦逢冲，是合逢冲也。

079 午月辛亥日，占师近病。得节卦。

水泽节

兄弟		子水
官鬼		戌土
父母 应		申金
官鬼		丑土
子孙		卯木
妻财 世		巳火　冲

断曰：占近病得六合卦，屡验必死。今世上巳火财爻，日辰冲之，是合处逢冲，临危得救。彼问：危于何日，得救何日？答曰：金库于丑，丑日防险。甲寅日冲发应上用爻，则有救矣。果于丑日人事不知，寅日乃愈。

火地晋

官鬼		巳火
父母		未土
兄弟 世		酉金　合
妻财		卯木
官鬼		巳火
父母 应		未土

断曰：酉金兄弟为用神，日辰合之，近病不宜逢合，幸明日交卯月节，可即愈。果验，此亦合处逢冲也。

080 未月丁巳日，占占己悔婚可复成否？得离之旅卦。

离为火

兄弟 世		巳火
子孙		未土
妻财		酉金
官鬼 应		亥水
子孙		丑土
父母		○ 卯木化辰

断曰：此卦六冲变成六合，屡验散而又成，离而复合，又得卯木动来生世，此婚一定可成。果于次岁寅年三月复成婚。应辰月者，求婚以财爻为用，得六冲卦，既变六合，财爻又逢合也。卯木化出之辰土，是卜时所

现之机关也。寅年者，应爻暗动合冲之岁也。

第十二问

第十二问：四生墓绝吉凶何以断之？答曰：四生墓绝有三：生墓绝于日辰一也；生墓绝于飞爻二也；动而变出者三也。忌辰长生祸来不小，用神墓绝有救无凶，定法如是，活变在人。

081 巳月戊寅日，占何日得财。得离之丰卦。

离为火

兄弟 世	▆▆▆▆▆	○ 巳火化戌
子孙	▆▆ ▆▆	未土
妻财	▆▆▆▆▆	酉金
官鬼 应	▆▆▆▆▆	亥水
子孙	▆▆ ▆▆	丑土
父母	▆▆▆▆▆	卯木

断曰：酉金财爻安静，明日卯日必得。彼曰：兄弟动而持世，何以得财？答曰：兄弟化入戌墓，不能克也。次日用静逢冲之日，汝不知耶？果验。

082 午月己卯日，占妻病。得震之丰卦。

震为雷

妻财 世	▆▆ ▆▆	戌土
官鬼	▆▆ ▆▆	申金
子孙	▆▆▆▆▆	午火
妻财 应	▆▆ ▆▆	× 辰土化亥
兄弟	▆▆ ▆▆	寅木
父母	▆▆▆▆▆	子水

一人执此卦问予曰：辰土发动，以辰土财爻为用，化亥水乃是临官，断其不死。但辰土死于卯日，此卦将何断之？还是将土死于卯，断其必死耶？答曰：近病六冲不死。又问：何日愈？予曰：辰土动来冲世，世上戌土日合，必待次日辰日，冲发世上戌土财爻即愈。果验。

083 **寅月戊子日，占生产。得剥之观卦。**

山地剥

妻财	▬▬▬	寅木
子孙 世	▬ ▬	× 子水化巳
父母	▬ ▬	戌土
妻财	▬ ▬	卯木
官鬼 应	▬ ▬	巳火
父母	▬ ▬	未土

断曰：子水子孙化巳火，水绝在巳，本日巳时落草而亡。旁有知易者曰：青龙临子孙，如何此断？予曰：且看验否？后果验。此人又问予曰：子孙值日，青龙附之，如何神断？答曰：日辰子孙，今日也，巳时者，今时也。落草而亡者，吉神化绝化鬼也。

084 **子月辛未日，占子病吉凶。得渐之中孚卦。**

风山渐

官鬼 应	▬▬▬	卯木
父母	▬▬▬	巳火
兄弟	▬ ▬	未土
子孙	▬▬▬	○ 申金化丑
父母 世	▬ ▬	× 午火化卯
兄弟	▬ ▬	× 辰土化巳

断曰：申金子孙持世，化出丑土，金库在丑，未日冲开，又日辰与辰土动爻生之，今日午后愈。果验。

085 **辰月甲寅日，占友父病。得屯之震卦。**

水雷屯

兄弟	▬ ▬	子水
官鬼 应	▬ ▬	○ 戌土化申
父母	▬ ▬	× 申金化午
官鬼	▬ ▬	辰土
子孙 世	▬ ▬	寅木
兄弟	▬▬▬	子水

一人执此卦问予曰：申金父母爻为用神，金绝于寅日，是绝耶？予曰：是绝也。戌土原神化申，乃化长生，生扶父母，是绝处逢生耶？予曰：是也。又问：某翁之父病重无妨乎？答曰：今日午时难保。彼不言而去，后果午时寿终。此人又来问予曰：绝处逢生竟无用耶？答曰：绝处逢生，屡试危而有救，

今申金绝于寅日，不宜寅日生助午火回头克制，戌土生金本云是吉，戌土乃是月破，无力生扶，虽化长生于申，申被日冲，又绝于寅日，故此凶断。

086 **申月丙辰日，占弟病。得既济之丰卦。**

水火既济

兄弟 应	▅▅ ▅▅		子水　空
官鬼	▅▅▅▅▅	○	戌土化申
父母	▅▅ ▅▅	×	申金化午
兄弟 世	▅▅▅▅▅		亥水
官鬼	▅▅ ▅▅		丑土
子孙	▅▅▅▅▅		卯木

断曰：子水旬空，亥水不空，今舍实从空，以子水兄弟为用，墓库于日，申金原神发动，又得戌土动来反生原神，而子水虽入墓库，不遇病重，交甲子日，用神出空，冲去午火，则原神无伤，即愈矣。果验。若以入库必死，螣蛇动主死，白虎动主丧，秋令戌爻又是沐浴煞，病人最忌。今此病不死，何也？但凡看卦，用神推尊，有生无克最吉，助忌伤用最凶。卦卦研究其法，爻爻精察天机，细心变通，岂让君平之卜易哉。

087 **申月癸丑日，占子在楚何日回？得损卦。**

山泽损

官鬼 应	▅▅▅▅▅	寅木
妻财	▅▅ ▅▅	子水
兄弟	▅▅ ▅▅	戌土
兄弟 世	▅▅ ▅▅	丑土伏申
官鬼	▅▅▅▅▅	卯木
父母	▅▅▅▅▅	巳火

断曰：申金子孙伏于世爻丑土墓库之下，本是不宜，岂可又墓于日辰，令郎恐有大患。彼曰：近有信至，内云八月起身，故占其来否？予曰：此卦难以断其归期。乃叔曰：我来占侄在外平安否？又得无妄之颐卦。

天雷无妄

妻财	▅▅▅▅▅		戌土
官鬼	▅▅▅▅▅	○	申金化子
子孙 世	▅▅▅▅▅	○	午火化戌
妻财	▅▅ ▅▅		辰土
兄弟	▅▅ ▅▅		寅木破空
父母 应	▅▅▅▅▅		子水

断曰：前卦子孙不现入墓，后卦现而化墓。况寅木原神，乃是真破真空并无生助，又申金月建官鬼临于道路发动，两卦并看，不祥之兆也。彼曰：前日有口信来说，五月长江覆舟而死。此信已的，闻得卦理甚明，故戏卜之耳。

088 亥月丙寅日，嫂占姑病。得咸之蹇卦。

泽山咸

父母 应	▬▬▬	未土
兄弟	▬▬▬	酉金
子孙	▬▬▬ ○	亥水化申
兄弟 世	▬ ▬	申金
官鬼	▬ ▬	午火
父母	▬ ▬	辰土

断曰：姑乃夫之姊妹也，以官鬼爻为用神，今午火官爻长生于日，亥水克之，不宜亥水自化长生，又动出申金助水来克，此病必死。后于乙亥日卒。应乙亥日者，亥水旬空，实空之日也。

089 卯月乙未日，姑占弟妇怀孕足月，因有病生产平安否？得困之坎卦。

泽水困

父母	▬ ▬	未土
兄弟	▬▬▬	酉金
子孙 应	▬▬▬ ○	亥水化申
官鬼	▬ ▬	午火
父母	▬▬▬	辰土
妻财 世	▬ ▬	寅木

断曰：弟妇乃弟之妻也，以财爻为用神。今寅木财爻墓库于未日，此现在病也。亥水化申金得长生，生合财爻，脱身平安。彼问：何日产？答曰：亥水化申，动来合世，明日必产。果次日产，母子平安，生产后连旧病全愈。

090 巳年巳月丁卯日，占劾奏他人。得旅卦。

火山旅

兄弟	▬▬▬	巳火	
子孙	▬ ▬	未土	
妻财 应	▬▬▬	酉金	冲
妻财	▬▬▬	申金	
兄弟	▬ ▬	午火	
子孙 世	▬ ▬	辰土	

彼曰：我欲劾奏权奸，恐反遭其害，故占，相烦直断。予曰：应爻酉金，若无卯日冲之，当论其长生于年月也。今得卯冲，当以巳年月克论，谓之有伤无救，彼之权势，自今衰矣。又问有害于我否？答曰：子孙待世何害之有？果题准究奸。

091 未月戊申日，占因误军粮被参。得丰之旅卦。

雷火丰

官鬼	▅▅ ▅▅	✕ 戌土化巳
父母 世	▅▅▅▅▅	申金
妻财	▅▅▅▅▅	午火
兄弟	▅▅ ▅▅	亥水
官鬼 应	▅▅ ▅▅	丑土
子孙	▅▅▅▅▅	○ 卯木化辰

断曰：世临日辰，月建生之，动出戌土，又生官位，可保无虞。诸人不以为然，岂知因获奇功，功名仍复。一人曰：卯木子孙动，如何无碍？予曰：木绝于日，又墓于月，如何碍之？

092 卯月壬寅日，占寻穴地。得革之既济卦。

泽火革

官鬼	▅▅ ▅▅	未土
父母	▅▅▅▅▅	酉金
兄弟 世	▅▅▅▅▅	○ 亥水化申
兄弟	▅▅▅▅▅	亥水
官鬼	▅▅ ▅▅	丑土
子孙 应	▅▅▅▅▅	卯木

断曰：世爻亥水化申金回头之生，虽休囚，逢生为旺，所嫌寅日冲申，必待秋令，可得美地。世化申生，地在西南。果于七月得地，葬后三子皆发科甲。一人问予曰：申金被冲，该断巳月合之，何应申月耶？予曰：巳可合申也，而亥世逢冲，岂能就乎？

第十三问

第十三问：六冲六合，何以断之？答曰：人之所恶者宜冲，所好者宜合。惟占病有近病、久病论，近病逢冲即愈，久病逢冲即死，六合反是。凡六冲卦，有日辰相合，变爻相合，谓之冲中逢合。凡六合卦，有日辰相冲，变爻相冲，谓之合处逢冲，如冲忌神合用神，名为去煞留恩，般般有吉。冲用神合忌神，名为留煞害命，件件皆凶。

093 **酉月壬子日，占侄有事被害否？得大壮之泰卦。**

雷天大壮

兄弟		戌土
子孙		申金
父母 世	○ 午火化丑
兄弟		辰土
官鬼		寅木
妻财 应		子水

断曰：六冲卦，事必主散，世上午火父母爻，被日辰冲之，令侄无害。彼曰：回来我自责之，后有人解散，乃叔不至责侄，此应六冲卦，又冲去忌神之验也。

094 **巳月丁酉日，占文书何日到？得乾卦。**

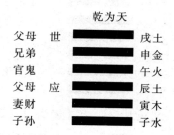

乾为天

父母 世		戌土
兄弟		申金
官鬼		午火
父母 应		辰土
妻财		寅木
子孙		子水

断曰：应爻旬空，日辰相合，以辰爻父母为用，至甲辰日必到。果验。此六冲卦，独合用神，乃冲中逢合也。甲辰日到者，实空之日也。

095 午月丙子日，占开店。得大壮之巽卦。

雷天大壮

兄弟	▅▅ ▅▅	╳ 戌土化卯
子孙	▅▅ ▅▅	╳ 申金化巳
父母 世	▅▅▅▅	○ 午火化未
兄弟	▅▅▅▅	辰土
官鬼	▅▅▅▅	寅木
妻财 应	▅▅▅▅	○ 子水化丑

断曰：六冲卦变出又是六冲，不开为上。彼曰：业已成矣。答曰：午火月建当时，化未土作合，日冲不散，恐今冬有变。果冬底伙计有事而止。

096 申月乙卯日，一人因自及子俱被拿问。得巽之坤卦。

巽为风

兄弟 世	▅▅▅▅	○ 卯木化酉
子孙	▅▅▅▅	○ 巳火化亥
妻财	▅▅ ▅▅	未土
官鬼 应	▅▅▅▅	○ 酉金化卯
父母	▅▅▅▅	○ 亥水
妻财	▅▅ ▅▅	丑土化巳

断曰：六冲卦，每事主散，但不宜又变六冲，内外交见反吟，乱冲乱击。世与子孙皆化克，其象不吉，果俱受重刑。

097 未月乙亥日，占往买卖求利？得兑之震卦。

兑为泽

父母 世	▅▅ ▅▅	未土
兄弟	▅▅▅▅	○ 酉金化申
子孙	▅▅▅▅	亥水
父母 应	▅▅ ▅▅	丑土
妻财	▅▅▅▅	○ 卯木化寅
官鬼	▅▅▅▅	巳火

断曰：六冲变六冲，又是卦反吟，月建当时持世，汝意必去，去必亏折。彼曰：即日起身。予曰：反吟卦，立意买货货少，更改他货无利。又问：太平否？予曰：兑变震，有冲之力、无克之能，平安可许。此人去买绿豆，地头缺少，改买棉花，果亏折。学者当知六冲变冲，总之吉象吉爻，得生得合，俱云散矣。

098 **子月己巳日，占赌钱。得坤卦。**

坤为地

子孙 世	⚋		酉金
妻财	⚋		亥水冲空
兄弟	⚋		丑土
官鬼 应	⚋		卯木
父母	⚋		巳火
兄弟	⚋		未土

断曰：世克应爻乃为我胜，但不宜巳日冲动亥水，反生应爻，与世无益，此去必输。幸六冲卦，定不终局。果输不多，因争钱而散。不久者，六冲也。输不多者，空财生应也。争财而散者，朱雀临财暗动也。

099 **辰月庚午日，占会试。得观之否卦。**

风地观

妻财	⚊		卯木
官鬼	⚊		巳火
父母 世	⚋	×	未土化午
妻财	⚋		卯木
官鬼 应	⚋		巳火
父母	⚋		未土

断曰：未上持世，化出日辰午火官星生合，鼎甲在掌，果中探花。

100 **寅月甲午日，占子久病。得大壮卦。**

雷天大壮

兄弟	⚋		戌土
子孙	⚋		申金
父母 世	⚊		午火
兄弟	⚊		辰土
官鬼	⚊		寅木
妻财 应	⚊		子水冲动

断曰：久病六冲即死，今申金子孙用神月破，午火持世，日辰克之，本日应该见凶。而卦中有子水暗动制火，乃因机所现，今日不死，明日子水受制，忌神遇合，次日当防。果死于未日辰时。

101 卯月甲午日，占赶去寄信可遇否？得否卦。

天地否

父母	应	▬▬▬	戌土
兄弟		▬▬▬	申金
官鬼		▬▬▬	午火
妻财	世	▬ ▬	卯木
官鬼		▬ ▬	巳火
父母		▬ ▬	未土

断曰：卦得六合，凡事成就。但明日未时清明节，宜星夜赶去必会。恐交清明月建是辰，则应被月冲，冲即去，不能会也。果赶去寄之，次日即开舟矣。

102 巳月甲戌日，有同乡人占借贷。得复之豫卦。

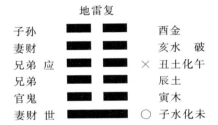

地雷复

子孙		▬ ▬		酉金
妻财		▬ ▬		亥水 破
兄弟	应	▬ ▬	×	丑土化午
兄弟		▬ ▬		辰土
官鬼		▬ ▬		寅木
妻财	世	▬▬▬	○	子水化未

断曰：六合变六合，凡谋易就，久远和同。但亥水财爻月破，酉金原神旬空，世上子水财爻化未土回头之克，又日辰克，辰土暗动克。午火生扶应爻丑土克，克之太过，在借银事内须防不测。彼曰：昨有友人约我同去，或不允有之。予曰：那友何人？彼曰：广东人。予正颜止之，不从竟去借银，回不数里遭其害。

103 巳月甲寅日，占廷师训子。得否之乾卦。

天地否

父母	应	▬▬▬		戌土
兄弟		▬▬▬		申金
官鬼		▬▬▬		午火
妻财	世	▬ ▬	×	卯木化辰
官鬼		▬ ▬	×	巳火化寅
父母		▬ ▬	×	未土化子

断曰：以应爻为用神，临戌父可称饱学，独嫌六合变六冲，其间恐有变局不久。问曰：何事耶？答曰：卦中惟初爻未土父母化子水，子孙值旬

空，父动克水，防子孙灾变。后至午月子水逢月破，其子病故，即辞师矣。

第十四问

第十四问：三刑六害犯之必凶乎？答曰：三刑者，寅申巳三全为刑，子卯两遇为刑，丑未戌三全为刑，辰午酉亥谓之自刑。夫三刑者，用神休囚有他爻之克，内有兼犯三刑者，主见凶灾。卦中三刑俱全不动，用神不伤损有生扶，从无有验。六害屡试无验，故不录出。

104 寅月庚申日，占侄孙病。得家人之离卦。

风火家人

兄弟		▰▰▰▰▰	卯木
子孙	应	▰▰ ▰▰	○ 巳火化未
妻财		▰▰▰▰▰	× 未土化酉
父母		▰▰▰▰▰	亥水
妻财	世	▰▰ ▰▰	丑土
兄弟		▰▰▰▰▰	卯木

断曰：巳火用神月生日合，可治之症。但不宜月建寅，日建申，与巳爻会成三刑，恐危。后果死于寅日寅时。

105 辰月戊午日，占夫病，得离之颐卦。

离为火

兄弟	世	▰▰▰▰▰	巳火
子孙		▰▰ ▰▰	未土
妻财		▰▰▰▰▰	○ 酉金化戌
官鬼	应	▰▰ ▰▰	○ 亥水化辰
子孙		▰▰ ▰▰	丑土
父母		▰▰▰▰▰	卯木

断曰：亥水夫星为用，戌土生扶酉金动来生，但不宜化入墓库，又回头化月建克，又是午日，辰午酉亥自刑俱全，此病立凶危，果本日午时死。

106 亥月戊戌日，占妾近病。得巽之大有卦。

巽为风

兄弟 世	▅▅▅ ▅▅▅	卯木
子孙	▅▅▅ ▅▅▅	○ 巳火化未
妻财	▅▅ ▅▅	× 未土化酉
官鬼 应	▅▅▅ ▅▅▅	酉金
父母	▅▅▅ ▅▅▅	亥水
妻财	▅▅ ▅▅	× 丑土化子

断曰：未土财爻为用神，不宜化酉金官鬼，又不宜巳火原神值旬空月破，巳火又入墓库于日辰，又丑戌未三刑见全，全无吉兆，即日防之。果卒于本日未时。

107 戌月庚子日，占一冬生意。得贲之家人卦。

山火贲

官鬼	▅▅▅ ▅▅▅	寅木
妻财	▅▅ ▅▅	× 子水化巳
兄弟 应	▅▅ ▅▅	戌土
妻财	▅▅▅ ▅▅▅	亥水
兄弟	▅▅▅ ▅▅▅	丑土
官鬼 世	▅▅▅ ▅▅▅	卯木

断曰：卯木持世，月建合之，日辰生之，今冬必获厚利。彼曰：子日与子爻刑世，有何吉耶？答曰：凡看卦，世用推尊，生克最重，今刑中带生，谓之贪生忘刑。后一冬果获大利。

第十五问

第十五问：独静独发，如何应验？答曰：五爻俱动，惟一爻安静，谓之独静。五爻安静，惟一爻发动，谓之独发。若卦中六爻有一爻明动，有一爻遇日辰冲者，非云独发也。倘六爻安静，内有一爻日辰冲动者，亦云独发也。然独静独发，不过观事之成败迟速，至于吉凶当推用神，如舍用神而决事者，迂且谬也。

108 辰月丙午日，占自去寻父回。得大有之离卦。

火天大有

官鬼 应	▬▬	巳火
父母	▬▬	未土
兄弟	▬▬	酉金
父母 世	▬▬	辰土
妻财	▬▬ ○	寅木化丑
子孙	▬▬	子水

一友人知《易》，同问其父，执此卦对予曰：寅木一爻独发，正月得见否？予曰：非也。卦中父爻持世，被寅木克制，自身不能动，父亦不得见也。欲身动见父，必待冲克寅木之年月也。

迟月馀，巳月丁卯日复占。得革之既济卦。

泽火革

官鬼	▬▬	未土
父母	▬▬	酉金
兄弟 世	▬▬ ○	亥水化申
兄弟	▬▬	亥水
官鬼	▬▬	丑土
子孙 应	▬▬	卯木

断曰：此卦正合前卦，前卦应冲开寅木者，申也。此卦世化申金回头生，亦应申也。果于申年八月寻父回家。应于申年者，前卦冲去忌神，后卦化出申金父母用神生世也。

109 申月辛卯日，占子嗣。得复卦。

地雷复

子孙	▬▬	酉金 冲
妻财	▬▬	亥水
兄弟 应	▬▬	丑土
兄弟	▬▬	辰土
官鬼	▬▬	寅木
妻财 世	▬▬	子水

来占人曰：我有一子，因乱失散，今无子，特问将来有子否？断曰：子水持世，月建作子孙生世，有子之兆。第六爻酉金子孙暗动生世，亦云独发，在外卦动，所失之子，必来之象。问曰：何时得见？予曰：明岁甲辰年与酉金相合，定得意而归。后果验。此用神独发，冲而逢合之年也。

110 午月甲申日，占雨久伤麦否？得同人之革卦。

天火同人

子孙 应	▅▅▅▅▅	○ 戌土化未
妻财	▅▅▅▅▅	申金
兄弟	▅▅▅▅▅	午火
官鬼 世	▅▅▅▅▅	亥水
子孙	▅▅ ▅▅	辰土
父母	▅▅▅▅▅	卯木

一友执此卦问余曰：戌土子孙一爻独发，昨日丙戌日定该天晴，如何还雨？答曰：尔忧麦水伤，神以子孙发动克去世上之鬼，叫尔勿忧，非应晴也，决不伤损。但戌土化退，不能克尽忧心，虽目下未晴，决不张水，故天还雨。即以此卦决阴晴，必待卯日合之则大晴耳。果验。

111 申月甲午日，占开煤窑，何时见煤？得家人之益卦。

风火家人

兄弟	▅▅▅▅▅	卯木
子孙 应	▅▅▅▅▅	巳火
妻财	▅▅ ▅▅	未土
父母	▅▅▅▅▅	○ 亥水化辰
妻财 世	▅▅ ▅▅	丑土
兄弟	▅▅▅▅▅	卯木

断曰：以辰土财爻为用，此卦亥水独发化出，明示辰月可见。果至次年清明后始得见煤。此应独发化出之用神也。

112 寅月庚戌日，占女病。得未济之蹇卦。

火水未济

兄弟 应	▅▅▅▅▅	○ 巳火化子
子孙	▅▅ ▅▅	× 未土化戌
妻财	▅▅ ▅▅	○ 酉金化申
兄弟 世	▅▅▅▅▅	× 午火化申
子孙	▅▅ ▅▅	○ 辰土化午
父母	▅▅ ▅▅	寅木

此卦寅木独静，若不看用神，断寅日生耶？寅日死耶？卦中土为用神，得巳午火动来生之，未土子孙化进神，辰土子孙化回头相生，卦象既吉也。许之寅日愈，果验。

113 寅月甲辰日，占父远出何日回？得遁之归妹卦。

天山遁

父母	▬▬▬	○ 戌土化戌
兄弟 应	▬▬▬	○ 申金化申
官鬼	▬▬▬	午火
兄弟	▬ ▬	○ 申金化丑
官鬼 世	▬ ▬	× 午火化卯
父母	▬ ▬	× 辰土化巳

断曰：外卦伏吟，在外有忧愁之象。彼曰：无害否？答曰：内卦辰土父母化巳火回头之生，世爻午火化卯木助火生之，并无有害。第四爻午火独静，五月必归也。后三四月乃父在湖广生理，不料省城兵乱，五月方归。

第十六问

第十六问：卦得尽静尽发者，何以断之？答曰：六爻安静，无日主冲爻者，谓之尽静。六爻俱动者，谓之尽发。尽静者，如春花之含蕊，人未见其妙，一沾雨露油然渐放矣。尽发者，如百卉齐放，人多见其艳，一遇狂风翻然而损矣。故静者恒美，动者常咎。

114 午月庚辰日，占仆近出何日回？得离卦。

离为火

兄弟 世	▬▬▬	巳火
子孙	▬ ▬	未土
妻财	▬▬▬	酉金合空
官鬼 应	▬▬▬	亥水
子孙	▬ ▬	丑土
父母	▬▬▬	卯木

断曰：酉金财爻为用，月克日生，似可相敌，并无生克。一卦之中，惟酉金用神旬空日合，神机现此。但旬空必待出旬，合空虽有半用，须待冲发，交小暑节辛卯日，则酉金值旬不空，冲发必至。果于辛卯日来家。此应静而逢冲也，合而逢冲也，空待出空也。

115 辰月己巳日，占今日有人还银否。得坤卦。

坤为地

子孙 世	▬▬	酉金	空
妻财	▬▬	亥水	
兄弟	▬▬	丑土	
官鬼 应	▬▬	卯木	
父母	▬▬	巳火	
兄弟	▬▬	未土	

断曰：酉金原神旬空，日辰冲之，静而逢冲曰起。况日辰临应冲世，彼必今日巳时送还也。果于本日巳时还一半，乙酉日巳时还清。一半者，静空冲起有一半之力，而财亦有一半者也。乙酉日还清者，已经冲起之神值日，是财之原神填足矣。子孙喜悦之星，还清岂不喜耶？

116 子月壬申日，占父在乱军中吉凶？得大畜之萃卦。

山天大畜

官鬼	▬▬▬	○ 寅木化未	
妻财 应	▬ ▬	× 子水化酉	
兄弟	▬ ▬	× 戌土化亥	
兄弟	▬▬▬	○ 辰土化卯	
官鬼 世	▬▬▬	○ 寅木化巳	
妻财	▬▬▬	○ 子水化未	

断曰：六爻乱动，正乱军中象也。以化出巳火父母爻为用，月建克之，寅木原神又被日辰冲克，恐性命难保。后果死无踪迹。

117 辰月甲子日，占造坟葬亲。得乾之坤卦。

乾为天

父母 世	▬▬▬	○ 戌土化酉	
兄弟	▬▬▬	○ 申金化亥	
官鬼	▬▬▬	○ 午火化丑	
父母 应	▬▬▬	○ 辰土化卯	
妻财	▬▬▬	○ 寅木化巳	
子孙	▬▬▬	○ 子水化未	

断曰：此卦甚凶，不必细论。彼曰：坟已造成，即候开金井落葬，卜之以决吾房（古人兄弟分家有大房、二房之换称。吾房者，吾家也。）安否？予力止之曰：不可葬。正论之间有人来报曰：穴场下，俱是斗大石块，不计其数，且并无点穴之处。后有地师看之，则曰：背水走石，不成

坟地也。

第十七问

第十七问：问用神多现，何以取之？答曰：予屡验者，舍其闲爻而用持世，舍其无权而用月日，舍其安静而用动摇，舍其不破而用月破，舍用不空而用旬空。天机尽泄于有病之间，断法总在医药之处。

此乃以象取用之法则也。取用之法见于理象二端，卦理取用世应动变大体之序，常例之外亦有所殊，又宜通变。

118 未月庚子日，占求财。得小畜卦。

风天小畜

兄弟		卯木	
子孙		巳火	空
妻财 应		未土	
妻财		辰土	空
兄弟		寅木	
父母 世		子水	

断曰：未土月建为用，何以辰土旬空？空必关因。竟断月内辰日得财。果甲辰日巳时到手，此应出空之日时也，正是舍其不空而用空者。

119 未月甲午日，占自升迁。得师之涣卦。

地水师

父母 应	×	酉金化申
兄弟	×	亥水化巳
官鬼		丑土
妻财 世		午火
官鬼		辰土
子孙		寅木

断曰：日辰世爻极旺，得月建作官星合世，但卦中两现官星，一空一破，将何爻为用断其何年升迁？则曰：今岁是卯年，来岁辰年，必以辰爻为用，来岁可升。但外卦反吟，常得验者，去而复来。果辰年调至河南，五月又调回，十月开督府，一年两调一升，皆应实空之年也。

120 **亥月丙午日，占子何日脱难。得豫之归妹卦。**

雷地豫

妻财	▅▅ ▅▅	戌土
官鬼	▅▅ ▅▅	申金
子孙 应	▅▅▅▅▅	午火
兄弟	▅▅ ▅▅	卯木
子孙	▅▅ ▅▅	✕ 巳火化卯
妻财 世	▅▅ ▅▅	✕ 未土化巳

断曰：卦中子孙三现，俱生世爻，是必脱厄，日建午爻安静，两爻巳火月破，许巳年脱厄。果验。此乃用神多现，而用月破，验在有病之爻，实破之年也。

121 **未月丁丑日，占子久出何日回？得鼎之需卦。**

火风鼎

兄弟	▅▅▅▅▅	○ 巳火化子
子孙 应	▅▅ ▅▅	✕ 未土化戌
妻财	▅▅▅▅▅	酉金
妻财	▅▅▅▅▅	酉金
官鬼 世	▅▅▅▅▅	亥水
子孙	▅▅ ▅▅	✕ 丑土化子

断曰：未土化进神，日辰冲之，丑土化子合住，巳火原神动来生用，化子水回头克制，目下不来。问曰：终须来否？答曰：午年必来。果于午年午月到家。应午年月者，未土动而日冲，是动冲逢合之年月也。丑土化子水合，合要冲开之年月也。巳火化子水之克，冲去子水是去煞留恩也。

122 **寅月癸亥日，占子嗣多否？得坤之艮卦。**

坤为地

子孙 世	▅▅ ▅▅	✕ 酉金化寅
妻财	▅▅ ▅▅	亥水
兄弟	▅▅ ▅▅	丑土
官鬼 应	▅▅ ▅▅	✕ 卯木化申
父母	▅▅ ▅▅	巳火
兄弟	▅▅ ▅▅	未土

彼曰：婢妾三四，在三五年内，生者生，死者死，子有九人，并无一存，今后可有子否？予曰：子化鬼，鬼化子，不但狠藉，后难许有。果无子，以侄为嗣。

第十八问

　　第十八问：卜者诚心，断者精明，亦有不验，何也？答曰：此其故在卜者，而不在断者，乃卜者之意虽诚，或密事难以语人，或问此而意别有在也，所以有不验之故耳。

　　123 酉月戊申日，占伯父何日回？得旅之艮卦。

火山旅

兄弟	▬▬▬▬▬		巳火
子孙	▬▬　▬▬		未土
妻财 应	▬▬▬▬▬	○	酉金化戌
妻财	▬▬▬▬▬		申金
兄弟	▬▬　▬▬		午火
子孙 世	▬▬　▬▬		辰土

　　此卦若问伯父平安否，卯木父伏而不现，被日月动爻克冲，必不安矣。今问其回来否，不以此断，只可断用神伏藏受克不来。后果不来，在外平安。

　　124 申月乙亥日，占家宅。得井之节卦。

水风井

父母	▬▬▬▬▬		子水
妻财 世	▬▬　▬▬		戌土
官鬼	▬▬　▬▬		申金
官鬼	▬▬▬▬▬	○	酉金化丑
父母 应	▬▬▬▬▬		亥水
妻财	▬▬　▬▬	×	丑土化巳

　　断曰：应居二爻，谓之应飞入宅临父母，必有外姓长者同居。彼曰：从无外人同舍。内卦合成官鬼局，宅内不安。彼曰：从无驳杂。寅木兄弟月破伏藏，官局克之，或昆仲家不利。彼曰：吾占家宅，即日欲同家业师乡试，实为功名耳。予曰：功名与家宅，天远地隔矣。功名以官鬼为官星，宅以鬼为祸害。既占功名，兄之功名不许，令业师必高中也。彼曰：何以知之？答曰：官局生应不来生世，谓之出现无情，与我无干也。后果至八月酉金实空之月，此人自己头场贴出，其业师中式第四名。

125 **未月癸亥日，占流年。得艮卦。**

艮为山

官鬼 世	▬▬▬▬	寅木
妻财	▬ ▬	子水
兄弟	▬ ▬	戌土
子孙 应	▬▬▬▬	申金
父母	▬ ▬	午火
兄弟	▬ ▬	辰土

此人往军前求名，说占流年，却不知占名以官爻为官，最喜官星持世。占流年以鬼爻为煞，不宜官鬼持世，予以此理告之。彼曰：烦人援例，不知成否？答曰：此卦官星持世，日辰生合，业已成矣。果壬申日文书实收到。应申日，寅木官星日辰合之，合待逢冲之日也，若以流年断之，则谬矣。

126 **子月乙酉日，占现任吉凶。得需卦。**

水天需

妻财	▬ ▬	子水
兄弟	▬▬▬▬	戌土
子孙 世	▬ ▬	申金
兄弟	▬▬▬▬	辰土
官鬼	▬▬▬▬	寅木
妻财 应	▬▬▬▬	子水

此公因本省有缺出，不便明问，故以现任吉凶而问。殊不知问缺之得否，子孙持世不得，占现任之吉凶，子孙持世则休官。予即问明。彼曰：占升迁。答曰：此缺不得。果不得，在任甚安。若以占现任之吉凶，休官必矣，岂非天渊耶。

127 **午月辛丑日，因母病占问流年。得益之无妄卦。**

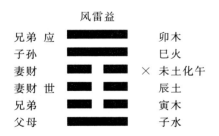

风雷益

兄弟 应	▬▬▬▬	卯木
子孙	▬▬▬▬	巳火
妻财	▬ ▬	╳ 未土化午
妻财 世	▬ ▬	辰土
兄弟	▬ ▬	寅木
父母	▬▬▬▬	子水

如买卖人问流年，自然以财爻为重。此卦旺财持世，未土之财化午火生合，即许之发财。彼曰：我因老母有病，故来占之，欲占何日安否？予曰：占求财流年与母病，是天渊矣。断曰：令堂甲辰日危也。果验。此应世爻辰土出旬之日也。

128 午月辛酉日，占功名。得萃之遁卦。

泽地萃

父母	▬▬　▬▬	×	未土化戌
兄弟 应	▬▬▬▬▬		酉金
子孙	▬▬▬▬▬		亥水
妻财	▬▬　▬▬	×	卯木化申
官鬼 世	▬▬　▬▬		巳火
父母	▬▬　▬▬		未土

此子十二岁，乃父命其占名，若以官爻持世，夏火当令，未土父母为文章，化进神功名有望。岂知父叫子占，此心发于乃父之诚也，是父占子也。卯木不能克父，则父动克子也，此子未月戌日而亡。